Les successeurs de La Fontaine au siècle des lumières (1715-1815)

Eighteenth Century French Intellectual History

Marc Goldstein & Roland Bonnel
General Editors

Vol. 3

PETER LANG
New York • Washington, D.C./Baltimore • San Francisco
Bern • Frankfurt am Main • Berlin • Vienna • Paris

Jean-Noël Pascal

Les successeurs de La Fontaine au siècle des lumières (1715-1815)

PETER LANG
New York • Washington, D.C./Baltimore • San Francisco
Bern • Frankfurt am Main • Berlin • Vienna • Paris

Library of Congress Cataloging-in-Publication Data

Pascal, Jean-Noël.
Les successeurs de La Fontaine au siècle des lumières (1715–1815)/Jean-Noël
Pascal.
    p.   cm. — (Eighteenth century French intellectual history; vol. 3)
    Includes bibliographical references.
    1. French fiction—18th century—History and criticism. 2. La
Fontaine, Jean de, 1621–1695—Influence. 3. Fables, French—History
and criticism. 4. Influence (Literary, artistic, etc.) I. Title. II. Series.
PQ428.P37   841'.509—dc20   94-29462
ISBN 0-8204-2534-6
ISSN 1073-8657

Die Deutsche Bibliothek-CIP-Einheitsaufnahme

Pascal, Jean-Noël:
Les successeurs de La Fontaine au siècle des lumières (1715-1815)/Jean-Noël
Pascal. - New York; Washington, D.C./Baltimore; San Francisco; Bern;
Frankfurt am Main; Berlin; Vienna; Paris: Lang.
  (Eighteenth century French intellectual history; Vol. 3)
  ISBN 0-8204-2534-6
NE: GT

Cover design by Nona Reuter.

The paper in this book meets the guidelines for permanence and durability of
the Committee on Production Guidelines for Book Longevity of the
Council on Library Resources.

Printed in the United States of America.

SOMMAIRE ANALYTIQUE

conteur. Exemple: *Les deux Moineaux*, conte sentimental. — Le sentimentalisme familier: *Le Chien de chasse et le Chien de berger.* Bilan sur les fabulistes narratifs.

Florian, Le Bailly et Nivernais: trois grands noms. — Evolution de la fable vers la caricature autour de 1810.

CONCLUSION GÉNÉRALE   229

La problématique et l'histoire de la fable des Lumières: La Motte a fondé une poétique de l'apologue, mais son influence a été concurrencée par l'admiration pour La Fontaine, jusqu'à l'apparition des sources étrangères autour de 1770. — Cette date constitue une fracture historique et problématique: avant, les fabulistes réfléchissent sur leur pratique, après ils écrivent sans songer aux problèmes théoriques. — Avant 1770, même les traditionalistes sont influencés par La Motte: Richer est le meilleur d'entre eux, tandis que parmi les novateurs, outre La Motte, on remarque le talent poétique de Pesselier et la représentativité idéologique d'Aubert, les premiers efforts des pédagogues et la timide introduction des sources étrangères. — Après 1770, la fureur des fables fait se multiplier les pédagogues, les philosophes qui préfèrent les leçons politiques (Dorat), les conteurs prolixes mais talentueux (Boisard) ou sensibles (Du Tremblay), et s'infléchit bientôt vers l'épigramme (Arnault) ou la polémique (Vitallis, Ginguené). — Trois grands fabulistes constituent la synthèse de l'histoire du genre au Siècle des Lumières (Florian, Le Bailly et Nivernais).— Les fabulistes sont des poètes: La Fontaine a bien eu des successeurs.

INTRODUCTION

Nous nous proposons, dans ce livre de modestes proportions, de présenter de manière succincte mais complète *la problématique et l'histoire de la fable versifiée* en France au Siècle des Lumières, cette période étant entendue comme la centaine d'années qui séparent la mort de Louis XIV (1715) de la chute de Napoléon (1815). Ces jalons historiques ont le mérite de coïncider avec des dates importantes, semble-t-il, dans l'évolution du petit genre qui nous préoccupe: les *Fables nouvelles* de La Motte sont de 1719 et marquent une tentative de renouvellement de l'apologue illustré au Siècle classique par La Fontaine; les *Fables* de Ginguené sont de 1810–1814 et risquent de constituer l'ultime avatar vraiment significatif de ce type de productions.

On dit communément dans les manuels d'histoire littéraire, malgré les savants travaux de quelques chercheurs isolés[1], que le Dix-huitième Siècle français est une époque sans poésie et sans poètes, exception faite d'André Chénier, génie solitaire apparu à l'orée de la Révolution et trop tôt fauché par la mort. S'il ne nous appartient pas de remettre absolument en question cette idée reçue, nous pensons cependant que le domaine limité sur lequel a porté notre investigation constitue un terrain propice à une réévaluation de la poésie des Lumières: les émules de La Fontaine ont bien cherché à être des poètes. Mais ils furent les poètes de leur époque: une période tiraillée entre un évident conservatisme esthétique (l'admiration des Classiques du siècle précédent) et des velléités novatrices.

Il y eut donc des fabulistes traditionnels, à la manière de leur immense modèle La Fontaine, et des fabulistes novateurs, à des titres divers. Il y eut d'inlassables versificateurs de la source antique, modestes cadets du Bonhomme; il y eut d'infatigables découvreurs des fabulistes européens, nombreux pendant tout le Dix-huitième Siècle, de l'Angleterre à la Russie en passant par l'Espagne, l'Allemagne, l'Italie ou la Pologne; il y eut d'audacieux inventeurs de sujets, soucieux d'échapper à la comparaison avec La Fontaine; il y eut des donneurs de leçons tentés d'instruire les hommes d'Etat aussi bien que les intellectuels ou les enfants. Il y eut, en somme, une infinie variété de fabulistes aujourd'hui oubliés: il y en eut même un, Florian, qui manqua de peu de passer à la postérité[2].

Notre étude se propose donc de présenter ces poètes, ou du moins les principaux d'entre eux, en marquant la place qu'ils ont occupée dans l'histoire de l'apologue et en leur donnant, autant que faire se peut, la parole: il ne saurait être question de les juger sans les avoir entendus. Nous esquisserons, avant d'aborder l'essentiel de notre propos, un tableau sommaire de la fable entre La Fontaine et La Motte, par qui nous ouvrons notre période. De là, nous chercherons à tracer l'itinéraire de notre voyage à travers l'apologue des Lumières, c'est-à-dire à indiquer un classement justifié par la continuité ou la rupture entre les fabulistes du Dix-huitième Siècle et leurs prédécesseurs proches ou lointains[3].

LA FABLE ENTRE LA FONTAINE ET LA MOTTE

L'on sait que le succès des *Fables* de La Fontaine fut immédiatement prodigieux, dès la parution en 1668 du premier recueil du Bonhomme. Dès lors entrèrent en lice d'autres poètes, désireux de profiter de la vogue nouvelle de ce genre d'écrire[4]. Les premiers furent Mme de Villedieu, infatigable polygraphe, dont le recueil de *Fables ou histoires allégoriques*, fort mince (dix-huit pièces), ne semble pas avoir remporté un grand succès: la galanterie et la sensibilité sont cependant la marque des meilleurs apologues de cet écrivain[5]. Furetière, auteur quant à lui d'un recueil bien plus conséquent de *Fables nouvelles* (1671), se révéla incapable de rivaliser avec La Fontaine: ses pièces, qui comportent régulièrement une section distincte de moralité, se singularisent par la raideur de leur versification et la subtilité pour ainsi dire procédurière de leurs narrations.

D'autres tentatives, contemporaines de la publication des recueils successifs du Bonhomme, demeurèrent assez négligeables, soit que les auteurs, peu confiants dans leur talent, en restassent anonymes[6], soit que la faible étendue de leur production les contraignît à se contenter d'inclure leurs apologues versifiés dans le recueil de leurs oeuvres diverses[7]. Méritent cependant d'être évoqués pour leur originalité trois fabulistes bien différents.

Le premier est Isaac de Bensérade. Ce spécialiste des tours de force farfelus entreprit de mettre Esope en quatrains, et certaines de ses pièces minuscules eurent l'honneur d'être gravées dans le Labyrinthe, aujourd'hui disparu, de Versailles. Bensérade ne croyait faire qu'imiter le fameux Gabrias, dont on imaginait au Dix-septième Siècle qu'il avait mis le legs ésopique en quatrains (et en Grec): ce n'est que beaucoup plus tard qu'on découvrit que Gabrias (Babrios) avait été en réalité beaucoup plus prolixe et que c'était le moine byzantin Ignatius Magister qui était coupable des quatrains indûment attribués. Le raccourci et l'ellipse, ajoutés à une versification fort rugueuse, rendent les *Fables* de Bensérade (1678) parfois difficiles à lire, mais elles ont une importance historique non négligeable dans la mesure où elles furent souvent imitées, de Vaudin (1707) à Mollevaut (1821). On peut même ajouter que l'habitude s'était prise, à la fin du Dix-huitième Siècle et au début du Dix-neuvième, de les reproduire en tête des éditions populaires d'Esope[8].

Le deuxième est Edme Boursault, polygraphe de conséquence. Avec lui, pour la première fois, la fable s'intègre à la comédie: c'est le début d'une mode qui ne se démentira guère pendant toute la première moitié du Siècle des Lumières[9]. Les apologues contenus dans *Les Fables d'Esope* (1690) et *Esope à la cour* (1701, posthume) ne sont pas dépourvus d'intérêt: leur versification négligemment habile, leur ton parfois plus vulgaire que naïf, leur alacrité en font des textes encore très vivants[10].

Le troisième (et de loin le plus important) est Eustache Le Noble, autre polygraphe à l'oeuvre immense. Un an après Boursault, il donna lui aussi une comédie mêlée de fables, sous le simple titre d'*Esope*. Les apologues qu'elle contient, ainsi que d'autres disséminés dans des ouvrages de genres variés, furent repris en 1697 dans un recueil de *Contes et fables*, réimprimé en 1699, 1700 et 1710, qui pourrait bien être le plus original de tous ceux parus entre La Fontaine et La Motte. On y perçoit en effet la marque incontestable d'un tempérament d'écrivain, malgré la rudesse de l'instrument poétique[11]. Surtout, avec Le Noble, la polémique et la satire personnelles (on aurait presque envie d'écrire *l'engagement*) font leur entrée dans la fable. Chaque pièce, précédée d'un distique latin qui la résume, est suivie d'un commentaire moral en prose: l'écrivain, en procédant ainsi, concilie la tradition d'amplification moralisatrice attachée à l'usage de la fable avant La Fontaine[12] et la nouvelle pratique poétique initiée par le maître des fabulistes. Le développement de la fable entre La Fontaine et La Motte fut donc loin d'être négligeable[13]: on pourrait même dire, d'une certaine manière, qu'il était destiné à avoir, sur les fabulistes des Lumières, une influence presque aussi considérable que celle du Bonhomme, dans la mesure notamment où les imitateurs de Boursault et de Bensérade furent assez nombreux, dans la mesure encore où la fable allégorique et galante esquissée par Mme de Villedieu se multipliera[14], dans la mesure surtout où le débat sur la place à accorder à la moralité dans l'apologue sera appelé à se développer dans des directions déjà indiquées par Le Noble et, pour une moindre partie, par le trop décrié Furetière[15].

LA FABLE AU SIÈCLE DES LUMIÈRES

La période est marquée, d'abord, par un développement considérable de l'utilisation des fables dans le cadre scolaire: les traductions latines de La Fontaine, apparues du vivant du grand fabuliste, témoignent, dans la mesure où elles sont l'oeuvre de pédagogues ecclésiastiques[16], d'une pratique déjà en voie de généralisation, puisque ce sont des corrigés ou des modèles. On faisait donc *traduire en vers latins* les apologues fontaniens, eux-mêmes adaptés, pour une grande partie, de poèmes latins... Il est évident que cet usage perdura pendant le Dix-huitième Siècle et au-delà[17]. L'on sait aussi que des maîtres éminents, décrivant le cursus des études, préconisèrent l'utilisation de la fable à différentes étapes de la formation scolaire[18]: à peine est-il utile de rappeler les remarques hostiles à cette pratique émises par Jean-Jacques Rousseau dans l'*Emile*[19], attaques que l'on pourrait d'ailleurs confronter au propos de d'Alembert, cette fois en accord avec son contradicteur, dans ses *Réflexions sur la poésie*[20]. Enfin, il n'est pas un manuel d'enseignement de la littérature, pas une poétique ou une rhétorique (et elles seront très nombreuses pendant tout le siècle), qui ne consacre quelques pages à développer les règles élémentaires de la confection des fables, avec exemples à l'appui[21].

Ce statut scolaire indiscutable de La Fontaine, qui s'est prolongé jusqu'à nos jours, explique certainement pour une part non négligeable la prolifération des fables, sous la plume de poètes débutants qui aboutiront rarement à donner un recueil, dans des périodiques tels que le *Mercure* ou l'*Almanach des Muses*, aussi bien que l'abondance, dans les ouvrages des auteurs majeurs, des apologues de circonstance, devenus une des formes de la poésie fugitive[22]. Il explique probablement aussi que bien des débuts littéraires soient marqués par la publication d'un recueil de fables: on entre dans la carrière en tentant sa chance dans un genre pratiqué à l'école et considéré comme important par l'institution, et c'est pourquoi il y a non seulement des auteurs tragiques débutants (la tragédie est le genre noble par excellence et l'on y apprend, de plus en plus, la rhétorique élémentaire) mais aussi des fabulistes qui n'ont rien publié auparavant, quelle que soit la contradiction apparente entre la nécessité d'une longue expérience pour s'essayer à un genre didactique et moral et le fait d'entrer en littérature, encore néophyte, par un livre entier consacré à ce genre.

On comprend dès lors pourquoi il nous sera indispensable d'étudier dans notre première partie non seulement *la conception de la fable*, en référence évidente à La Fontaine, des fabulistes des Lumières, mais aussi plus largement *l'attitude des lecteurs du XVIII° siècle* face au Bonhomme, tant à travers ce qu'ils peuvent avoir appris à l'école qu'à travers le témoignage de quelques littérateurs représentatifs: impossible autrement de concevoir cette «fureur des fables» qui provoque la parution, en un siècle, de plusieurs centaines de recueils[23]. Il conviendra encore d'envisager, en préalable à la description plus détaillée de l'oeuvre des principaux auteurs, *les principales sources* de leur inspiration: la fable étant par essence un genre d'imitation, on ne peut pas ne pas se poser *la question des modèles*, qu'il faut examiner de manière chronologique, puisque les fabulistes étrangers contemporains ne commencent à être connus en France qu'après 1750 et surtout à partir de 1770. Ce point nous permettra d'opposer valablement *les inventeurs et les imitateurs*.

Car c'est bien là, sans doute, que se trouve la distinction fondamentale, du moins en apparence, entre les divers fabulistes des Lumières. Au début de la première période, objet de notre deuxième partie, La Motte (1719), fidèle en cela à sa position doctrinale de Moderne[24], refuse avec énergie que la fable soit la reprise inlassable du même fonds antique et prône l'invention de sujets nouveaux et originaux[25]. Ce n'est d'ailleurs là que l'un des aspects de sa doctrine, qui propose une définition très complète de l'apologue. Para-doxalement, cette définition sera très vite admise, du moins superficiellement, par tous, praticiens du genre comme auteurs scolaires, tant que la profusion des nouvelles sources à imiter (après 1770) ne viendra pas reléguer au second plan les problèmes définitionnels ou de poétique, alors que la pratique des auteurs demeurera très diverse... Il y aura des inventeurs, partisans et émules de La Motte, et des traditionalistes, partisans mais pas émules de La Motte (imitateurs respectueux, le plus souvent, de La Fontaine). Ce clivage nous apparaît pertinent jusque vers 1770. Mais déjà, à cette période, apparaissent d'autres tendances, selon l'idiosyncrasie de tel ou tel fabuliste: au risque pourtant de simplifier outrancièrement une histoire complexe, nous chercherons à montrer qu'elles se fondent dans les deux blocs opposés de l'invention et de l'imitation, en com-mençant parfois à dépasser la séparation.

Impossible, en revanche, de décrire l'évolution de la fable entre 1770 et 1815, objet de notre troisième partie, en se contentant de cette opposition: il faudra montrer qu'elle est désormais dépassée, que même les plus traditionnels des fabulistes sont aussi des novateurs, à l'image de Florian, qui constitue, d'une certaine manière, la synthèse de l'évolution du genre au XVIII° siècle. Il faudra donc classer les auteurs selon leurs préoccupations (ou leur absence de pré-occupations) dominantes, qu'elles soient politiques, pédagogiques, narratives ou bien plus diversifiées. Il faudra, inévitablement, poser la question du déclin du genre, ou du moins de sa sclérose apparente après Florian. Tel est, dans ses grandes lignes, l'itinéraire en trois étapes que nous voudrions parcourir dans ce petit volume. Nous nous efforcerons de ne jamais oublier chemin faisant que nous parlons de poètes: peut-être aurons-nous ainsi apporté, en ce qui nous concerne, modestement, une petite pierre à l'entreprise de réhabilitation de la poésie de cette «époque sans poésie» qu'est encore, pour la tradition scolaire, le Siècle des Lumières[26].

PREMIÈRE PARTIE

COMMENT PEUT-ON ÊTRE FABULISTE ?

«Il arrivera possible que mon travail
fera naître à d'autres personnes
l'envie de porter la chose plus loin.»
(La Fontaine, 1668)

«La Fontaine est notre curé;
Mais on peut trouver place au rang de ses vicaires.»
(Le Monnier, 1773)

«Il peignit la nature et garda ses pinceaux.»
(Le Baillys, 1784)

AVANT-PROPOS

Comment peut-on être fabuliste? Question cruciale, en effet, pour des gens qui se trouvent confrontés à un prédecesseur d'aussi immense stature que peut l'être La Fontaine. Pour y répondre, nous allons examiner rapidement la référence à l'ombre intimidante du Bonhomme chez quelques fabulistes et chez quelques écrivains non fabulistes. Puis nous envisagerons la conception de la fable chez les émules de La Fontaine au Siècle des Lumières. Enfin, nous chercherons à indiquer quelle image de la fable était enseignée par les professeurs.

CHAPITRE PREMIER
L'OMBRE INTIMIDANTE DE LA FONTAINE

Force est bien de constater que le Bonhomme fit pour lui l'unanimité au Dix-huitième Siècle: même ceux qui s'aventurèrent à lui trouver quelques défaillances, comme La Motte, ne tarissent pas d'éloges à son sujet. Les fabulistes se résignèrent très vite à n'être que d'éternels seconds après leur maître révéré, et leur propre découragement face au génie écrasant de leur prédécesseur ne put qu'être renforcé par le concert des louanges de tous les lecteurs «autorisés», parmi lesquels les principaux arbitres du goût littéraire de l'époque.

LES FABULISTES ET LA FONTAINE

C'est en lui donnant la forme d'une fable (en prose) que l'abbé Le Monnier, auteur en 1773 d'un recueil de *Fables, contes et épîtres*, décrit l'apparition, au firmament littéraire, de l'incomparable La Fontaine:

> Un homme eut un fils. Une fée présente à sa naissance dit: cet enfant sera célèbre dans les courses de chevaux et par ses voyages. Je lui ferai présent d'une monture quand il sera grand. Dès que l'enfant put se tenir à cheval, le père l'instruisit dans l'art de l'équitation. Tous les préceptes lui furent cent fois répétés. La fée arrive avec son présent. C'était un cheval ailé. Le jeune homme saute dessus. Le père lui crie: oublie, mon fils, oublie toutes mes leçons; saisis les crins, tiens-toi bien et laisse-toi emporter. L'enfant s'appelait La Fontaine; Pégase était la monture.[27]

L'allégorie, même si elle n'est pas très originale pour désigner un écrivain hardiment novateur, signifie clairement le statut d'exception accordé au Bonhomme par le bon abbé: celui d'un génie doué de dons pour ainsi dire surnaturels, celui de *véritable inventeur* d'un genre avec lequel il s'identifie au point d'en remplir tous les aspects, toutes les exigences. C'est encore de manière imagée que Le Monnier illustre ce point, en comparant La Fontaine à «un vrai Protée»[28], si divers et universel qu'il serait vain de vouloir rivaliser avec lui.

Sans doute est-ce cette constatation qui fait que, relativement au très grand nombre des recueils, les fabulistes des Lumières, à peu d'exceptions près, préfèrent *embaumer* La Fontaine et lui dédier quelques mots admiratifs sans chercher à examiner les caractères de son génie. Cette attitude est particulièrement bien synthétisée par Henri Richer, auteur de deux recueils successifs (1729 et 1744) de *Fables nouvelles*:

> Les personnes sages et éclairées ne sont point susceptibles de prévention: mais quelques-uns pensent qu'après La Fontaine on ne doit plus faire de fables. Jugement absurde, dicté par l'envie ou par l'ignorance. Si l'on ne doit plus écrire en un genre où d'autres ont excellé, il ne reste à notre siècle qu'à admirer, puisque dans le précédent il a paru des ouvrages de toute

espèce, qui ne peuvent être surpassés. Cependant on y aurait perdu; et cette *stérile admiration* nous eût privés de plusieurs productions littéraires, également utiles et agréables. *On peut avec honneur remplir les secondes places*; et s'il n'est pas permis aux poètes d'être médiocres, il faut pourtant convenir qu'il y a dans les ouvrages d'esprit les plus estimés différents degrés de beauté, et que tous les rangs ne sont pas égaux, même au sommet du Parnasse.[29]

Le procédé est très apparent: en semblant stigmatiser ceux qui se réfèrent à l'intimidante stature de La Fontaine pour renoncer à lui emboîter le pas, Richer, lui aussi, le met hors-concours[30]. On peut dire que, pour la majorité des fabulistes des Lumières, La Fontaine, référence obligée, est aussi un obstacle qu'ils s'emploient à contourner comme ils le peuvent. Même La Motte, le plus hardi de tous les auteurs dans le genre, ne procède pas autrement.

Terminant son long «Discours sur la Fable» par une revue de ses prédécesseurs, il ne peut pas éviter de consacrer quelques lignes à La Fontaine, «qui fait tant d'honneur à la poésie française»[31], qui «rassemble en effet toutes les beautés dans son style»[32], qui «nous tient lieu d'Esope, de Phèdre et de Pilpaï»[33]. Mais parallèlement, il entreprend, lui aussi, de contourner l'obstacle: le biais qu'il choisit pour y parvenir est très habile. Dans la mesure, dit La Motte, où le Bonhomme a tiré des Anciens tout ce qu'il y avait à y prendre de bon, il n'a plus rien laissé à faire à ses successeurs, ou plutôt il ne leur a proposé qu'une alternative: ou bien traiter les mêmes sujets que lui, ou bien «inventer»... Voilà le contournement opéré: le héraut des Modernes a choisi son parti, qui est d'admirer La Fontaine en cherchant à faire tout autre chose que lui. Mais ce choix n'est pas sans risque. A preuve.

En tête de son recueil de *Fables nouvelles* (c'est le titre, déjà, de La Motte, et avant lui de Furetière) paru en 1773, Barthélémy Imbert, après l'inévitable épître dédicatoire à une bienfaitrice espérée (la Dauphine), inscrit ces quelques vers en hommage au maître de la fable:

> A LA FONTAINE.
> O toi, l'ami des Nymphes du Parnasse,
> Descends, et viens m'encourager.
> Inspire-moi, tu le peux sans danger,
> Tu ne crains pas que l'on t'efface.
> *J'invente mes sujets, sans régler mon essor*
> *Sur celui d'aucun fabuliste;*
> Et je crains bien qu'on prenne encor,
> Toi, pour le créateur, et moi, pour le copiste.[34]

Autrement dit: même le contournement de La Fontaine (par l'invention des sujets) ne garantit pas du reproche d'imitation. L'ombre poursuit même ceux qui cherchent à lui échapper. Cela ne laisse pas d'être irritant pour les fabulistes nouveaux. Imbert y revient au moins à deux reprises dans son recueil, en des endroits «stratégiques». Et tout d'abord à l'occasion de la première pièce du premier livre, qui comporte un long prologue très rhétorique où le poète répond aux objections d'un contradicteur imaginaire qui le raille de vouloir se lancer dans la carrière de fabulistes après avoir relu La Fontaine:

> J'apporte mon encens au divin La Fontaine;
> Il eut sur ses rivaux une victoire pleine;
> Le prix lui demeura: mais je ne puis souffrir
> Qu'on vienne écrire aux portes de l'arène:
> DEFENSE A TOUS DE CONCOURIR.[35]

Peut-on être plus explicite? Imbert veut bien qu'on dresse des statues au Bonhomme, mais il revendique crânement son droit d'entrer en lice. Dans le prologue de son livre III[36], il revient à la charge:

> De cet homme immortel je n'aurai point la gloire;
> Pourtant j'ose parfois lui disputer le prix.[37]

C'est là l'exemple d'un fabuliste écrasé, certes, par l'ombre de son maître, mais point du tout décidé à se laisser fatalement exclure du nombre de ses émules méritants.

On pourrait, en puisant dans les recueils de maint autre fabuliste, multiplier les exemples de l'attitude envers La Fontaine que nous venons d'essayer de caractériser brièvement. Ce ne serait guère utile. Il est pourtant un domaine très éclairant que nous voudrions signaler: c'est celui de l'illustration. Les fabulistes des Lumières, comme déjà La Fontaine (et c'est la tradition de l'*emblème*), ont cherché à embellir leurs recueils par de belles gravures, La Motte tout le premier, dont l'édition princeps in-quarto est somptueusement illustrée[38]. A bien regarder quelques frontispices, on peut tirer des réflexions utiles sur la «révérence» des auteurs du Dix-huitième Siècle envers La Fontaine. La plupart des illustrateurs exilent le Bonhomme de leur dessin d'ouverture, préférant telle ou telle représentation allégorique de la Fable et de la Vérité[39], ou faisant place à Esope, considéré comme le père de l'apologue[40]. Il y a pourtant un recueil, tardif (1811), qui fait trôner La Fontaine dès après le faux-titre: c'est celui de Le Bailly, illustré par Monnet. On y voit un buste du Bonhomme sur le pied duquel est gravé une citation du poète latin Apulée («Il nous a divertis par le charme et la beauté de ses fables.»); un loup, un agneau et trois personnages en pleurs entourent la statue qui porte cette simple inscription: «A Jean de La Fontaine». Un passage du prologue du premier livre de Le Bailly est imprimé en pied de page:

> Les Grâces en deuil se voilèrent
> Et sur son monument répandirent des pleurs.[41]

C'est, à notre connaissance, un des très rares cas au Dix-huitième Siècle d'hommage à la fois graphique et textuel à La Fontaine aussi direct: à considérer sa date (1811), on peut émettre l'hypothèse qu'il marque le début d'une ère où l'embaumement ne cherchera plus à se masquer sous les détours du contournement, car des illustrations analogues, absentes auparavant, se rencontrent fréquemment pendant le Dix-neuvième Siècle[42]. Mais chez Le Bailly, le texte comporte encore les deux opérations à la fois; le prologue d'où la légende de la gravure est tirée contient en effet ces vers, extraits d'un échange entre Robin Mouton (le fabuliste nouveau) et un de ses amis:

> Qu'irais-tu faire au champ quand la moisson est faite?
> —On y trouve encore à glaner,
> Lui répondit Robin; Jean lui-même l'assure.[43]

Et comme si les choses n'étaient pas assez claires, une note précise l'allusion aux vers bien connus de La Fontaine[44].

QUELQUES LECTEURS DE LA FONTAINE

Les fabulistes, on vient de le voir, sont écrasés par l'ombre intimidante de leur maître, ardents à suivre ses invites à «moissonner le champ» mais résignés à n'être que ses seconds. Ce n'est évidemment pas le jugement général de l'époque, tel qu'il s'exprime chez des lecteurs aussi représentatifs que Voltaire, Marmontel ou Chamfort, qui peut les encourager à relever le gant. Que faire, en effet, après «le génie peut-être le plus original qui ait paru dans la littérature», selon l'expression de Sabatier de Castres[45]? «On est réduit à imiter ou à s'égarer», comme le dit Voltaire dans *Le Siècle de Louis XIV*. Car il est impossible de trouver des narrations nouvelles, impossible de trouver de nouvelles leçons[46]. Tout a été dit par La Fontaine, et de la plus éclatante manière.

C'est probablement Marmontel qui illustre le mieux ce point de vue, quand il rend hommage au Bonhomme en ces termes:

> Simple et profond, sublime sans effort,
> Le vers heureux, le tour rapide et fort,
> Viennent chercher sa plume négligente.
> Pour lui sa muse, abeille diligente,
> Va recueillir le suc brillant des fleurs.
> En se jouant, la main de la nature
> Mêle, varie, assortit ses couleurs.
> C'est un émail semé sur la verdure,
> Dont le zéphyr fait toute la culture,
> Et que l'aurore embellit de ses pleurs.
> Mais sous l'appât d'un simple badinage,
> Quand il instruit, c'est Socrate ou Caton,
> Qui de l'enfance a pris l'air et le ton.[47]

Le maître des fabulistes est donc à la fois un poète incomparable et un sage sans égal.

Marmontel a très largement développé son appréciation dans ses *Eléments de littérature*, qui sont probablement un des ouvrages les plus essentiels de vulgarisation littéraire de la seconde moitié du Siècle des Lumières. Une grande partie de son article «Fable» est consacrée à comparer les mérites respectifs de

La Motte et de La Fontaine: ce dernier l'emporte évidemment, à la fois parce qu'il est, pour utiliser le vocabulaire d'aujourd'hui, *impliqué* dans ses fables, et parce qu'il est si naturellement poète qu'il rencontre sans effort le style adéquat à chaque objet qu'il veut peindre:

> Non seulement La Fontaine a ouï dire ce qu'il raconte, mais il l'a vu, il croit le voir encore. Ce n'est pas un poète qui imagine, ce n'est pas un conteur qui plaisante; c'est *un témoin présent à l'action* [48], et qui veut vous y rendre présent vous-même: son érudition, son éloquence, sa philosophie, sa politique, tout ce qu'il a d'imagination, de mémoire et de sentiment, il met tout en oeuvre, de la meilleure foi du monde, pour vous persuader (...).
>
> En lui chaque idée réveille soudain l'image et le sentiment qui lui est propre; on peut le voir dans ses peintures, dans son dialogue, dans ses harangues. Qu'on lise, pour les peintures, la fable d'*Apollon* et de *Borée*, celle du *Chêne* et du *Roseau*; pour le dialogue, celle de *la Mouche* et de *la Fourmi*, celle des *Compagnons d'Ulysse*; pour les monologues et les harangues, celle du *Berger* et du *Roi*, celle de *l'Homme* et de *la Couleuvre*, modèles à la fois de philosophie et de poésie. On a dit souvent que l'une nuisait à l'autre; qu'on nous cite, ou parmi les anciens, ou parmi les modernes, quelque poète plus riant, plus fécond, plus varié, quelque moraliste plus sage.[49]

C'est de la critique «de sympathie», assurément, mais elle aboutit au constat implicite qu'il est impossible de rivaliser avec La Fontaine.

Un autre argus de la littérature, à la fin du XVIII° siècle, tient des propos assez semblables: c'est La Harpe, qui reprend, dans son *Lycée ou Cours de littérature* (1799), des analyses qu'il avait élaborées pour le concours de l'Académie de Marseille, qui proposait en 1774 l'*Eloge de La Fontaine*. L'accent est mis sur l'exceptionnelle technique poétique du Bonhomme, qui est chez lui l'élément moteur du talent de peindre; ce jugement de «professionnel» (La Harpe est un versificateur très habile) est d'une étonnante modernité:

> Aucun de nos poètes n'a manié plus impérieusement la langue; aucun surtout n'a plié avec tant de facilité le vers français à toutes les formes imaginables. Cette monotonie qu'on reproche à notre versification, chez lui disparaît absolument: ce n'est qu'au plaisir de l'oreille, au charme d'une harmonie toujours d'accord avec le sentiment et la pensée, qu'on s'aperçoit qu'il écrit en vers. Il dispose et entremêle si habilement ses rimes, que le retour des sons paraît une grâce, et non pas une nécessité. Nul n'a mis dans le rythme une variété si pittoresque; nul n'a tiré autant d'effets de la césure et du mouvement des vers: il les coupe, les suspend, les retourne comme il lui plaît (...).
>
> Faut-il s'étonner qu'un écrivain pour qui la poésie est si docile et si flexible soit un si grand peintre? C'est de lui surtout que l'on peut dire proprement qu'il peint avec la parole. Dans lequel de nos auteurs trouvera-t-on un si grand nombre de tableaux dont l'agrément est égal à la perfection?[50]

Comme Marmontel, La Harpe conclut implicitement que La Fontaine est, définitivement, supérieur à tous ses rivaux.

C'est, force est bien de le constater, l'opinion de tous les lecteurs cultivés: tous ne mettent pas l'accent, forcément, sur les mêmes aspects du génie du Bonhomme, mais tous le jugent insurpassable. Certains, du côté des antiphilosophes, n'hésitent pas à faire servir la sagesse de La Fontaine à leurs polémiques. C'est le cas de Sabatier de Castres, qui invective les philosophes de son temps en ces termes:

> Qu'ils apprennent cependant que La Fontaine a plus de droit qu'aucun d'eux, au titre de philosophe qu'ils usurpent. Une seule de ses fables renferme plus de vraie philosophie, qu'ils n'en ont répandu dans tous les ouvrages dont ils fatiguent le public. Il est vrai que la philosophie du fabuliste ne ressemble en rien à cette manie audacieuse qui tourmente, dégrade et ruine l'humanité, en prétendant l'instruire; elle est puisée, au contraire, dans la saine raison, présentée avec décence, avec intérêt, et est toujours d'accord avec la politique et la vertu.[51]

Voilà donc le Bonhomme transformé en héraut de la «vraie philosophie», préservatif, en somme, contre les dérèglements de la raison dont se rendent coupables Voltaire et ses pareils. Le temps des polémiques passé, Palissot, autre ennemi notoire des philosophes, n'en continue pas moins de privilégier cet aspect de La Fontaine, sage entre les sages, instituteur universel:

> Ses instructions, proportionnées à toutes les classes de lecteurs, ne se présentent nulle part sous une forme aride et dogmatique: on croirait qu'il n'est pas occupé d'instruire, et cependant *personne n'a semé dans ses écrits un plus grand nombre de maximes vraies, ingénieuses et profondes:* elles ne fatiguent jamais, parce qu'elles viennent se placer naturellement dans ses récits.[52]

N'est-ce pas, sommairement, une réponse au Rousseau de l'*Emile*? En tout cas, c'est l'affirmation assez nette de la supériorité du Bonhomme sur tous les terrains, même celui de la «philosophie».

Le témoignage le plus éclatant de l'intérêt porté à La Fontaine par les lecteurs cultivés du XVIII° siècle, c'est probablement la mise au concours, par l'Académie de Marseille, en 1774, d'un éloge du fabuliste. Cette compétition eut un incontestable retentissement dans les milieux intellectuels de la Capitale et valut une grande célébrité au vainqueur, qui l'emporta sur une cohorte de concurrents renommés, parmi lesquels La Harpe, déjà spécialiste des victoires académiques. Et en effet, l'*Eloge* de Chamfort constitue un modèle de critique littéraire à la fois laudative et intelligente. Tous les aspects de l'oeuvre et du talent du fabuliste y sont analysés de manière limpide.

La Fontaine, d'abord, est un grand penseur, capable de montrer «les applications générales de son sujet dans le badinage même de son style»[53], au point, par exemple, que «le système abstrait *Tout est* bien paraît peut-être plus vraisemblable, et surtout plus clair, après le discours de Garo, dans la fable de *la*

Citrouille et du *Gland*, qu'après la lecture de Leibniz et de Pope lui-même». On voit jusqu'à quel excès Chamfort systématise l'idée de la supériorité du fabuliste sur les philosophes de profession.

Le Bonhomme, ensuite, est un grand artiste, non pas seulement un poète naturellement doué, mais un écrivain de métier qui réussit à cacher les traces du travail sous la perfection de celui-ci:

> Si ses lecteurs, séduits par la facilité de ses vers, refusent d'y reconnaître les soins d'un art attentif, c'est précisément ce qu'il a désiré. Nier son travail, c'est lui en assurer la plus belle récompense. O La Fontaine, ta gloire en est plus grande: le triomphe de l'art est d'être ainsi méconnu.[54]

Mais l'application à bien écrire, chez La Fontaine, n'a pas stérilisé le génie; au contraire, elle se marie avec une extraordinaire liberté. S'il est «un modèle» en ce qui concerne la versification, c'est souvent «parce qu'il en brave les règles»[55].

Le fabuliste, surtout, a réussi à transposer, dans le genre mineur de l'apologue, l'essentiel de la grande comédie, qui est, selon Chamfort, la peinture des moeurs et des caractères[56]. En cela, il est comparable à Molière. Peut-être même lui est-il supérieur, puisqu'il «peint une nature encore plus générale», et s'attaque aux vices, alors que le dramaturge a surtout pour cible les ridicules. Mais il le fait sans dogmatisme et sans méchanceté: «il rit et ne hait point»[57], il est le «censeur indulgent de nos faiblesses»[58], il nous entraîne doucement à nous examiner et nous rend vertueux:

> L'âme, après la lecture de ses ouvrages, calme, reposée, et pour ainsi dire rafraîchie comme au retour d'une promenade solitaire et champêtre, trouve en soi-même une compassion douce pour l'humanité, une résignation tranquille à la Providence, à la nécessité, aux lois de l'ordre établi; enfin l'heureuse disposition de supporter patiemment les défauts d'autrui, et même les siens, leçon qui n'est peut-être pas une des moindres que puisse donner la philosophie.[59]

Voilà La Fontaine inscrit dans la lignée de Sénèque ou de Montaigne, haussé d'un coup du rang de poète mineur à celui de grand moraliste.

On ne s'étonnera donc pas que Chamfort, exprimant ainsi l'opinion de tous ses contemporains cultivés, attribue au fabuliste, dans son panthéon littéraire, une place de premier plan, celle que lui mérite son génie:

> La Fontaine seul, environné d'écrivains dont les ouvrages présentent tout ce qui peut réveiller l'idée du génie, l'invention, la combinaison des plans, la force et la noblesse du style, La Fontaine paraît avec des ouvrages de peu d'étendue, dont le fond est rarement à lui, et dont le style est ordinairement familier; le *bonhomme* se place parmi tous ces grands écrivains, comme l'avait prévu Molière, et conserve au milieu d'eux le surnom d'*inimitable*. C'est une révolution qu'il a opérée dans les idées reçues, et qui n'aura peut-être d'effet que pour lui; mais elle prouve au moins que, quelles que soient

les conventions littéraires qui distribuent les rangs, le génie garde une place distinguée à quiconque viendra, dans quelque genre que ce puisse être, instruire et enchanter les hommes. Qu'importe, en effet, de quel ordre soient les ouvrages, quand ils offrent des beautés du premier ordre. D'autres auront atteint la perfection de leur genre: le fabuliste aura élevé le sien jusqu'à lui.[60]

Comment, donc, peut-on être fabuliste après La Fontaine? Comment rivaliser avec celui qui a en même temps inventé et porté à sa perfection le genre de la fable, jusqu'à lui réservé aux tâcherons de la pédagogie et aux moralistes balourds?

Beaucoup osèrent pourtant. Dans ses *Nouveaux Dialogues des morts*, Millevoye, grand poète oublié de la transition entre le Siècle des Lumières et celui du Romantisme, imagine de faire se rencontrer aux Enfers l'abbé Aubert, considéré en son temps comme un digne émule du Bonhomme, et le «divin fablier». La Fontaine, distrait comme le veut sa légende, ne reconnaît pas d'abord le pauvre abbé, mais semble le placer ensuite au-dessus des fabulistes ses contemporains, en rapportant une conversation qu'il aurait eue la veille au soir avec Voltaire (dont on sait qu'il encensa Aubert):

> Il citait, vous disais-je, à la rimante troupe
> Vos fables, et surtout Colas avec Fanfan[61].
> Nous avions là Dorat, La Motte, Florian,
> Imbert et Le Monnier, encore quelques autres:
> Ils préféraient les leurs, mais ils vantaient les vôtres.

L'abbé, faussement modeste, réplique qu'il ne souhaite pas d'autre juge que son interlocuteur et constate que tous les auteurs cités auraient voulu «être Jean La Fontaine». Le bonhomme rétorque:

> Quelques-uns y perdraient, et la chose est certaine.
> Florian me vaut bien.[62]

Ce jugement est sans doute excessif, mais ce qui est incontestable, c'est que l'ombre intimidante de La Fontaine n'a pas découragé la prolixité de ses successeurs. Peut-être bien qu'au fond le contournement prudent et respectueux du Bonhomme était devenu une sorte de topos, et qu'il masquait plus d'audace qu'il n'était convenu de le dire[63].

CHAPITRE II
LES FABULISTES ET LA POÉTIQUE DE LA FABLE

La Fontaine avait-il ou non des idées arrêtées sur la théorie du petit genre qu'il porta à son point de perfection? Il sacrifia à la nécessité des préfaces et indiqua quelques préceptes, mais sa poétique ressort bien plus de sa pratique que de ses discours[64]. On serait tenté de dire, en ce qui concerne beaucoup de ses successeurs, que leurs discours valent parfois mieux que leurs réalisations. Mais ce serait anticiper sur l'itinéraire que nous avons à parcourir. Constatons seulement ici que les fabulistes des Lumières ont usé et abusé des «discours préliminaires» et autres textes préfaciels, et qu'ils ont construit une véritable poétique de la fable.

Nous ne retiendrons que quelques-uns de ces textes pour schématiser ce corps de doctrine. Après l'examen des questions soulevées par la définition de l'apologue, nous devrons raisonner sur le problème de l'imitation, puis sur celui de la moralité, avant d'envisager les aspects techniques de l'écriture de la fable (personnages, longueur, style et rhétorique).

LA DÉFINITION DE LA FABLE

On connaît la très expéditive définition de l'apologue par La Fontaine, qui en est à peine une:

L'apologue est composé de deux parties, dont on peut appeler l'une le corps, l'autre l'âme. Le corps est la fable; l'âme, la moralité.[65]

Le Bonhomme, en réalité, ne se préoccupait guère de cette question, tandis que, pour un bon nombre de ses successeurs, elle va devenir cruciale. Dès le début du Siècle des Lumières, La Motte va proposer une formule lapidaire, qui sera par la suite le point de mire de tous ses contemporains.«La fable, écrit-il, est une instruction déguisée sous l'allégorie d'une action»[66].

C'est situer immédiatement l'apologue dans le genre *didactique*. Il s'agit, avant tout, de déterminer un sujet d'instruction, autrement dit de trouver la leçon. Ensuite, mais ensuite seulement, cette leçon sera «déguisée» sous une action allégorique, opération rendue nécessaire par la nature même de l'esprit humain, qui est beaucoup plus réceptif aux énigmes qu'aux instructions directes et qui n'est réellement atteint par elles que si l'on prend soin de lui faire croire qu'elles ne le concernent pas directement. La poétique de La Motte est ainsi fondée sur une psychologie... La fable est pour lui *un astucieux moyen oblique de corriger les hommes*: l'allégorie n'est là que pour faire passer la pilule de l'amère vérité. Elle n'est, pour la fable, qu'un moyen: elle «doit faire naître la vérité dans l'esprit de ceux à qui on la raconte»[67], car le but essentiel de l'apologue est de signifier «une vérité utile à la conduite des hommes»[68].

Dans ces conditions, l'allégorie (la narration) est entièrement subordonnée à l'instruction (la moralité). *Avant d'être un poète ou un conteur* (et c'est ce que La

Motte reproche à La Fontaine), *le fabuliste doit être un professeur de morale.* Son expression artistique passe après ses intentions didactiques, et les qualités de «l'image» (l'allégorie) découlent de cette hiérarchie. Elles n'ont en vue que *l'efficacité* morale du propos:

> Elle[69] doit être juste, c'est-à-dire signifier sans équivoque ce qu'elle a dessein de faire entendre. Elle doit être une, c'est-à-dire que tout doit concourir à une fin principale, dont on sent que tout le reste n'est que l'accessoire. Elle doit être naturelle, c'est-à-dire fondée sur la nature, ou du moins sur l'opinion.[70]

A y regarder de près, la définition de La Motte est une véritable révolution par rapport à la pratique de La Fontaine qui, bien souvent, assortit ses narrations de moralités si paradoxales ou si ambiguës qu'il est bien évident qu'il n'a pas subordonné fondamentalement ses apologues à l'intention didactique. Il n'y a pas, en tout cas, chez lui, de *rapport mécanique entre l'allégorie et le propos moral*. La Motte, en en postulant un, fait en quelque sorte retour à la pratique ésopique, et cela ne laisse pas d'être paradoxal quand on sait qu'il fait par ailleurs reproche à La Fontaine de n'avoir été qu'un traducteur du fonds antique[71].

Dans la première partie du Siècle des Lumières, les fabulistes vont, en général, adopter la définition de La Motte, même s'ils sont loin de partager la vindicte de celui-ci contre le Bonhomme. Richer, par exemple, grand admirateur de La Fontaine, reformule en la précisant la position du chef de file des Modernes:

> La fable est une fiction qui contient un précepte, caché sous une image allégorique: ainsi, plus l'image est juste et naturelle, plus la fable est parfaite. L'image est naturelle quand elle est vraisemblable, et que rien n'est contraire à l'instinct des animaux, personnages ordinaires de l'apologue. L'image est juste, lorsqu'elle représente simplement et sans équivoque l'action et les caractères qu'on veut peindre; en sorte que la moralité en soit une conséquence évidente.[72]

C'est bien, apparemment, la doctrine de La Motte. Mais Richer est un poète, et il rechigne à accepter l'idée que l'image puisse être totalement subordonnée à l'intention didactique. Lecteur d'Horace et de Boileau, il estime qu'il faut plaire si l'on veut être utile. Pour lui, *la condition de l'efficacité de l'apologue, c'est sa qualité poétique* [73]. Ainsi seulement cette potion amère qu'est la vérité passera avec la «liqueur agréable» qu'est le poème. Et comme La Motte, il se fonde sur une psychologie pour étayer sa poétique: ce sont les passions humaines qui font obstacle aux vérités de la morale, et il convient de les flatter si l'on veut faire passer le précepte. Chemin faisant, on le voit, Richer a réconcilié La Motte avec La Fontaine, et «le conte fait passer le précepte avec lui»[74]. Et à la vérité l'oeuvre de Richer est à bien des égards plus proche de celle de La Fontaine que de celle de La Motte.

Un point crucial de la définition est celui de l'exactitude de l'analogie (l'allégorie) entre la fiction de la fable et la réalité du monde des hommes. A trop suivre La Motte, on risque d'être contraint de se perdre en explications et en justifications, défaut qui menace souvent en effet les fables trop uniquement allégoriques. Or, remarque d'Ardène, dans l'immense préface de son recueil de 1747, la fable «doit se passer en action plus qu'en raisonnement»[75]; il faut que «nous croyions voir ce qu'elle raconte»[76]. La conséquence est évidente: il faut nuancer la définition de La Motte, et se contenter, ainsi que l'écrit Richer, «de la ressemblance qui frappe les yeux, sans approfondir trop scrupuleusement»[77], autrement dit rechercher, selon la formulation de d'Ardène, «des images bien frappées», des représentations «vives et fidèles»[78].

Voilà l'essentiel du débat définitionnel dans la première partie du Siècle des Lumières. Visiblement *les fabulistes ont à coeur de valider leur pratique*: héritiers du Classicisme, ils aiment à énoncer des règles, à s'y tenir. Prudents et mesurés, *ils cherchent autant à réfléchir sur l'apologue qu'à écrire des fables*. Et d'ailleurs, à ce moment, la production est encore loin d'atteindre le rythme faramineux qu'elle connaîtra après 1760: on n'a pas encore découvert les richesses des auteurs étrangers, on en est encore à travailler sur les mêmes sources qui ont nourri l'oeuvre de La Fontaine. Les choses vont brutalement changer autour de 1770.

Quand l'abbé Le Monnier, en 1773, entreprend de définir la fable, on dirait qu'il prend un malin plaisir à prouver l'impossibilité de l'exercice. Après avoir énuméré, comme un professeur consciencieux (qu'il fut à un moment de sa vie), les différents sens lexicaux du mot fable, il en arrive à celui d'apologue pour anéantir brutalement toute possibilité de définition. La Motte et Richer sont renvoyés dos à dos. Le premier se voit opposer plusieurs pièces de La Fontaine dépourvues de tout sens allégorique ou ne présentant «aucune instruction morale»; le second s'entend dire que la caractérisation de la fable comme beau poème instructif ne signifie rien puisque, «selon le précepte d'Horace», c'est la définition même de tout poème. La conséquence est nette:

Il vaut mieux renoncer à toute définition de la fable, puisqu'on ne voit pas qu'on puisse en donner une définition appropriée à toutes les fables en général et à chaque fable en particulier.[79]

Il n'y a donc pas de règles pour l'apologue; «il faudrait les créer», estime le fougueux abbé qui s'exclame: «et où les prendrais-je, ces règles?»

Vingt ans plus tard, Florian ne dira rien d'essentiellement différent. Au vieillard de sa préface qui lui demande sa définition de l'apologue, il répond qu'il n'y a pas songé et qu'il comptait s'en occuper quand il ferait son discours préliminaire[80]. L'interlocuteur, de manière assez surprenante, approuve fort cette inconséquence et déclare:

Ce genre d'ouvrages est peut-être le seul où les poétiques sont à peu près inutiles, où l'étude n'ajoute presque rien au talent, où, pour me servir d'une comparaison qui vous appartient, on travaille, par une espèce d'instinct, aussi bien que l'hirondelle bâtit son nid, ou bien aussi mal que le moineau fait le sien.[81]

Et d'entreprendre, une polémique contre La Motte, avant de conclure, comme Le Monnier, que «ce genre ne peut être défini et ne peut avoir de préceptes»[82].

En 1810, Ginguené, dans sa brève préface, passera en revue les discours préliminaires de ses prédécesseurs du Siècle des Lumières et en tirera cette conclusion:

> Un nouveau discours sur la fable serait inutile. Tout a été dit dans les préfaces des fabulistes qui m'ont précédé; le meilleur de ces discours est peut-être celui de La Motte; le plus méthodique et le plus complet est celui de d'Ardène (...). Le discours de Florian, intitulé *De la Fable*, est le plus agréable à lire (...); il y prouve, d'un côté, qu'il n'y a point de véritables règles tracées pour la composition des fables, et de l'autre, il y fait très bien sentir quelles sont les qualités nécessaires pour en faire de bonnes.
>
> En effet, ces règles existent si peu, qu'on n'est pas encore convenu généralement du style dans lequel les fables doivent être écrites, et de l'étendue qu'elles doivent avoir.[83]

Le temps des préceptes et des poétiques est bien terminé: puisque La Fontaine faisait des fables sans y réfléchir, ses émules se croient autorisés à bannir les règles et les définitions.

LA QUESTION DE L'IMITATION

On ne sera pas vraiment surpris qu'elle suive à peu près le même cheminement que celle de la définition de la fable. Historiquement, l'apologue est fondamentalement un genre d'imitation: le fonds ésopique lui-même n'est que le résultat de la réécriture d'originaux perdus depuis l'Antiquité, poursuivie à travers l'époque romaine, peut-être l'Arabie, le Moyen-Age européen, la Renaissance, jusqu'à La Fontaine. Mais La Motte, dans la logique de sa position théorique de Moderne, va remettre en cause cette tradition, en lui appliquant les principes qui valent, selon lui, pour tous les genres:

> Je crois donc que quand on, veut travailler dans un genre, il faut se faire une idée juste des différentes beautés qu'il exige, s'habituer à les sentir et à les reconnaître, exercer la souplesse de son esprit de ce côté-là, et puis, sans aucune vue d'imitation particulière, se laisser entraîner par son sujet; en un mot, travailler d'abondance, de goût et de sentiment, *sans captiver son génie sous aucun autre.*[84]

On n'imitera donc que «la nature», imitation qui «fait seule les originaux». Dans le cas précis de la fable, cela signifie qu'il convient d'inventer ses sujets au lieu de les emprunter à ses prédécesseurs. Ce n'est pas sans une certaine fierté que La Motte dit qu'il lui a fallu être «tout à la fois l'Esope et le La Fontaine»[85] de ses apologues.

Assez proche chronologiquement de La Motte et assez disposé à accepter sa définition de la fable, Richer raisonne sur les mêmes bases que son aîné, mais en tire des conclusions différentes: pour lui aussi (et ce n'est jamais que l'esthétique classique), il s'agit d'imiter la nature; mais *il ne faut pas*, pour y parvenir, *faire table rase du passé.* Au contraire, c'est là qu'il faut aller chercher la nature:

Marcher sur les pas de Phèdre et de La Fontaine, c'est moins les copier que suivre la nature: La Fontaine lui-même n'a si bien réussi qu'en formant son goût sur les grands fabulistes. Sage imitateur des Anciens, il a joint à la simplicité et à la naïveté d'Esope les grâces et l'élégance de Phèdre. Ceux qui ne sont point sensibles aux beautés de ces anciens auteurs ne peuvent jamais réussir dans ce genre d'écrire, dont ils ne connaissent pas le caractère.[86]

Richer estime d'ailleurs, un peu artificiellement, qu'un imitateur est forcément original, puisqu'il est à peu près impossible de «copier exactement»[87]. Il ne se cache pas, quant à lui, d'avoir largement puisé chez ses prédécesseurs Esope, Lockman, Gabrias, Phèdre, Abstemius et Pilpaï[88], ne revendiquant l'invention que des deux tiers de ses fables: il nous semble d'ailleurs s'être beaucoup abusé sur son originalité et être beaucoup plus redevable qu'il ne le croit à la tradition.

Florian, dans la seconde partie de l'époque des Lumières, aura une position relativement assez proche de celle de Richer. Comme lui il indiquera la liste de ses sources, Esope, Bidpaï, Gay, les Allemands et «un Espagnol nommé Yriarte»[89]. Au vieillard de sa préface, il fera dire que la question de l'imitation est sans importance:

Qu'importe à vos lecteurs que le sujet d'une de vos fables ait été d'abord inventé par un Grec, par un Espagnol ou par vous? L'important c'est qu'elle soit bien faite. La Bruyère a dit: *Le choix des pensées est invention.* D'ailleurs vous avez pour vous l'exemple de La Fontaine. Il n'est guère de ses apologues que je n'aie retrouvés dans des auteurs plus anciens que lui. Mais comment y sont-ils? Si quelque chose pouvait ajouter à sa gloire, ce serait cette comparaison.[90]

La tradition est donc un fait dont il faut s'accommoder sans trop s'en soucier: *impossible de n'être pas un imitateur quand on est fabuliste*, impossible de faire table rase du passé ou des auteurs étrangers. Florian estime que ce qu'on prend à autrui n'est pas un larcin mais une conquête[91].

Ginguené, en 1810, constatera que «la plupart des fabulistes ont, à l'exemple de La Fontaine, tiré des anciens et des étrangers les sujets de leurs fables»[92]. Il se fera, quant à lui, une gloire d'avoir imité, pour la première fois en France, les auteurs italiens jusque là inconnus. La question de l'imitation sera passée au second plan entre le début du Siècle des Lumières et sa fin, très probablement en raison de la multiplication des sources étrangères à imiter: une fois que les fabulistes français n'en seront plus réduits à ressasser Esope ou Pilpaï, ils s'arrogeront le droit de prendre leur bien partout où ils le trouveront, de la même manière qu'ils s'étaient arrogés le droit de faire des fables plutôt que de réfléchir à la poétique du genre. Il peut paraître surprenant, dans ce concert unanime pour considérer l'imitation comme allant de soi, de trouver chez l'abbé Le Monnier un refus aussi violent que celui de La Motte[93]. C'est qu'*il conçoit le fabuliste comme un observateur attentif de la vie quotidienne* de ses contemporains, et non pas comme un moraliste abstrait. Sa tâche est de restituer ce qu'il voit: la réalité étant aussi riche à son époque en scènes dignes d'être mises en apologues qu'elle l'était au temps d'Esope, il lui semble absurde de répéter ce qu'on dit les auteurs antérieurs. «La fable, dit-il, est aujourd'hui ce qu'elle était avant Esope, un terrain à défricher [94]. Et son recueil, en effet, semble bien être la mise en pratique, maladroite, de ce constat: les «choses vues» y abondent. Le bon abbé argumente aussi, plus conventionnellement, sur le fait que, La Fontaine ayant porté l'expression du legs ésopique à son point de perfection, il serait vain de chercher à l'exploiter encore.

LA MORALITÉ DE LA FABLE

Il n'y a pas que Jean-Jacques Rousseau que la moralité des apologues du Bonhomme ait laissé sur sa faim. C'est probablement cette insatisfaction qui motive, aussi profondément que la question doctrinale de la modernité, la définition essentiellement didactique de La Motte. La Fontaine avait pourtant pris la précaution de s'abriter derrière la tradition antique, de rappeler que son but était d'être utile à la formation morale de la jeunesse[95]. Mais la lecture de son recueil révèle le caractère plus ou moins factice de cette déclaration liminaire... Le moins qu'on puisse dire est que sa morale est souvent ambiguë. Des fabulistes professeurs, sans condamner le Bonhomme comme le fait Rousseau, chercheront à donner à ses fables la pureté morale qui leur manque, soit en les commentant, soit, surtout, en les réécrivant.

Quoi qu'il en soit, *le débat sur la moralité est à l'ordre du jour de tous les textes préfaciels* des recueils des fabulistes des Lumières. La Motte conçoit son recueil comme «un traité de morale»[96], qu'il estime «préférable peut-être à un traité plus méthodique et plus direct». «L'attirail dogmatique» en moins, la fable a pour but de conduire les hommes à se mieux conduire:

> En peignant le vice et la vertu de leurs vraies couleurs, elle donne de l'éloignement pour l'un et du penchant pour l'autre, et elle fait sentir les devoirs, ce qui est toujours la meilleure manière de les connaître.[97]

L'idéal serait qu'évitant «les vérités triviales» trop souvent répétées par les auteurs d'apologues, la fable rendît ses leçons si évidentes qu'il ne soit besoin de les exprimer «ni à la fin, ni au commencement»[98], autrement dit qu'il ne soit besoin de suivre le patron ni d'Esope ni de Phèdre. En effet, *si c'est la leçon qui est à l'origine de l'allégorie, inversement la moralité doit sembler naître de la fiction*. S'il est malheureusement nécessaire de l'expliciter, c'est parce que le lecteur risque d'avoir du mal à la décrypter tout seul... C'est donc une concession que le narrateur fait à son public: elle ne peut intervenir qu'à la fin de l'apologue, un peu comme une confirmation de ce que le lecteur pressentait:

> Tout cela prouve, ce me semble, que la morale est mieux placée cée à la fin qu'au commencement de la fable. Si vous la mettez à la tête, vous émoussez le plaisir de l'allégorie: je n'ai plus qu'à juger de sa justesse, mais je ne puis avoir l'honneur d'en pénétrer le sens, et je suis fâché que vous ne m'en ayez pas cru capable. Si au contraire vous la renvoyez à la fin, mon esprit fait dans le cours de la fable tout l'exercice qu'il peut faire, et je suis bien

aise en finissant de me rencontrer avec vous, ou je vous suis obligé de m'apprendre mieux que je ne pensais.[99]

La position de La Motte est reprise et systématisée par d'Ardène, qui déclare nettement que *«la fable est faite pour la moralité, et non la moralité pour la fable»* [100]. L'instruction doit donc passer avant tout le reste, et même avant le style. Elle doit ne présenter aucune ambiguïté et résulter clairement de la narration:

La moralité doit naître sans effort et naturellement du corps de la fable, *qui n'est faite que pour l'amener»*.[101]

D'Ardène condamne donc logiquement le patron hérité de Phèdre: «si à la tête de l'apologue, dit-il, je trouve la vérité que j'y cherche, je n'ai plus besoin de la fable»[102]. Pour lui comme pour La Motte, la place de la moralité est en fin de fable. Il serait même souhaitable que le fabuliste n'eût pas besoin de l'exprimer, que le corps de l'apologue comportât «en lui-même le sens allégorique qui en est l'âme»[103]. On voit comment d'Ardène, disciple de La Motte, réconcilie en quelque sorte son maître et La Fontaine, dont on reconnaît sans peine les formulations.

Mais c'est Richer, en cette première partie du Siècle des Lumières, qui nous paraît avoir le mieux synthétisé les questions que soulève la moralité:

Si l'on demande en quel endroit de la fable on doit placer la morale, la question, selon moi, n'est pas difficile à résoudre. Esope et Faerne la mettent toujours à la fin; Phèdre et La Fontaine la placent tantôt à la fin, tantôt au commencement. Je crois que la bonne méthode est celle des premiers. La morale, mise en tête d'une fable, ôte au lecteur l'agrément qu'il aurait à développer le sens caché sous l'allégorie. Il ne faut pas le priver de ce plaisir. La vérité qu'on trouve soi-même en paraît plus aimable. J'ai donc presque toujours suivi Esope et Faerne. Si j'ai mis des prologues à quelques-unes de mes fables, ils ne préviennent point la moralité, et laissent pour l'ordinaire au lecteur le plaisir de la chercher. Quelquefois même je n'y ai pas mis de morale expresse, ou quand elle se présente d'elle-même à l'esprit et que la clarté de l'image rend cette expression superflue, ou lorsque la moralité est en action et fait partie de l'allégorie. Ces deux dernières espèces ne sont pas les moins parfaites: dans la première, le lecteur sait bon gré au fabuliste de l'avoir cru capable de faire lui-même les réflexions nécessaires; dans la seconde, les préceptes, dictés par les animaux mêmes, font plus d'impression que les sentences de l'auteur.[104]

On ne saurait mieux dire: aux yeux des fabulistes de la première période des Lumières, *l'idéal serait que la fable n'eût pas besoin de moralité exprimée*. Si cependant cela s'avère nécessaire, la meilleure solution est que ce soit un personnage de la narration qui l'exprime. Le fabuliste ne doit prendre la parole, à la fin de son apologue, que s'il n'y a vraiment pas moyen de faire autrement pour éviter que la leçon ne demeure ambiguë.

Dans la seconde période, la question semble être devenue inessentielle. «Tout cela est indifférent», dit Le Monnier[105]. Le point important est seulement que la morale soit saine:

> Un point de la plus grande importance, c'est que la morale soit pure et saine: qu'elle inspire la vertu et les bonnes moeurs. La Fontaine n'a pas toujours été bien attentif à cet égard.[106]

Et le bon abbé s'engage alors dans une critique serrée de plusieurs fables du Bonhomme. Il conclut que, même si la moralité des Fables est souvent contestable, les «talents» du poète ne sont nullement en cause. Florian semble encore plus indifférent aux problèmes techniques de la moralité. Il se contente d'une rapide allusion à la doctrine de La Motte sur la position de la leçon et ne se demande même pas s'il est mieux qu'elle soit explicite ou implicite:

> Je ne crois pas nécessaire, ainsi que l'exige M. de La Motte, de placer la moralité à la fin de mon apologue.[107]

En somme, ainsi que nous l'avons déjà constaté, le temps des règles et des poétiques est passé.

LES ASPECTS TECHNIQUES DE L'ÉCRITURE DE LA FABLE

Trois questions semblent avoir retenu l'attention des fabulistes: les deux premières (la longueur et les personnages de la fable) sont assez simples à résoudre, la troisième (le style et la rhétorique de la fable) est parfois éludée parce que beaucoup plus complexe.

LA LONGUEUR DES FABLES

On reconnaît généralement aux apologues ésopiques le mérite de la concision et de la brièveté. On se souvient aussi que La Fontaine se justifie avec brio d'avoir été incapable d'imiter «l'extrême brièveté» de Phèdre[108]. La Motte n'a pas traité la question pour elle-même, mais la majorité de ses apologues sont longs. Il les assortit en effet souvent de *prologues*, ce qui constitue à ses yeux une innovation majeure. En réalité, on en trouve déjà des exemples chez La Fontaine, et surtout chez Eustache Le Noble, dont l'importance est trop sous-estimée. La Motte, cependant, a une conception originale du prologue: il s'agit pour lui de faciliter la transition entre «les simples récits» et «les réflexions un peu étendues»[109], et surtout de réfléchir, à l'intérieur même de l'apologue, «sur l'art de la fable». On retrouvera donc, dit-il, «épars dans le livre», les préceptes développés dans le discours préliminaire[110]. Assurément, cette démarche est moderne: il y a chez La Motte comme une réflexion permanente sur l'écriture, comme une tentation de la littérature de se prendre elle-même pour objet, ce qui annonce certainement une des tendances actuelles de la création littéraire.

Astucieux mais traditionaliste, Richer résout à sa façon la question de la longueur de l'apologue: une fable n'est pas courte en raison de son nombre de vers, mais parce qu'elle est bien racontée, autrement dit parce qu'elle évite les longueurs. C'est plus qu'un simple jeu sur les mots, car Richer organise autour de ce thème différents aspects essentiels de la poétique de la fable:

> Pour ce qui concerne l'étendue de la fable, elle n'est pas précisément déterminée: on dit en général qu'elle doit être courte; mais il ne faut pas prendre cette maxime à la lettre. Il y a des sujets plus étendus les uns que les autres (...). On peut dire qu'*une fable est courte lorsqu'elle a de la précision*, en un mot *quand elle est bien contée*. Il faut cependant que ce poème ait des bornes. Plus les fables sont courtes, plus elles sont faciles à mettre dans la mémoire, et par conséquent plus elles sont utiles aux jeunes gens.[111]

Le fabuliste n'oublie donc ni l'usage fondamentalement didactique de la fable, ni son appartenance au type narratif: une fois encore, il nous apparaît comme le plus nuancé des praticiens du genre.

D'Ardène est loin d'être aussi tolérant. Pour lui, «la fable doit être courte», ne jamais dépasser cinquante vers et même «rouler ordinairement autour de vingt-cinq ou trente»[112]. Pour Florian et Le Monnier, en revanche, la question semble avoir perdu sa pertinence. Le bon abbé s'en débarrasse par une pirouette ironique:

> On compte les vers des plus longues fables de La Fontaine, et l'on vous dit: n'excédez pas cette mesure. Ainsi des fables courtes.[113]

Puis il nous livre un recueil où les pièces de plus de cent vers ne sont pas l'exception... Florian, à qui il arrive d'être très bref (et ce n'est pas dans ses meilleures fables), relève sans trop s'y arrêter la contradiction qu'il y a entre le laconisme sec d'Esope et sa propre conception de la fable comme un conte gai[114].

LES PERSONNAGES DE LA FABLE

Aucun fabuliste des Lumières ne conteste la *tradition animalière*. Même La Motte la trouve fondée:

> Il est vrai que les animaux font de fort bons acteurs de cette sorte d'allégorie. C'est une espèce si voisine de la nôtre, qu'on n'a presque eu besoin que de leur prêter la parole pour en faire nos semblables. Tout ce qu'ils font a un si grand air d'intelligence, qu'on a jugé de tout temps qu'ils agissaient avec connaissance.[115]

La place des animaux est donc naturellement parmi «les acteurs»[116] de l'apologue. Mais ce n'est pas une raison pour en exclure d'autres personnages «qui méritent la préférence sur d'autres dès qu'ils sont les plus propres, soit par l'agrément, soit par la justesse, à représenter la vérité dont il s'agit»[117]. Par conséquent, le personnel de la fable s'ouvre à tous les êtres:

> Introduisons à notre choix les dieux, les génies et les hommes; faisons parler les animaux et les plantes; personnifions les vertus et les vices; *animons selon nos besoins tous les êtres*.[118]

On pourra constater, dans l'histoire du genre, que cette ouverture est un trait majeur de modernité.

C'est sans doute pourquoi d'Ardène et Richer ne se montrent pas aussi enthousiastes que La Motte à accueillir parmi le personnel de la fable tous les personnages possibles. D'Ardène considère prudemment, en admirateur de La Fontaine, que *les animaux sont les acteurs naturels* de l'apologue:

> Les animaux seront toujours les acteurs nés de cette espèce de comédie, mais ceux qui n'en veulent jamais d'autres me paraissent pousser trop loin leur délicatesse.[119]

L'ouverture faite à d'autres acteurs est immédiatement suivie d'une restriction:

> Il est des fabulistes qui ne font point difficulté de personnifier à leur choix tous les êtres inanimés et métaphysiques. Il convient cependant qu'ils usent sobrement d'une telle *licence*.[120]

L'histoire de la fable des Lumières n'est pas loin de donner raison à d'Ardène: certains fabulistes n'hésiteront pas à faire dialoguer des entités ou des objets, de manière parfois absurde ou outrée. Que penser d'un Grécourt qui met en présence un pot de chambre, «meuble» assurément très utile, et un trophée, et qui insiste lourdement sur la position du premier, qui le rend témoin de la naissance d'autant d'hommes que l'existence du second en signifie de disparitions[121]? Une originalité de d'Ardène réside dans la proscription du personnel humain: les hommes sont bannis de l'apologue parce qu'ils ne peuvent pas à la fois être juges et parties. Ce sont eux qu'il faut instruire, il ne faut donc pas les mettre en scène.

Les animaux sont donc «*les interlocuteurs naturels et privilégiés de la fable*»[122]. Richer partage cette opinion[123], même s'il estime qu'elle ne va pas sans quelques difficultés, notamment en ce qui concerne la vraisemblance. Car il y a une différence essentielle entre les animaux et les hommes: les premiers sont déterminés, quand les seconds sont libres... On voit que Richer est cartésien, alors que La Motte ne l'était guère, qui voyait dans la doctrine de Descartes «une débauche du raisonnement»[124]. Un second problème gênant lui paraît être l'aptitude incertaine des animaux à la vie de société: il le résout en invoquant l'autorité de la tradition ésopique. A l'égard des autres acteurs plausibles de l'apologue, Richer, comme d'Ardène, est très prudent. On peut mettre en scène quelquefois «les arbres, les plantes, mêmes les choses inanimées»[125], mais il faut prendre garde que ces choix hardis ne nuisent pas à la vérité morale qu'on se propose de montrer:

> Un fabuliste a la liberté de choisir dans la nature les êtres les plus propres à faire ses tableaux; mais afin que les fables soient utiles à tout le monde, surtout aux enfants, les allégories doivent être prises d'objets physiques et qui frappent les sens.[126]

Il convient donc de *proscrire les abstractions*. Quant aux hommes, ils présentent le risque d'appauvrir la fiction (en la rendant, comme on dirait aujourd'hui, trop réaliste), mais il ne saurait être question de les exclure, comme le proposait d'Ardène.

On voit donc que la position de La Motte, qui suggère d'ouvrir la fable à toutes les catégories possibles de personnages, est loin d'être unanimement acceptée dans la première période du Siècle des Lumières. Par la suite, comme on pouvait s'y attendre, le débat semble perdre de son intérêt: *on ne se demande plus guère quels doivent être les acteurs privilégiés de l'apologue*. En revanche, le terme même d'*acteur* prend avec Le Monnier et Florian un sens un peu différent, par la *référence constante au théâtre*, dont on sait qu'elle était déjà présente chez La Fontaine[127].

Le Monnier explique de façon très originale *la parenté entre la fable et le drame*: ni l'un ni l'autre n'exigent de règles... Une scène observée dans la rue peut avoir de réelles qualités dramatiques même si elle ne comporte pas les cinq actes canoniques. Une aventure de la vie quotidienne peut fournir un bon apologue, même si les acteurs n'en sont pas ceux que les poéticiens recommandent. Le Monnier choisit pour montrer cela l'exemple de deux petites filles qui jouent à la poupée[128]... C'est en fait une position très voisine de celle des fabulistes pédagogiques, par exemple le Père Reyre. Celui-ci, dans la préface de son *Fabuliste des enfants* (1803), développe l'idée qu'il est nécessaire, pour l'efficacité didactique des apologues auprès du public qui est supposé être le leur, que les fables mettent en scène des acteurs aussi proches que possible des préoccupations des enfants:

> J'ai le plus souvent choisi pour acteurs des enfants de leur âge, ou les petits des animaux qui ont quelque rapport de ressemblance avec eux. En les entendant parler, en les voyant agir, ils croiront se trouver avec leurs égaux, et ils n'en seront que plus portés à profiter des leçons qu'ils en recevront.[129]

Reyre, en somme, prône pour l'apologue une sorte de *mime du quotidien*, dans le monde des enfants.

L'analogie entre la fable et le théâtre, dont il fut un grand praticien[130], conduit Florian à des développements intéressants. Lui qui semblait récuser systématiquement les définitions, il en élabore une, et des plus justes, autour de l'idée que *la fable doit peindre des personnages en action*, être «une espèce de petit drame»[131]. Peu importe que les acteurs soient «des animaux, des dieux, des arbres, des hommes, il faut toujours qu'ils commencent par me dire ce dont il s'agit, qu'ils m'intéressent à une situation, à un événement quelconque, et qu'ils finissent par me laisser satisfait»[132]. C'est donc la question des personnages qui amène Florian a esquisser une poétique de l'apologue, lui qui semblait nier l'utilité de toute poétique... Même le lexique employé est celui des poéticiens: l'apologue doit avoir «son exposition, son noeud, son dénouement»[133], et cette dramaturgie doit reposer sur la peinture des personnages:

> Comme le fabuliste ne peut être aidé par de véritables acteurs, par le prestige du théâtre, et qu'il doit cependant me donner la comédie, il s'ensuit que son premier besoin, son talent le plus nécessaire, doit être celui de peindre: car il faut qu'il montre aux regards ce théâtre, ces acteurs qui lui manquent; il faut

qu'il fasse lui-même ses décorations, ses habits; que non seulement il écrive ses rôles, mais qu'il les joue en les écrivant; et qu'il exprime à la fois les gestes, les attitudes, les mines, les jeux du visage, qui ajoutent tant à l'effet des scènes.[134]

On est ainsi passé de la notion d'acteur (de «personnel»), qui était celle de La Motte et des fabulistes du début de la période, à celle de personnage (au sens dramatique), de la froide règle à l'écriture vivante.

LE STYLE ET LA RHÉTORIQUE DE LA FABLE

Ce sont là des questions essentielles, et difficiles. Comment, en effet, écrire des fables? Tous les auteurs s'accordent à trouver merveilleuse la réalisation de celles de La Fontaine... Mais y a-t-il des préceptes, des recettes susceptibles de donner quelques chances de rivaliser avec lui? La Motte ne s'attarde guère sur l'organisation de l'apologue, mais il développe un discours sur la stylistique. La fable doit être écrite dans «le langage du sentiment», en «style familier»: ce n'est qu'ainsi qu'elle pourra insinuer son message de vérité dans l'esprit des lecteurs. Mais il est bien délicat de trouver l'équilibre entre la familiarité, «loin du langage vulgaire», et l'élégance, règle de tout artiste:

> Que l'auteur de fables soit attentif au choix de ses expressions et de ses tours; que sous prétexte de familiarité, il ne se permette jamais rien de négligé ni d'insipide; qu'il se propose partout une finesse naïve, et qu'il travaille d'autant plus que ce qu'il dit doit paraître ne lui avoir rien coûté.[135]

Il faut donc adopter *un style à la fois familier et ingénieux*. On y parviendra en mêlant «le riant» et «le grâcieux», «le naturel» et «le naïf». *Le riant* a deux sources principales: l'humanisation, d'une part, procédé badin qui transforme le monde de la fable (et surtout le monde des animaux) en calque humoristique du monde des hommes, le burlesque de l'autre, qui consiste à «appliquer quelquefois de grandes comparaisons aux plus petites choses»[136]. *Le grâcieux* trouve sa place, principalement, dans les descriptions, qu'il embellit «de ses grâces touchantes». *Le naturel* s'oppose au recherché et au forcé. *Le naïf*, enfin, est le style du sentiment: il s'oppose au réfléchi. On constate, en somme, que cette stylistique demeure assez théorique et plutôt vague: le seul point vraiment pratique que La Motte développe tant soit peu concerne les «réflexions», c'est-à-dire *les interventions du narrateur dans sa fable*.

D'Ardène est plus précis. D'accord avec son prédécesseur pour postuler que *«le style de la fable doit sur toute chose être simple et naïf»*[137], on constate que ses prescriptions reposent sur une lecture attentive de La Fontaine. Il fait par exemple une large place au *mélange des tons*:

> Cette simplicité du style de la fable n'empêche pas que le fabuliste ne puisse dans l'occasion hausser d'un ou de plusieurs tons.[138]

Il admet même «certains vers dont le tour et l'expression sont marqués au coin de la grande poésie»[139]. Ce qu'il refuse est tout aussi net. *Il ne saurait être question de confondre le bas et le naïf*. *Il faut éviter les excès du style contourné et précieux*, c'est-à-dire ne pas se montrer trop spirituel ou trop ingénieux:

> Rien n'est si opposé au simple, au naïf qui doivent régner dans toute la fable, que cet étalage ambitieux et recherché qui annonce l'esprit.[140]

Cela revient à prévenir certaines exagérations inscrites dans les définitions de La Motte, et aussi à dénoncer par avance la pratique de certains auteurs contemporains comme Pesselier et l'abbé de Grécourt[141]. D'Ardène, enfin, recommande la plus grande prudence dans l'usage des «ornements», qui ne doivent en aucun cas être mis dans la bouche des acteurs de l'apologue mais être réservés aux interventions du narrateur qui, «étant regardé comme externe à l'apologue, à plus de liberté de dire ce qu'il veut, et comme il veut»[142].

Richer, que nous avons vu souvent comme un représentant de la position moyenne et raisonnable, est très peu disert sur les questions stylistiques. Ses préceptes se résument à conseiller l'imitation des bons modèles, qui sont simples et naïfs:

> Esope, Phèdre, La Fontaine, voilà nos modèles. Les fabulistes qui ont voulu montrer plus d'esprit qu'eux se sont égarés: ils ont changé les ornements naturels en de faux brillants. Leurs raffinements, leurs mots nouveaux et leurs phrases extraordinaires les ont rendus inintelligibles et ridicules.[143]

A quoi il ajoute que *le style de la fable n'est donné qu'au poète*, c'est-à-dire à celui qui est capable de joindre «le sentiment» à l'imagination et au raisonnement:

> Lui seul peut revêtir de couleurs naturelles les images que le poète doit mettre continuellement sous les yeux du lecteur.[144]

Et si l'on est poète, point n'est besoin de préceptes ou de recettes, il suffit de «se régler sur les bons modèles» et de «suivre son naturel»[145].

C'est avec l'abbé Aubert, par ailleurs professeur de Belles-Lettres au Collège Royal (l'ancêtre du Collège de France), que l'approche des questions de style et de rhétorique dans l'apologue va se préciser de façon sensible. Son discours, de manière symptomatique, n'est pas un texte liminaire, mais une sorte de postface placée à la suite de ses *Fables nouvelles*, dès la première édition en 1756. Il constitue un parfait exemple de *réflexion didactique*: adressé plutôt aux éducateurs qu'aux élèves, il cherche à fournir des guides d'analyse pour la lecture (et par suite pour l'écriture) des fables[146]. Il témoigne que, pour Aubert, *la naïveté et le naturel de l'apologue sont le fruit d'une écriture savante et complexe*.

Le principe de l'exposé est simple: il choisit de commenter linéairement quelques fables de La Fontaine en indiquant, par une disposition typographique adaptée, la manière de faire sentir toute les subtilités de leur écriture *dans la lecture*. Ce que Richer nous disait en passant, que la fable est un poème, Aubert l'analyse techniquement... Premier point: en tant qu'ouvrage en vers, l'apologue est essentiellement différent des autres types de poésie. Il n'a pas «une cadence marquée et régulière»[147]. C'est bien ce que nous appelons aujourd'hui *vers libre* chez La Fontaine! Deuxième point: l'apologue est le résultat d'une écriture savante. «Il y entre, dit Aubert, des tours, des figures, des finesses de sens» qui démentent la prétendue simplicité que l'on prône partout. Par conséquent, le lecteur doit «couper les vers de manière intelligente sans aucun égard pour la mesure»[148] et être capable de mettre en valeur «figures, tours, naïvetés, finesses». Suit une étourdissante énumération assortie d'exemples empruntés à La Fontaine: figures de mots (répétition, gradation, disjonction) et figures de pensée (apostrophe, interrogation, métaphore, description, correction, antithèse, anté-occupation). Aubert fait pour la fable ce que feront d'autres professeurs pour la tragédie, à l'extrême fin du siècle: un recueil d'exemples et de «travaux pratiques» pour d'apprentis rhétoriciens. Il insiste ensuite sur l'importance de l'alternance entre récit et discours, sur la nécessaire variété du dialogue et l'adaptation des «tons» aux expressions. Stylistique, rhétorique, technique narrative, rien n'échappe à la volonté didactique d'Aubert. Force nous est pourtant de constater que si la description est en général juste, les conséquences qu'en tire le bon abbé pour la lecture des fables sont pour le moins contestables. Il n'hésite pas, de manière expresse, à réduire la poésie des fables à la disposition spatiale imposée par la variété métrique, autrement dit à tirer l'apologue vers la prose... Cela constitue, après une analyse correcte, un contre-sens tout à fait magistral sur la nature du texte de La Fontaine: question, apparemment, d'idiosyncrasie, puisqu'il faut bien constater que la versification d'Aubert est maladroite et prosaïque et que son utilisation des procédés du Bonhomme, qu'il énumère si bien, est celle d'un bon élève consciencieux mais dépourvu de réel talent.

D'Ardène, avant lui, avait déjà abordé les problèmes de technique poétique et les questions précises de stylistique, mais d'une manière moins engagée et moins risquée. Il prônait, d'abord, la variété métrique, proscrivant les fables «remplies d'un bout à l'autre de vers de la même mesure»[149]. Il recommandait l'usage du vers court:

Les petits vers sont ceux dont la fable s'accommode le mieux (...). Non qu'ils ne puissent et ne doivent même être coupés par d'autres d'une mesure différente.[150]

Il attachait une extrême importante à la variété rythmique:

L'enjambement d'un vers sur l'autre que la poésie proscrit partout ailleurs est non seulement toléré dans la fable, mais il paraît y faire beauté.[151]

Il refusait l'emploi des formes strophiques régulières:

Composer des fables par quatrains, ou sizains, ce serait leur donner un air de stances que l'apologue ne comporte point.[152]

En somme, aussi bon analyste de La Fontaine qu'Aubert mais dépourvu du talent de didacticien, il multipliait les conseils judicieux pour écrire des fables... Même les questions particulières de stylistique attiraient son attention: il remarquait combien l'infinitif narratif est susceptible de produire un effet de rapidité, combien l'usage du *vous* explétif, si fréquent chez La Fontaine, peut être vif et expressif, combien sont nécessaires «les comparaisons qu'on trouve répandues dans la plupart des bonnes fables»[153]. Moins magistral que le bon abbé, il était peut-être plus pertinent.

Dans la seconde période du Siècle des Lumières, quand les questions de poétique ne seront plus guère à l'ordre du jour, les fabulistes n'en continueront pas moins à gloser sur le style de la fable. Le Monnier se référera, évidemment, à l'inimitable La Fontaine:

> Exigez-vous que j'imite le style de cet auteur inimitable? Mais La Fontaine a-t-il a un style Non. Il les a tous. C'est toujours le sujet qui lui donne le style.[154]

Comment, dans ces conditions, rivaliser avec lui? Comment réussir à placer «les traits naïfs et gais» indispensables? Comment atteindre «l'ingénuité» du Bonhomme? *Au plan stylistique comme pour le reste, la règle sera de n'en avoir aucune*:

> Tout l'art qu'on peut prescrire, c'est de n'en avoir aucun, d'écouter, de suivre et d'imiter la nature, qui fut la maîtresse de nos maîtres. Soit que le fabuliste parle, soit qu'il fasse parler ses acteurs, il faut observer les convenances, conserver à chacun son caractère naturel, s'il est dans son état naturel, et le caractère de la passion ou du sentiment qui l'anime, s'il éprouve ou passion ou sentiment.[155]

L'attitude de Florian vis-à-vis des règles est au moins aussi cavalière. Il fait mine de croire en la possibilité spontanée d'écrire de bonnes fables. Le seul point sur lequel sa poétique soit un peu explicite, c'est *le nécessaire art de peindre* dont le fabuliste ne peut se dispenser: il faut savoir «conter gaiement». Mais ce n'est pas une question de technique, c'est pour ainsi dire une vertu morale qui dépend «de l'esprit et du caractère»[156] et qui «entraîne avec elle le naturel, la grâce, la naïveté». *Le style, c'est l'homme même*: Florian semble avoir fait sienne la fameuse formule de Buffon...

En somme, on est passé, entre le début du Siècle des Lumières et son crépuscule, *d'une poétique rigoureusement codifiée à un discours spontanéiste*. Cela reflète bien, d'ailleurs, les caractéristiques des productions des meilleurs auteurs postérieurs à 1770: avant d'être au sens strict des fabulistes, ils sont des conteurs. Florian lui-même en est un exemple assez significatif, moins peut-être du reste que Boisard[157].

Il y a donc, semble-t-il, une cassure dans l'attitude des fabulistes vis-à-vis de la fable autour des années 1770: la réflexion, d'abord inévitable pour tous les auteurs de recueils, à la suite de La Motte, devient comme superfétatoire. L'on aura plus loin à constater que cette cassure correspond justement au moment où les recueils, souvent hâtivement composés, se multiplient: ils ne seront plus, comme ceux de Richer, publié en deux fois à quinze années d'écart (1729 et

1744), ou de d'Ardène (préparé au début des années 1720 mais mis au jour seulement en 1747), longuement mûris, mais presque improvisés (cas évident des recueils de Dorat ou d'Imbert).

Comment s'étonner alors si l'on préfère mettre l'accent sur l'art de conter plutôt que sur l'artisanat rhétorique ou stylistique? La référence à La Fontaine, parfait modèle de spontanéité, est parfois bien commode pour justifier l'improvisation... Au début du siècle, quand on lisait le Bonhomme, fût-ce pour le contester comme La Motte, on songeait à rivaliser, autant que possible, avec lui. A la fin du siècle, en découvrant avec enthousiasme les richesses des fabulistes étrangers nouvellement traduits, on ne songeait plus qu'à exploiter les nouveaux sujets disponibles: La Fontaine avait génialement surpassé ses modèles antiques, il devait être possible de faire mieux que le Britannique Gay ou l'Allemand Lessing[158].

Bref, les préceptes, désormais, étaient relégués dans les manuels scolaires, chez les pédagogues et les rhéteurs. Les fabulistes, qui les avaient forcément appris à l'école, faisaient mine de les négliger.

CHAPITRE III
LA POÉTIQUE DES PROFESSEURS

A partir de 1740, environ, on voit se multiplier les traités de rhétorique et de poétique à destination tant du grand public cultivé que des élèves des collèges. Non pas, d'ailleurs, que les professeurs aient cessé de dicter, comme il était d'usage, leurs cours pour ces matières, mais ils semblent avoir été nombreux à vouloir confirmer leur renommée de pédagogues en mettant mieux en forme le contenu de leur enseignement. A côté de ces manuels, paraissent aussi des ouvrages plus ambitieux, dont l'orientation pédagogique, pour n'être pas douteuse, se double visiblement de l'ambition de toucher un public plus savant, déjà formé: c'est le cas du vaste *Cours de Belles-Lettres* de l'abbé Batteux, mais il n'est pas isolé. Sans prétendre à aucune illusoire exhaustivité, nous nous proposons d'examiner, en feuilletant quelques-uns de ces livres, ambitieux ou non, le discours des professeurs sur la fable, espérant ainsi mieux cerner à la fois ce qu'on devait savoir avant de se lancer dans la carrière de fabuliste et ce qu'on pouvait avoir comme idées préconçues en tant que lecteur de fables.

Pour la commodité de l'exposé, nous choisirons de développer les mêmes rubriques que dans le chapitre précédent, car nous pensons montrer que *la poétique des professeurs s'inspire largement de celle des fabulistes*, en particulier de celle, particulièrement bien formulée, de La Motte. Considérons-donc successivement la question de la définition de l'apologue, celle de l'imitation, celle de la moralité, celle enfin des aspects techniques de la fable. A ces divisions, il conviendra d'en ajouter une destinée à indiquer sommairement le corpus des exemples mis en exergue par nos professeurs.

LA DÉFINITION DE LA FABLE

Tous les essais en ce sens qu'on peut rencontrer ont un caractère de ressemblance avec la formulation de La Motte. Voici un premier exemple, tiré du *Traité de la poésie* de Hardion (1751), dédié à «mesdames», filles du roi:

> C'est un discours inventé avec art, pour former les moeurs par *des instructions déguisées sous le voile ou l'allégorie d'une action.*[159]

La définition est sommaire, mais elle prend tout de même en compte divers traits essentiels de la fable: c'est une fiction, un ouvrage artistique, une instruction morale fondée sur une narration allégorique. Tout aussi brève, mais moins dense, apparaît la formulation de La Serre (1771) dans sa *Poétique élémentaire*:

> L'apologue est *un petit récit qui couvre une vérité du voile de l'allégorie.*[160]

Et ce sont pas les métaphores qui naissent sous la plume du professeur comme à plaisir qui viennent préciser l'énoncé initial, d'autant qu'elles ne sont, elles aussi, que des variations sur le discours de La Motte, à base de «guirlandes de fleurs» qui cachent «les épines de la morale»... Plus élaborée, en apparence, mais de même nature, est la définition de Domairon (1804), dans sa *Poétique française*, ouvrage de référence dans les lycées napoléoniens (l'auteur était inspecteur-général de l'Instruction publique):

> L'apologue ou la fable n'est autre chose qu'une action qu'on raconte, et du récit de laquelle résulte une instruction utile pour les moeurs, qu'on appelle moralité.[161]

On voit que les manuels élémentaires vont directement à l'essentiel, sans s'embarrasser de trop de subtilités.

L'exposé est naturellement plus complexe chez Batteux, dont le cours (au Collège Royal) s'adresse à un public plus compétent que les écoliers débutants. Au sein d'un ouvrage extrêmement structuré, l'apologue ouvre la partie consacrée à «la poésie de récit». La définition initiale, cependant, est réduite à sa plus simple expression:

> L'apologue est *le récit d'une action allégorique*, attribuée ordinairement aux animaux.[162]

Mais aussitôt Batteux la développe en considérant d'abord *la fable en tant que récit*: l'appartenance à ce type impose trois qualités, la brièveté, la clarté et la vraisemblance. Elle impose aussi la présence d'ornements, c'est-à-dire d'images ou de descriptions, de pensées ou de maximes, d'allusions, de tours vifs et piquants, d'expressions hardies, riches ou brillantes. *La fable*, ensuite, *est une action*: par conséquent, elle doit être juste, une et d'une certaine étendue. *La fable*, enfin, *est une allégorie*, «c'est-à-dire qu'elle couvre une maxime, ou une vérité»[163]. L'écart par rapport au discours de La Motte est pratiquement inexistant. Il ne devient sensible qu'à partir du moment où Batteux s'emploie à définir les différents types de fables, selon des formulations empruntées (inexactement) à Aristote:

> On distingue trois sortes de fables: les raisonnables, dont les personnages ont l'usage de la raison, comme *la Vieille et les deux Servantes* [164], les morales, dont les personnages ont par emprunt les moeurs des hommes, sans en avoir l'âme, comme *le Loup et l'Agneau*; les mixtes, où un personnage raisonnable agit avec un autre qui ne l'est point, comme *l'Homme et la Belette* [165].

L'utilité de cette classification n'est pas douteuse: elle permet, au minimum, de montrer que les fabulistes, en préférant la fable animalière, font choix de pratiquer surtout un type de fable parmi d'autres.

On retrouve cette division dans les *Principes élémentaires de Belles-Lettres* de Formey, inlassable compilateur pédagogique, qui ne sont qu'une sorte de *digest* de Batteux[166]. Surtout, on en trouve une autre, plus complexe et plus fine, chez l'abbé Joannet, dont les trop oubliés *Eléments de poésie française* (1752) ont eu l'honneur de fournir la matière de nombreux articles de l'*Encyclopédie*... Voici la définition de cet érudit, lecteur incontestable, lui, d'Aristote:

> La fable est *une pièce, qui sous une allégorie, renferme une moralité*; c'est une fiction, dont la fin est de former les moeurs. Les unes, qu'on nomme *Paraboles*, proposent des règles de conduite fondées sur des idées ou sur les actions de nos semblables. Les autres qu'on appelle *Apologues*, nous offrent ces règles dans l'exemple de toutes les créatures distinguées des êtres raisonnables. Du mélange de ces deux sortes de fables, en résulte une troisième espèce, à laquelle on donne en conséquence le nom de *Mixte* [167].

Cette typologie intègre très habilement les différents acteurs potentiels de la fable: les paraboles sont les fables à personnages humains ou à abstractions, comme il y en a beaucoup au Siècle des Lumières (la gloire, la vertu, l'obéissance); les apologues sont les fables animalières, mais aussi les fables dont les acteurs sont des êtres inanimés, et là encore il y en a beaucoup à l'époque (le fer, la poudre, le diamant). Les fables mixtes mettent en présence hommes et animaux, objets et abstractions: les exemples ne manquent pas.

Il n'en reste pas moins que la majorité des lecteurs cultivés devaient en être réduits, en ce qui concerne la fable, à la définition de La Motte, reprise systématiquement par tous les manuels élémentaires. C'est elle, encore, que nous trouvons dans un des *best-sellers* de la littérature scolaire, réimprimé très souvent entre 1771 et 1820 sous le titre *Les Ornements de la mémoire*. Ce n'est ni une rhétorique, ni une poétique, mais une anthologie de morceaux choisis classés par genres et, surtout, par styles. La fable illustre «la narration dans le style familier», et avant d'en citer des exemples variés, l'auteur (le très prolixe Alletz) prend soin de «donner aux jeunes gens une idée de ce genre de poésie»; c'est encore une fois le discours de La Motte qui est mis à contribution, mais complété par des formulations empruntées à La Fontaine et à Batteux:

> La fable ou l'apologue est *une instruction déguisée sous l'allégorie d'une action*: c'est comme un poème épique en raccourci, qui ne le cède au grand que par l'étendue. Elle est composée de *deux parties, dont on peut appeler l'une le corps, et l'autre l'âme*. Le corps est la fable, et l'âme la moralité. [168]

On a reconnu les propriétaires des deux énoncés principaux, et l'idée que la fable soit un récit épique en abrégé appartient au *Cours* de Batteux.

LA QUESTION DE L'IMITATION

Elle est rarement traitée en tant que telle par nos professeurs, pour qui elle doit être assez inutile au vu de l'histoire du genre, qu'ils développent assez souvent. En réalité, *le point de rencontre de la plupart des manuels élémentaires, c'est le modèle qu'ils proposent à leurs utilisateurs*. On ne sera pas surpris que ce soit La Fontaine, ainsi que l'écrit sans ambages Domairon, qui le considère comme «le plus parfait modèle auquel on puisse s'attacher»[169]. Batteux lui-même, après avoir analysé les beautés de quelques pièces du Bonhomme, laisse courir sa plume pour un éloge enthousiaste du maître des fabulistes, dont il a bien montré la supériorité sur Esope et sur Phèdre:

> La Fontaine est l'homme de tous les temps de la vie et de tous les états. Il est le jouet de l'enfance, le mentor de la jeunesse, l'ami de l'homme fait. Dans les mains d'un philosophe, c'est un recueil précieux de morale; dans celles de l'homme de lettres, c'est un modèle parfait du bon goût; dans les mains de l'homme du monde, c'est le tableau de la société.Il saisit apparemment le point où tous les goûts se réunissent; je veux dire, cette portion lumineuse du vrai, qui est comme la base du bon sens, et l'élément de la raison. Et comme il la présente sans nuage et sans fard, il n'est pas étonnant qu'elle jouisse de tous ses droits dans ses ouvrages.[170]

Tout se passe comme si le fait que le genre ait trouvé son poète rendait vaine la problématique de l'imitation, comme si l'on ne pouvait faire autrement désormais qu'imiter l'auteur du chef-d'oeuvre de l'apologue. Les professeurs, en somme, véhiculent le même discours que les fabulistes (à l'exception de La Motte), mais sans avoir besoin (ils ne sont que juges, et pas parties) d'opérer le contournement que nous avons mis en évidence.

Certains vont même plus loin. Ils établissent un parallèle entre le Bonhomme et son plus éminent successeur, pour le faire bien entendu tourner au détriment du malheureux La Motte. L'abbé Joannet envisage la question avec beaucoup de finesse et écrit, chemin faisant, un éloge implicite de l'imitation et une prise de position tardive en faveur des Anciens dans la Querelle des Anciens et des Modernes... Selon lui, en effet, La Fontaine a réussi *par l'imitation* des modèles antiques, tandis que La Motte a échoué *parce qu'il a voulu renier la tradition*[171]. La conclusion est nette:

> La Fontaine, peut-être unique pour le talent de raconter, ramasse les fleurs sans les chercher, les répand sans les prodiguer, est élégant sans parure, naïf sans basse familiarité, ingénieux sans travail, original sans affectation; La Motte, au contraire, traîne dans ses récits monotones, court après un enjouement qui le fuit, peint avec plus de soin que de variété et pense avec plus de finesse que de goût, déroute l'esprit par des métaphores si compliquées, si étranges, qu'il faut un travail de réflexion pour démêler l'analogie du sens physique au sens moral; ses fables sentent plus la dissertation d'un philosophe qui creuse la nature, que les aimables saillies d'un poète qui en embellit les productions.[172]

Ereintement en partie justifié, certes, mais qui voit chez La Motte des défauts là où il ne faut probablement voir que la stricte application d'une poétique réfléchie et volontaire.

Ainsi donc, il ne faudrait pas se laisser tromper par les rares formules, dans les manuels, qui semblent prôner l'invention. C'est toujours d'une invention inspirée de La Fontaine qu'il s'agit: toutes les tentatives pour créer des fables *ex nihilo* sont considérées comme vaines par les professeurs. Quand La Serre écrit qu'«il est inutile de prouver que le fabuliste a besoin de génie, puisqu'il doit inventer», il y a de fortes chances qu'il ne pense aucunement à l'invention des sujets, mais simplement à celle des moyens pour les renouveler. Inventer, ici, c'est faire du neuf avec du vieux: la théorie, en somme, de l'imitation créatrice[173].

LA MORALITÉ DES FABLES

On comprend fort bien pourquoi ce problème a de bonnes chances d'être crucial pour des pédagogues, et il l'est en effet. Unanimement, nos professeurs considèrent que *c'est la nécessité de rendre la vérité morale accessible au commun des mortels qui a provoqué la naissance de la fable*, ce que La Fontaine avait déjà dit dans sa préface de 1668[174]. Hardion l'explique très bien dans son *Traité de la poésie*:

> L'invention de l'apologue est due à *la nécessité où se trouvèrent les premiers philosophes, de déguiser leurs instructions pour ne pas effaroucher les hommes*, en leur montrant la vérité toute nue. Ils crurent devoir l'envelopper par le moyen de l'allégorie qui consiste à paraître dire autre chose que ce qu'on dit en effet.[175]

Cette opinion très récurrente sera d'ailleurs mise en fable à de nombreuses reprises, en particulier par l'Allemand Lichtwer, qu'imiteront bien des fabulistes français, du Père Barbe à Florian en passant par Dorat[176].

La présentation du problème n'est pas essentiellement différente chez Batteux, même si elle est plus complexe car elle repose sur une théorie de l'origine des langues: le recours à l'allégorie a été rendu obligatoire par le caractère imparfait du langage primitif, inapte encore à l'élocution élaborée. Il a permis de rendre sensible des vérités abstraites, notamment des vérités d'ordre moral. La fable s'est donc imposée tout naturellement comme véhicule de l'instruction morale et elle a eu tout aussi naturellement recours aux images les plus faciles à concevoir parce que les plus analogues à l'espèce humaine, celles des animaux[177]. Batteux, en bon rationaliste des Lumières, constate que, pour n'être pas subtil, l'artifice est efficace et encore de saison à son époque[178].

Mais où placer la leçon? Convient-il forcément de l'exprimer Formey, qui résume Batteux, a sur ce point une doctrine très tolérante:

> La vérité qui résulte du récit allégorique de l'apologue, se nomme *moralité*. Elle doit être claire, courte, et intéressante; il n'y faut point de métaphysique, point de périodes, point de vérités trop triviales. La moralité peut être placée avant et après le récit, selon que le goût l'exige, ou le permet. Dans l'un et l'autre cas l'esprit du lecteur s'exerce à combiner chaque trait du récit avec la vérité, mais dans le second on a plus de plaisir de deviner.[179]

Avant ou après, mais plutôt après: telle est la position exprimée ici. C'est, à peu de choses près, celle que défend La Serre dans un développement bavard mais intéressant, fondé sur l'analogie, dit-il, entre l'apologue et la conversation, dont la principale qualité est d'être variée. Pour la fable, il en est de même:

> Pour nous, nous pensons que dans un recueil de fables, la variété en fait le premier mérite, et qu'en mettant la sentence toujours au commencement ou toujours à la fin du récit, il en résulterait une uniformité qui avoisine ou amène l'ennui: pour éviter cette monotonie, nous conseillons d'introduire de temps en temps des prologues ou des épilogues: quand leur ton approche par des nuances presque insensibles de celui de la narration, ils sont pour le lecteur une source d'amusement comme d'instruction.[180]

Mais auparavant, La Serre semble avoir prévu le cas où il ne serait pas nécessaire «d'exprimer la vérité que déguise la fiction», sans pour autant considérer, comme beaucoup de fabulistes, que cela soit un idéal à atteindre. On remarquera, dans le clair exposé de ce professeur lyonnais, que les règles sont exprimées, non pas comme des constats, mais comme des préceptes: *c'est bien pour apprendre à leurs élèves à faire des fables que les pédagogues réfléchissent sur l'apologue*, et pas seulement pour le décrire. La remarque vaut pour tous les manuels (en ce temps-là, on apprend encore à écrire plutôt que d'apprendre à goûter), et singulièrement pour celui de Domairon, qui suit assez fidèlement le discours de La Motte dans sa définition de la moralité, mais s'en écarte quand il s'agit d'examiner la question de sa position:

> La moralité est de toutes les parties de l'apologue la plus essentielle. Elle doit naître sans effort, et naturellement du corps de la fable, parce que c'est pour elle que la fable est faite. Il faut qu'elle soit intéressante, courte et claire; c'est-à-dire que, sans être commune et triviale, elle soit exprimée en peu de mots et sans la moindre équivoque. (...) Il est indifférent de placer la moralité avant ou après le récit.[181]

Une fois encore, le cas où l'expression de la leçon serait inutile est envisagé. Mais ici il est considéré comme l'idéal à atteindre:

> Si le sens moral peut-être deviné sans peine, et clairement entendu, on doit se dispenser de l'exprimer.[182]

L'approche la plus complexe et la plus fine de la question se rencontre, une fois de plus chez l'abbé Joannet. Dans ses *Eléments*, fidèle à la typologie de la fable qu'il a établie, il distingue les trois types et estime qu'ils induisent une attitude différente envers la moralité. La parabole n'a pas besoin de moralité exprimée, puisqu'elle «renferme presque toujours une sentence relative aux moeurs et qui s'explique assez d'elle-même». L'apologue et la fable mixte peuvent se dispenser d'exprimer la moralité «dès que l'application de l'allégorie est tout à fait sensible». Si néanmoins il est nécessaire de préciser la leçon, «c'est au goût de décider de sa place». Joannet ne cache cependant pas sa préférence pour la position terminale, où «elle a d'ordinaire plus de grâce». Mais il est un cas où la position initiale s'impose:

Cependant il est des occasions où le rapport du fait à nos moeurs étant trop difficile à pénétrer, il est bon de prévenir l'esprit du lecteur en lui faisant sentir d'abord l'usage qu'on prétend faire de l'allégorie qu'on lui propose.[183]

Qu'ils suivent docilement la doctrine de La Motte ou s'en écartent un peu en s'inspirant de La Fontaine ou en se référant à la pratique des fabulistes antiques (Phèdre, pour la moralité en tête de fable), on voit que tous les professeurs sont à peu près d'accord pour accorder une place centrale à la question de la moralité. Le cas d'Alletz, qui oublie absolument d'en parler, alors qu'il présente une synthèse des questions soulevées par la fable (en cinq points), apparaît plutôt comme une inadvertance ou un oubli que comme une volonté délibérée de laisser le problème de côté[184]. Sans doute jugeait-il que les textes cités le résoudraient à l'évidence.

LES PERSONNAGES DE LA FABLE

Ce point a déjà été éclairé dans les rubriques précédentes, en particulier par l'abbé Joannet. Aucun professeur ne remet en cause (lecture de La Fontaine oblige) la prédominance naturelle des animaux parmi le personnel de la fable, mais comme il convient à un érudit de prendre en compte l'ensemble du corpus, aucun ne jette l'anathème sur les autres acteurs. L'enseignement s'adapte à la production qu'il considère. Nous empruntons à la *Poétique élémentaire* de La Serre une unique citation parfaitement représentative du point de vue général:

L'apologue admet différents personnages. Les êtres raisonnables, comme dans la fable de *la Vieille et des deux Servantes*, n'offrent pas assez de merveilleux. Les êtres matériels, comme dans la fable du *Pot de terre et du Pot de fer*, en présentent trop: on n'est point surpris d'entendre parler les hommes, et l'on se figure difficilement le langage de deux limes[185]. Les êtres abstraits et moraux, comme dans la fable où La Motte personnifie *Dame Mémoire, Dom Jugement* et *Demoiselle Imagination* [186], demandent de celle-ci un trop grand effort. Notre esprit peine à se représenter ces personnages singuliers. Les animaux paraissent convenir davantage à la fable parce qu'ils ont un caractère invariable.(...) Une autre raison plaide en faveur des animaux: en les faisant parler, on se prête à la sensibilité de notre amour-propre, qui ne pardonne les censures, que lorsqu'elles sont indirectes; et l'on ménage notre imagination, à qui il en coûte peu d'entendre dialoguer, et de voir agir des êtres qui paraissent avoir tant de ressemblance avec nous, et en qui nous croyons retrouver nos idées et nos affections. (...) Ce que nous disons en leur faveur peut convenir en partie aux êtres célestes[187]. Ils ont comme eux un caractère déterminé, et les poètes nous ont familiarisés avec l'idée qu'ils pensent et parlent à peu près comme nous.[188]

La préférence pour le personnel animalier est clairement affirmée, mais l'on voit que la fable mythologique, déjà timidement présente chez La Fontaine mais bien plus répandue au Siècle des Lumières, obtient absolument droit de cité, tandis que les fables à abstractions, illustrées par La Motte et certains de ses successeurs, et les fables dont les personnages sont des hommes ou des objets ne recueillent qu'une approbation très réticente. L'abbé Joannet était plus ouvert à ces «nouveautés», semble-t-il, que La Serre.

LA LONGUEUR DES FABLES

A ce sujet aussi nous avons déjà eu quelques indications, Batteux estimant que la nature même de l'apologue supposait un récit bref. La même doctrine se retrouve chez tous ceux qui empruntent au professeur du Collège Royal son rapprochement entre la fable et le récit épique. Voici la manière dont Formey présente la question:

> La brièveté demande qu'on ne reprenne pas les choses de trop loin[189], et que le récit finisse où il doit finir. Cela n'exclut pas les menus détails, lorsqu'ils peuvent faire un bon effet.[190]

Il semble donc que soit exclue la sécheresse ésopique, au caractère trop schématique ou trop mathématique. Domairon, qui a lui aussi lu Batteux, place de même la brièveté en tête des qualités constitutives d'un bon apologue[191].

La Serre a une manière plus originale de traiter ce problème. Il prend acte des positions en faveur de la brièveté, et notamment de celle de l'Allemand Lessing, dont il a visiblement lu les *Discours*, publiés en 1759 en même temps que les *Fables* et traduits par d'Antelmy dès 1764. C'est l'un des très rares exemples d'allusion à cette contribution théorique majeure, qui semble paradoxalement n'avoir pas concerné les fabulistes français, alors que les apologues (en prose) de l'auteur de la *Dramaturgie de Hambourg* fournissaient les sujets d'innombrables réécritures. Lessing, dit La Serre, se fait une loi si rigoureuse de la brièveté et de la précision, qu'il exclut même de la fable tous les épisodes:

> On peut lui répondre que le goût ne s'assujettit point à des règles rigoureuses. On n'allonge point un récit inutilement, lorsque les ornements qu'on lui prête tournent au profit des vérités qu'on développe, ou des vertus que l'on veut inspirer.[192]

Et d'esquissser une rapide comparaison entre Phèdre et La Fontaine, au profit du second. La position soutenue en conclusion est d'une grande énergie. Elle établit que la poésie de la fable est incompatible avec une excessive brièveté:

> Les tableaux, les descriptions, les images, sont les seuls titres qui font placer la fable au rang des poésies: si le récit est dénué de ces avantages, il sera plus court: mais sera-t-il un poème? Cessons donc, ou de regarder les fabulistes comme des poètes, ou de soutenir que la plus grande brièveté est de l'essence de l'apologue, mais que les détails, que les épisodes, ne détruisent jamais l'unité[193]. Le fabuliste n'en est pas plus dispensé que les autres écrivains.[194]

A l'horizon de ce morceau se dessine une sorte de postulat que la fable doit être versifiée, ce qui est bien le cas de la majorité de la production de l'époque, aux exceptions compréhensibles d'ouvrages qui sont de pures traductions[195], d'ailleurs souvent sources ensuite de versions versifiées, partielles ou intégrales.

LE STYLE ET LA RHÉTORIQUE DE LA FABLE

Il semble normal que des professeurs, désireux de donner à leurs lecteurs des consignes en vue de produire des fables, s'intéressent particulièrement à cet aspect de la poétique de l'apologue. Leur réflexion est sommaire ou plus dense, selon qu'on a affaire à des manuels ou à des traités plus complets. A la première catégorie appartiennent les remarques expéditives de Hardion, qui se contente de noter que l'action de l'apologue «doit être racontée d'*un style simple, naïf, riant, grâcieux et varié*[196]: on aura reconnu les formulations de La Motte. Ce sont elles, encore, que développent *Les Ornements de la mémoire:*

> Le récit, qui forme le corps de la fable, doit être animé par *tout ce qu'il y a de plus riant et de plus grâcieux.*[197]

Cela suppose, selon Alletz, que le fabuliste soit capable d'«appliquer de grandes comparaisons aux plus petites choses», de «ménager de petites descriptions», de «semer de temps en temps quelques réflexions courtes et rapides», bref d'«imiter la nature».

C'est ici la catégorie du grâcieux qui est privilégiée. Mais celle de la simplicité n'est pas oubliée. La Serre la définit en somme comme *l'adéquation du style à son objet et le refus de l'ostentation:*

> Proportionné aux objets qu'il peint, et aux acteurs qu'il fait parler, il est éloigné de toute ostentation de délicatesse, de tout étalage d'esprit, et surtout de ce persiflage amphigourique que nos modernes beaux esprits appellent de la profondeur et du sublime.[198]

Visiblement, le professeur lyonnais a en vue La Motte et certains de ses disciples (Pesselier, par exemple), qui furent tentés par trop de préciosité.

Importante aussi est la notion de familier et de naïf: il y consacre un passage qui tourne à l'éloge de ce style, dont il fait la condition du naturel et de la gaieté:

> Il n'y a que du style simple et familier que puisse sortir cette gaieté qui doit régner dans une fable. Lui seul peut faire éclore ces grâces naïves qui enchantent; lui seul peut animer un récit, donner du feu à un dialogue, et lui conserver ce beau naturel qui nous ravit si fort.[199]

Mais le point important est que *le style familier est propre à l'insinuation*, entendons qu'il favorise l'efficacité du message didactique et moral. L'auteur des *Ornements* estime même, et c'est tout à fait dans l'esprit de La Motte, que le style soutenu n'est guère efficace parce que le lecteur est sur ses gardes devant lui, alors qu'il ne se méfie pas de la naïveté[200].

Chez La Serre, c'est *l'élégance* du style qui est prônée, mais définie d'une manière qui en fait le complément de la simplicité et l'opposé de l'excessive recherche. Elle consiste dans «la variété des expressions», dans «le choix des épithètes», dans «les allusions aux usages et à l'histoire», dans «les métaphores et les allégories». A chacun de ces procédés est adjointe une restriction, qui en proscrit l'excès. Mais l'essentiel, pour notre professeur, est dans la vivacité des images:

> Rien surtout n'embellit davantage la fable, que les images vives qui transportent les objets sous nos yeux, et les expressions imitatives qui peignent à l'oreille en même temps qu'à l'esprit.[201]

On perçoit l'influence de la *Prosodie* de l'abbé d'Olivet, autant que l'empreinte indélébile sur cet enseignant de la pratique de la poésie latine.

A la suite de Batteux, excellent lecteur de La Fontaine, Formey met en valeur l'importance de l'invention verbale dans le style grâcieux et naïf propre à la fable:

> Cette dernière qualité consiste dans le choix de certaines expressions simples, pleines d'une molle douceur, qui paraissent nées d'elles-mêmes plutôt que choisies; dans ces constructions faites comme par hasard; dans *certains tours rajeunis, et qui conservent cependant un air de vieille mode*.[202]

Spontané et élégant, simple et grâcieux, archaïque et naïf, le style de la fable, d'après les professeurs, semble s'identifier assez bien avec le style de La Fontaine, dont l'abbé Le Monnier notait dans son discours (1773) qu'il avait «tous les styles». C'est d'ailleurs très apparent lorsque les auteurs de manuels, comme La Serre, développent leurs remarques en puisant leurs exemples chez le Bonhomme[203].

On a vu que ce professeur ne concevait pas l'apologue autrement qu'en vers. Il n'est donc pas étonnant que ce soit chez lui qu'on trouve les précisions les plus utiles sur la versification de la fable, et notamment sur la variété métrique qu'elle impose:

> Le vers alexandrin, coupé par deux hémistiches, offrirait une symétrie trop remarquable, et sa longueur pourrait ralentir la vivacité, qui est l'âme du récit. Le vers de dix syllabes paraît le plus propre à la narration; les enjambements qu'il se permet, laissent à peine supposer l'art: *il est bon de mélanger différentes mesures*, pourvu qu'on exile ces vers nains de deux ou trois syllabes, qui, dès qu'on ne les emploie point à dessein de produire une image, fatiguent l'oreille en précipitant le retour des mêmes sons.[204]

Paradoxalement, La Serre est bien seul à traiter, fût-ce sommairement, de la question de la versification de la fable. Ses confrères se contentent en général de remarques de stylistique ou de rhétorique. Même l'excellent Batteux n'évoque absolument pas les questions de métrique: lorsqu'il analyse très soigneusement quelques fables de La Fontaine, ses explications sont stylistiques et lexicales, mais ne traitent jamais du vers en tant que tel. Cette absence de prise en compte d'un aspect fondamental étonne, mais peut se comprendre: un *Cours de Belles-Lettres* n'a pas à développer recettes ou mécanismes. En revanche, qu'un ouvrage intitulé *Eléments de poésie française* tel que celui de Joannet se contente de quelques lignes expéditives sur la technique du vers dans la fable, c'est beaucoup plus surprenant. L'opinion émise annonce, en quelque sorte, ce que dira l'abbé Aubert dans son *Discours sur la manière de lire les fables ou de les réciter*, quatre ans après la parution du livre de l'abbé Joannet: soumise entièrement à son propos moral, la fable doit se faire discrète au plan poétique. Quand Aubert remarque qu'il faut effacer, à la lecture, les particularités rythmiques de la métrique variée de l'apologue, Joannet affirme:

> La fable est une des pièces auxquelles la poésie de style est moins nécessaire.[205]

Cela veut dire que ce poème doit avoir aussi peu que possible l'air d'un poème... Les considérations techniques sont donc limitées à de rapides remarques sur l'organisation des rimes:

> Les vers peuvent être libres, et les rimes croisées ou suivies. Cependant les rimes croisées me paraissent préférables aux autres. Elles ont une marche moins gênée, plus négligée en apparence, et par là plus convenable à cette sorte de poésie.[206]

Manière expéditive de traiter cette question pourtant fondamentale.

En revanche, Batteux et ses imitateurs sont assez diserts sur la technique de la narration dans la fable. Leur doctrine est celle que Florian adoptera dans son discours, à une importante restriction près: obnubilés qu'ils sont par le rapprochement avec la poésie épique, plusieurs professeurs, comme Formey, repoussent l'identification de l'apologue avec le drame[207], se dégageant ainsi de l'emprise de leur modèle, qui estimait, lui, que «toutes les règles» de la fable étaient «contenues dans celle de l'épopée et du drame»[208]. Pour Batteux, donc, «l'apologue est le récit d'une action», notion soigneusement définie dans le *Cours de Belles-Lettres*:

> Une action est une entreprise faite avec dessein et choix. Un édifice tombe tout à coup, c'est un événement, un fait. Un homme se laisse tomber par inadvertance, c'est un acte. Il fait effort pour se relever, c'est une action. Ce qu'on appelle un fait ne suppose point de vie, de puissance active dans le sujet. L'acte suppose une puissance active, qui s'exerce; mais sans choix et sans liberté. L'action suppose, outre le mouvement et la vie, du choix et une fin: et elle ne convient qu'à l'homme usant de sa raison.[209]

Telle doit être l'action de la fable. La rapporter suppose une narration structurée d'une certaine étendue, où l'on puisse «distinguer aisément un commencement, un milieu et une fin»:

Le commencement présente une entreprise; le milieu contient l'effort pour achever cette entreprise, c'est le noeud; enfin, elle se termine; c'est le dénouement.[210]

Pour le reste, voici comment Batteux développe les caractéristiques de l'action:

L'action de la fable doit être une, juste, naturelle, et avoir une certaine étendue. Une, c'est-à-dire que toutes ses parties aboutissent à un même point: dans l'apologue c'est la morale. Juste, c'est-à-dire signifier directement et avec précision, ce qu'on se propose d'enseigner. Naturelle, c'est-à-dire fondée sur la nature, ou du moins sur l'opinion reçue.La raison est que notre esprit ne veut être ni embarrasé, ni égaré, ni trompé. (...) Enfin, elle doit avoir une certaine étendue.[211]

Ce discours n'est évidemment pas sans rappeler la poétique de l'action dramatique chez les Classiques, et chez notre professeur lui-même.

LE CHOIX DES PROFESSEURS

On pourrait dire, au vu de ce rapide parcours parmi les manuels et les cours de poétique, que la théorie de la fable est assez analogue chez les pédagogues à celle des praticiens du genre. Il est utile, afin de compléter l'exposé, d'indiquer rapidement quels textes les professeurs considèrent comme illustrant leurs préceptes et leurs descriptions, de dire un mot sur leurs citations et leurs exemples. Nul ne sera surpris que La Fontaine s'y taille la part du lion... Batteux lui emprunte, par exemple, toutes les mentions qui lui servent à traiter le chapitre des «ornements du récit»[212], toutes celles qui illustrent celui du style de la fable[213]. Et lorsqu'il retrace, assez longuement, l'histoire de l'apologue, au chapitre de Phèdre, il introduit déjà le Bonhomme, évidemment supérieur à son modèle, pour les deux pièces qu'il analyse de façon détaillée. Au chapitre La Fontaine, trois pièces ont droit à des citations complètes, et plusieurs autres à des mentions conséquentes. Mais c'est comme à regret que Batteux accepte de conclure son exposé par une mention de La Motte: il s'acharne à critiquer sévèremment la seule fable qu'il cite[214]. La Serre, lui, montre une plus grande ouverture sur les fabulistes de son temps. Son chapitre sur l'apologue s'ouvre par la citation intégrale d'une «fable nouvellement imprimée», *L'Origine des fables*, du Père Barbe. Dans le courant de l'exposé, il cite volontiers l'abbé Aubert, et surtout La Motte, presque nommé autant de fois que La Fontaine. C'est d'ailleurs à Aubert qu'il emprunte la seule fable qu'il reproduise intégralement à la fin de son parcours historique conclusif[215].

Enfin, Alletz, dont le manuel est par principe anthologique, reproduit *in extenso* huit fables, cinq de La Fontaine et trois de La Motte[216], comme «exemples de narrations dans le genre familier». Ces indications montrent assez clairement que les maîtres ont pris leur parti: comme les fabulistes, ils estiment visiblement que La Fontaine domine incontestablement le genre de l'apologue. Si La Serre se révèle plus ouvert que Batteux, c'est parce qu'il est le plus évidemment soucieux de provoquer ses lecteurs à écrire des fables: sans doute son corpus élargi cherche-t-il à prouver qu'il est encore possible de le faire après La Fontaine, démonstration qui n'entre évidemment pas dans les objectifs de Batteux, théoricien plus encore que pédagogue. Quant à Alletz, il nous semble, à lire en entier l'exposé théorique qui précède son choix de fables, qu'il admire très sincèrement La Motte, et non pas seulement en tant que le théoricien le plus clair du genre.

Les autres professeurs sont tiraillés certainement entre deux exigences contradictoires: leur goût les porte à n'apprécier que La Fontaine, la nécessité de formaliser des règles les pousse à emprunter beaucoup de formulations et d'idées à La Motte. C'est à lui qu'ils doivent leur poétique, alors qu'ils ne pensent paradoxalement qu'au Bonhomme.

BILAN

L'ombre de La Fontaine est décidément écrasante: tout le monde, au Siècle des Lumières, estime qu'il a porté la fable à un point de perfection tel qu'il serait illusoire de vouloir rivaliser avec lui. Mais l'on a vu Millevoye, avec humour, énumérer les émules et leur faire donner, si l'on peut dire, sa bénédiction par l'inimitable Bonhomme... Et en effet, les fabulistes ont osé prendre rang derrière leur Maître vénéré: certains ont même osé dresser contre lui l'attirail d'une poétique cohérente, comme La Motte, ou bien le contourner, au début de la période, avant de l'embaumer, à la fin du siècle, dans une admiration bien commode.

Impossible autrement d'être fabuliste. Ce ne sont pas les préceptes des professeurs qui pouvaient y encourager: en empruntant leurs discours à La Motte, ils puisaient leurs modèles chez l'intimidant La Fontaine, sauf l'un d'entre eux, apparemment doté de plus de sens didactique que ses éminents confrères. On apprenait bien à faire des fables, au collège, mais on s'y entendait aussi démontrer l'impossibilité d'en faire de bonnes à moins d'être un génie de la trempe du Bonhomme!

Le miracle de cette admiration unanime pour La Fontaine, c'est qu'elle ait été impuissante à stériliser l'imagination et le talent de ses émules. En revanche, elle a faussé sans aucun doute l'objectivité critique de la postérité, très prompte à rejeter dans le néant les courageuses tentatives des fabulistes des Lumières. Le moment est venu de décrire l'histoire de ces oubliés.

DEUXIÈME PARTIE

LA FABLE ENTRE TRADITION ET MODERNITÉ (1715–1770)

«De l'Esope français je vais suivre les traces.
Que n'en puis-je imiter les grâces?»
(Richer, dédicace du livre II, 1729)

«Mais quoi! Des vérités modernes
Ne pourrons-nous user aussi dans nos besoins?»
(La Motte, II, 4, 1719)

«On n'aurait point de bon ouvrage,
Si l'on eût jamais eu d'essai.»
(Pesselier, *Épilogue*, 1746)

«Puis-je, en faveur de quelques leçons sages,
Après mon maître espérer d'être lu?»
(Aubert, *Épître à l'Académie*, 1760)

AVANT-PROPOS

L'histoire de la fable versifiée dans la première période du Siècle des Lumières est partagée entre la tradition et la modernité. Le clivage est évident du point de vue des poétiques, assurément, mais il l'est peut-être encore plus de celui des inspirations. S'opposent nettement, dans leurs réalisations plus nettement que dans leurs prises de positions, les fabulistes traditionalistes, qui exploitent le fonds antique et cherchent à compléter l'oeuvre de La Fontaine en parcourant systématiquement l'héritage ésopique, et les fabulistes novateurs, qui prétendent inventer des sujets nouveaux, pour mettre en accord leur pratique et leur poétique, héritée de La Motte. Mais autour de 1750, apparaissent de nouveaux modèles, non plus antiques mais étrangers...

Après avoir examiné ces différentes inspirations, nous présenterons les principaux auteurs en les classant en deux groupes autour de deux figures majeures: Richer et les traditionalistes, La Motte et les novateurs. Mais le tableau ne serait pas complet sans une description de la mutation des années 1750–1760, avec l'apparition des premiers découvreurs et des premiers pédagogues[217].

CHAPITRE IV
L'INSPIRATION DES FABULISTES, ENTRE TRADITION ET MODERNITÉ

Si la poétique de La Motte implique le refus de l'imitation des anciens, celle de la plupart de ses contemporains suppose au contraire qu'on fasse largement appel aux sources traditionnelles. Richer considère que «ce sont de bons modèles»[218] et se fait un honneur de leur avoir emprunté ce que La Fontaine avait laissé de côté:

> La Fontaine a laissé vraiment peu de choses à puiser: j'ai cru cependant, quoi qu'en ait dit un fabuliste moderne[219], que ce reste était précieux, et susceptible des grâces de notre poésie.[220]

Comme lui, nombreux sont les fabulistes de la première période des Lumières qui ont inlassablement parcouru les auteurs antérieurs à la recherche de sujets oubliés par le Bonhomme. Certains même, parfois, n'ont pas hésité à refaire des apologues déjà traités par le maître. Plutôt que d'esquisser un improbable relevé exhaustif, nous choisirons d'examiner la présence d'Esope et de Phèdre dans les recueils, pour montrer la force de la tradition. Nous pourrons ensuite mieux mesurer la nouveauté des inventeurs, puis découvrir les sources d'inspiration inédites qui commencent à parvenir de l'Angleterre et de l'Allemagne après 1750.

LA TRADITION ANTIQUE

L'emprise du «patron de la fable»[221] et de son disciple latin est extrêmement forte *sur tous les fabulistes* de la période. Tous considèrent Esope comme l'inventeur de l'apologue[222]. *Ils lui empruntent donc ses fictions en cherchant à les réactualiser.* Quelques exemples le montreront mieux qu'un long discours.

On retrouve chez plusieurs auteurs l'apologue ésopique à personnages mythologiques d'*Hercule et Plutus*. La pièce originale est brève: Héraclès, à l'issue de ses travaux, est admis au rang des dieux. Il les salue tous courtoisement, à l'exception de Plutus. Prié de s'expliquer, il indique que ce dieu était toujours sur la terre le compagnon des méchants. Moralité: la fable désigne un homme enrichi par la fortune mais méchant de caractère[223]. Phèdre a repris le sujet sans aucunement changer les données de la narration: il s'est contenté de préciser la leçon en indiquant que «les richesses sont la source de tous les maux»[224] et qu'elles indignent justement l'homme courageux parce qu'elles sont «presque toujours le motif des éloges qu'on donne à celui qui les possède».

Voici ce que devient cet apologue sous la plume de Defrasnay:

> Quand Hercule eut quitté sa dépouille mortelle,
> Il fut par Jupiter introduit dans les cieux,
> Et servi par Hébé toujours fraîche et nouvelle,

Il y but le nectar à la table des dieux.
    Les immortels vinrent lui faire fête,
        Le féliciter tout à tour;
    Hercule leur marqua son respect, son amour.
        Plutus, le dieu de la richesse,
            Vint saluer le dieu nouveau;
    Hercule hautement rejette sa caresse,
            Et restant sur son escabeau,
    Ne daigne se tourner vers le dieu qui s'avance:
    Jupiter étonné lui fit sa remontrance.
    Hercule répondit: Etant chez les mortels,
    Je vis toujours Plutus ami de l'injustice;
    Jamais à la vertu ce dieu ne fut propice,
    Toujours il seconda les projets criminels.

        D'où je conclus sans erreur ni mécompte,
        Que Plutus est au nombre des méchants:
        Un pareil dieu dans le ciel nous fait honte:
        Les mortels devraient-ils lui brûler de l'encens?[225]

L'adaptateur français ajoute beaucoup à ses sources: Esope parlait de la table des dieux, Phèdre omettait cette précision, Defrasnay choisit d'orner le récit par un développement scolaire sur la boisson des immortels et leur échanson... Sa narration s'éloigne, si l'on ose dire, délibérément de la sobriété des anciens. Elle se veut vivante et familière: c'est sans doute la raison de la présence de ce détail amusant qui peint Hercule assis sur son «escabeau». L'approche de la leçon, cependant, avec le discours prêté au dieu nouveau, est très fidèle au modèle ésopique. La moralité aussi, avec cette différence évidente de la recherche de la pointe spirituelle, d'ailleurs très réussie.
    Boulenger de Rivery traite le même sujet avec plus d'audace:

            La franchise est d'ordinaire
            La vertu d'un militaire.

            Hercule à sa réception
            Dans la céleste académie
            Complimenta la compagnie,
        Chacun selon son rang et sa distinction,
            Et surtout selon son mérite;
        De mainte déité la part fut bien petite:
            Il traita mal Plutus et ses suppôts;
                Le dieu héros
        Marqua pour eux une horreur peu commune.
    Jupiter l'interrompt: Parlez mieux de Plutus,
            Il est le fils de la Fortune.
    —Oui, mais il est aussi l'ennemi des Vertus,
    Il corrompt la nature, il couronne le crime,

> En un mot les méchants ont pour lui de l'estime;
>   C'est assez, il m'est odieux.
> Des monstres différents, auxquels j'ai fait la guerre,
>   L'intérêt est le plus affreux:
> Il produit tous les maux qui désolent la terre.[226]

Pièce curieuse par le mélange de sel et de tradition. C'est bien le sujet ésopique revu par Phèdre qui sert de matrice à la fable, mais avec une recherche rythmique et poétique très originale, avec une utilisation plus développée du dialogue, et surtout avec beaucoup d'humour. Cela s'exprime dès le distique initial (en vers de sept syllabes peu conventionnels), qui excuse par avance la franchise d'Hercule de manière très amusante: du début de la pièce de Phèdre, Rivery n'a gardé qu'une partie de l'idée, la franchise du militaire.... C'est de façon tout aussi drôle que s'engage la narration: tout se passe comme si l'Olympe flou des anciens s'était mué en l'Académie Française! La suite est plus conventionnelle, mais Jupiter n'est plus un personnage muet uniquement évoqué pour justifier la prise de parole d'Hercule: il parle lui aussi et nous donne une leçon de mythologie, ce qui change la valeur de la réponse du héros. Les «Vertus» sont bien des incarnations mythologiques, mais elles sont *aussi* des vertus morales. Quant à Plutus, à la fin, il est identifié à ce vice majeur qu'est l'intérêt. Fort spirituellement Rivery nous invite à entreprendre avec lui le treizième de ses travaux... L'original antique se trouve ainsi à la fois explicité et renouvelé: ce ne sont peut être pas les grâces de La Fontaine, mais c'est bien son esprit.

Notre deuxième exemple est une série de variations sur l'adage latin bien connu *si vis pacem para bellum*. L'apologue ésopique est vraiment minimal: à un sanglier qui aiguise ses dents alors que rien ne le menace, un renard demande de s'expliquer. Le sanglier répond qu'il se prépare à toute éventualité. Moralité: il ne faut pas attendre le danger pour faire ses préparatifs[227]. Cette fable ne se retrouve pas chez Phèdre, mais différents latinistes l'ont traitée, en particulier l'Italien Faerne, au XVI° siècle: il ne s'agit chez lui que d'une réécriture plus bavarde, dont la moralité est un peu plus complexe. Les personnages demeurent les mêmes[228], ainsi que le titre (*Le Sanglier et le Renard*).

Richer s'empare du sujet, dans son premier recueil, et le traite avec une assez grande sobriété:

> Contre un vieux pin, par les ans endurci,
> Un sanglier aiguisait ses défenses.
>   Je ne vois pas à quoi tu penses,
> Dit un renard, de t'escrimer ainsi.
>   Aucun péril ne te menace.
>   Mon frère, il faut que tu sois fou.
> Si tu voyais paraître un ours, ou bien un loup,
>   Ce que tu fais serait plus en sa place.
> —Tais-toi, tu n'est qu'un sot: je fais ce que je dois,
> Répond le sanglier: je préviens les alarmes.
>   Serait-il temps de préparer mes armes,

> Si le loup paraissait, prêt à fondre sur moi?
>   Le sage en use de la sorte;
> Et préparé d'avance à tout événement,
>   Il n'attend pas imprudemment
>   Que l'ennemi soit à sa porte.[229]

Le modèle suivi est plutôt Faerne qu'Esope lui-même. Richer s'en écarte toutefois en mettant en scène un dialogue entre les interlocuteurs, alors que ses prédécesseurs ne faisaient parler que le sanglier. Il brode aussi un peu, pour enrichir la narration, en évoquant la menace éventuelle d'un ours ou d'un loup (bel effet de césure défectueuse). On perçoit un vrai talent de poète, non seulement dans une versification agréable, mais dans une familiarité générale du ton de bon aloi. Quant à la moralité, assez développée, elle ne recule pas devant un pléonasme qui fait figure.

Le modèle du Père Grozelier, dans son second recueil, est encore une fois Faerne:

>   Le renard vit le sanglier
>   Aiguiser ses dents contre un chêne.
> Eh! pourquoi, lui-dit-il, te donner tant de peine
>   Quand tu n'as pas à batailler?
>   —Est-ce donc au temps des alarmes,
>   Répond ce terrible animal,
>   Qu'il faut mettre en état ses armes?
>   Alors on réussirait mal.
>   Fer émoussé fut-il jamais d'usage?
> Un esprit aux dangers qui sait se préparer,
>   Ou les surmonte avec courage,
>   Ou, lorsqu'il ne peut s'en tirer,
>   Sa prudence le dédommage;
>   Il n'a rien à se reprocher.[229bis]

La rédaction et la versification ne sont pas précisément souples, mais le modèle ésopique, via Faerne et Desbillons[230], demeure très proche. Comme Richer, Grozelier met l'affrontement en dialogue. Comme lui il développe la moralité, qu'il rend plus complexe en suivant la suggestion de l'imitateur italien d'Esope, qui distinguait déjà deux possibilités: ou la victoire, ou la résistance méritoire.

Notre troisième exemple nous permet de prendre le novateur La Motte en flagrant délit d'emprunt à Esope, à propos de la courte fable *Le Boeuf et le Moucheron*. Il s'agit simplement d'une mouche qui se pose sur la corne d'un boeuf et qui demande si elle n'est pas trop lourde. Le bovidé répond qu'il ne s'était pas aperçu qu'elle fût là. Moralité: la fable s'applique à ceux qui s'estiment très importants, alors qu'ils ne sont rien[231].

Richer, dans son premier recueil, a traité ce sujet rudimentaire:

> Sur la corne d'un boeuf, qui paissait dans les champs,
>   Un moucheron, jouet des vents,

Alla s'asseoir, atôme imperceptible:
Sans microscope il n'était pas visible.
Cependant l'avorton était dans l'embarras
Comment le boeuf avait pu faire un pas
Sous un fardeau si lourd. Avouez-le, beau sire,
Lui disait-il, n'êtes-vous pas bien las
De me porter? Le boeuf se prit à rire:
Je ne t'ai, dit-il, pas senti.
Ta vanité seule te fait connaître.
Si tu ne m'avais averti,
J'ignorerais encor ta présence et ton être.

L'homme n'est pas moins fanfaron:
Tel se croit d'un grand poids qui n'est qu'un moucheron.[232]

S'inspirant visiblement de «La Grenouille qui veut se faire aussi grosse que le Boeuf»[233], dont le sujet est assez voisin, Richer orchestre la donnée ésopique sous la forme d'une narration ironique, et parvient parfaitement à caractériser son moucheron ridicule. Il réussit aussi très bien sa moralité, qui joue très finement sur le sens métaphorique possible du personnage vaniteux.

Mais La Motte avant lui avait traité le sujet, en remplaçant le moucheron par un ciron, animal encore plus minuscule et d'ailleurs déjà mis à contribution par un «philosophe» fameux, Blaise Pascal:

Qu'est-ce que l'homme? Aristote répond:
C'est un animal raisonnable.
Je n'en crois rien; s'il faut le définir à fond,
C'est un animal sot, superbe et misérable.
Chacun de nous sourit à son néant,
S'exagère sa propre idée:
Tel s'imagine être un géant
Qui n'a pas plus d'une coudée.
Aristote n'a pas trouvé notre vrai nom.
Orgueil et petitesse ensemble,
Voilà tout l'homme, ce me semble.
Est-ce donc là ce qu'on nomme raison?
Quoi qu'il en soit, voici quelqu'un qui nous ressemble;
Au bon coeur près, tout homme est mon ciron.

Messire Boeuf, las de vivre en province,
Partait d'Auvergne pour Paris.
Sur l'animal épais, l'animal le plus mince,
Cadet Ciron, voulut voir le pays.
Il prend place sur une corne;
Mais à peine s'est-il logé,
Qu'il plaint le pauvre boeuf, et juge d'un air morne,
Qu'il se sent déjà surchargé.

N'importe; il faut suivre sa course;
Eh! comment sans cette ressource
Pouvait-il voyager et contenter son goût?
Le boeuf lui tiendrait lieu de tout;
D'hôtellerie, ainsi que de voiture,
De lit ainsi que de pâture:
A fatiguer le boeuf, le besoin le résout.
Ils partent donc. Déjà de plaine en plaine
Ils ont franchi bien du chemin;
Lorsque le boeuf s'arrête et prend haleine,
Il est grevé; mon Dieu! que je lui fais de peine!
Dit le voyageur clandestin,
Si tourmenté de la saison brûlante,
De ses mugissements l'animal frappe l'air.
Par vanité compatissante
Notre atome se fait léger.
Même de peur d'amaigrir sa monture,
Vous l'eussiez vu sobre dans ses repas.
Faisons, se disait-il, faisons chère qui dure;
Je l'affaiblirais trop; il n'arriverait pas.
On arrive pourtant jusqu'à la capitale.
Cadet Ciron, sain et sauf arrivé,
Demande excuse au boeuf, qu'il croit avoir crevé.
Qui parle de là-haut, dit d'une voix brutale
Messire Boeuf? -C'est moi. -Qui? -Me voilà.
—Eh! l'ami, qui te savait là?
Je laisserais la fable toute nue
Qu'ici plus d'un ciron se reconnaîtrait bien.
Tel qui se grossit à sa vue,
Se croit quelque chose, et n'est rien.[234]

La pièce est fort éloignée de la brièveté ésopique, non seulement à cause du prologue qu'elle comporte, mais aussi en raison de la manière dont La Motte développe la narration. Le prologue polémique contre un philosophe professionnel, accusé d'avoir mal compris l'humaine espèce. Philosophe nouveau, le fabuliste va proposer une allégorie démonstrative, qui montrera que l'homme n'est pas avant tout raisonnable, mais vaniteux. Le récit reprend le thème ésopique, mais le travestit en fable ouvertement (et scolairement) fontainienne:circonstances pittoresques largement développées, pensées attribuées au ciron tant au discours direct qu'au discours indirect libre ou au discours direct, intervention du fabuliste pour juger son personnage, prise à témoin des lecteurs et narrateur «impliqué», moralité qui s'énonce selon un procédé souvent présent chez le Bonhomme. La donnée mécanique d'Esope est devenue une narration complexe et vivante, avec un protagoniste nettement caractérisé, et le déséquilibre entre le ciron minuscule, qui occupe l'essentiel du récit, et le boeuf énorme, qui n'a droit qu'à peu de mots, est d'une parfaite efficacité. Paradoxalement, au moment où il se fait prendre en flagrant délit d'ésopisme, La Motte se montre aussi un poète et un conteur tout à fait capable de rivaliser avec La Fontaine, dont il a visiblement intériorisé tous les procédés... *La source antique est donc loin d'être tarie.* Qu'on la suive de très près ou d'un peu plus loin, elle fournit encore de bonnes fables. Richer nous fait penser au La Fontaine des débuts, La Motte à celui de la maturité, Defrasnay ou Grozelier sont malhabiles, Rivery a bien de l'humour. Le travail d'adaptation, d'amplification, de traduction commencé bien avant La Fontaine et entièrement renouvelé par lui se poursuit inlassablement, enrichi désormais de l'apport du Bonhomme, dont on pourrait dire qu'il s'inscrit naturellement aux côtés d'Esope et de Phèdre dans la série des modèles. L'apologue est depuis les origines une tradition en perpétuelle fermentation: le creuset, avec La Fontaine, s'est enrichi de nouveaux ingrédients dont héritent les fabulistes des Lumières.

LES TENTATIVES NOVATRICES

C'est sur la fable animalière et mythologique que l'emprise de la tradition est la plus forte: les auteurs antiques ont surtout mis en scène les animaux et les dieux. La Motte ouvre délibérément la porte à d'autres personnages, objets inanimés, abstractions personnifiées, acteurs humains. C'est donc surtout en faisant agir ce personnel nouveau que les fabulistes novateurs vont chercher à inventer de nouveaux sujets: non pas qu'ils renoncent à l'invention dans l'utilisation des animaux, mais ils y sont forcément plus tributaires des modèles traditionnels. *Les objets inanimés fournissent un large contingent de sujets*: La Motte donne l'exemple avec une timidité certaine, n'ayant écrit que de rares fables de ce type, dont *Le Soc et l'Epée* fournit cependant une parfaite illustration:

> Autrefois le soc et l'épée
> Se rencontrèrent dans les champs.
> De sa noblesse elle tout occupée,
> Ne semblait pas apercevoir les gens.
> Le soc donne un salut, sans que l'autre le rende.
> Pourquoi, dit-il, cette fierté?
> —L'ignores-tu? belle demande!
> Tu n'es qu'un roturier, je suis de qualité.
> —Eh! d'où prends-tu, dit-il, ta gentilhommerie?
> Tu ne fais que du mal; je ne fais que du bien:
> Mon travail et mon industrie
> De l'homme entretiennent la vie;
> Toi, tu la lui ravis, bien souvent sur un rien.
> —Petit esprit, âme rampante,
> Dit l'épée; est-ce ainsi que pensent les grands coeurs?
> —Oui, répondit le soc; on a vu des vainqueurs
> Remettre à la charrue une main triomphante:
> Témoins les Romains, nos seigneurs.
> —Mais sans moi, dit la demoiselle,
> Ces Romains eussent-ils subjugué l'univers?
> Rome n'était qu'un bourg; on n'eût point parlé d'elle,

Si mon pouvoir n'eût mis le monde dans ses fers.
—Tant pis; elle eût mieux fait de se tenir tranquille,
Répondit maître Soc; belle nécessité,
Que l'univers devînt l'esclave d'une ville,
    Que de sa vaste cruauté
Elle effrayât l'Europe, et l'Afrique, et l'Asie!
Eh! pourquoi, s'il vous plaît, à quelle utilité?
Pour une ambition que rien ne rassasie.
Trouves-tu donc cela digne d'être vanté?
    L'épée au bout de sa logique
    Appelle enfin maître Soc en duel.
Te voilà; battons-nous. —C'est tout ton rituel,
Dit le soc: quant à moi, ce n'est pas ma pratique;
    Je travaille, et ne me bats point.
Mais un tiers entre nous pourrait vider ce point.
    Prenons la taupe pour arbître;
    Comme Thémis, elle est sans yeux,
L'air grave et robe noire; on ne peut choisir mieux.
    Chacun au juge expose alors son titre.
La nouvelle Thémis les entend de son trou;
Et le tout bien compris, prononce cet adage:
    Qui forgea le soc était sage,
    Et qui fit l'épée était fou.[235]

Le principe de fonctionnement de l'apologue est simple: comme les animaux habituels de la fable, les objets représentent ici des idées abstraites, le soc le travail (qui est une vertu), l'épée la guerre (qui est réprouvable au plan moral). Le fabuliste cherche à caractériser par le langage et le comportement ces «êtres inanimés»: le soc est railleur avec bon sens, mais un peu trop docte (il connaît l'histoire ancienne), l'épée est présomptueuse et condescendante, prête même, pour régler le conflit, à se battre en duel comme il est naturel chez un aristocrate. La Motte parvient, semble-t-il, à éviter le caractère trop artificiel qui guette ce genre de fables, parce qu'il résout ce conflit sérieux (et même grave) avec humour en ayant recours à la fin à un personnage animalier qui, sous les dehors d'une satire un peu facile de la justice (qui se révèle être une fausse piste), énonce un jugement prévisible et tranche en faveur du soc contre l'épée. Un tel sujet permet d'aborder une thématique relativement nouvelle, qui a un grand avenir au Siècle des Lumières: celle de la «véritable aristocratie», qui n'est pas celle des armes, mais celle du travail, utile à la société. On la retrouvera chez l'abbé Aubert, entre autres, dans une fable qui met en scène la main droite, qui représente la classe laborieuse, et la main gauche, qui signifie l'aristocratie[236].
    Notre second exemple nous permettra de mettre en parallèle deux disciples de La Motte, pour un sujet socialement et politiquement bien moins engagé. La fable *Le Fer et l'Aimant* se rencontre chez Lebrun:

Quoique peu tendre, et peu flexible,
Pour la pierre d'aimant le fer parut sensible.

> Indifférent pour les autres métaux,
> Il voulut s'unir avec elle.
> La pierre, loin d'être rebelle,
> Y consentit. Les minéraux
> Les plus riches, et les plus beaux
> Comme vous, lui dit-il, sur moi n'ont point d'empire:
> L'or et l'argent en vain font briller leurs appas;
> Vous seule avez un charme qui m'attire,
> Que je sens, et ne comprends pas:
> De l'ascendant telle est l'invincible puissance.
> —Et moi, répond l'aimant, lorsque sur vos rivaux
> Supérieurs, du moins égaux,
> Je vous donne la préférence,
> Je n'examine pas si je fais bien, ou non;
> Je cède aveuglément au penchant qui m'entraîne:
> Ma résistance serait vaine:
> La nature prescrit mon choix, mauvais ou bon.
> C'est pour certains objets que nos âmes sont nées;
> Le ciel le veut, tout cède à ses décrets vainqueurs:
> Ainsi la sympathie unit nos destinées,
> Et sans raisonnement détermine nos coeurs.[237]

La réalisation n'est guère adroite, assurément, et le principe de fonctionnement n'est pas absolument identique à celui de la pièce de La Motte: la circulation entre le monde de la fiction et le monde humain s'établit plus difficilement, parce que les personnages sont l'incarnation, non pas de deux idées antagonistes, mais d'une seule et même thématique, celle de l'attirance entre les êtres «faits l'un pour l'autre». Lebrun ne parvient pas à donner vie à une fable où les deux personnages sont trop évidemment d'accord: en somme, pour reprendre les définitions de La Motte, il y a bien allégorie, mais l'action est absente.

Pesselier, de ce point de vue, est plus habile:

> Malgré le vieux lien qui l'attache à l'aimant,
> Le fer, un jour lui fit querelle:
> Ainsi, j'ai vu souvent gronder même en s'aimant,
> Et c'est presque toujours pour une bagatelle.
> L'aimant me croit-il donc obligé, dit le fer,
> De le suivre partout, et lorsque bon lui semble?
> C'est le prendre sur un grand air!
> Je m'imagine que de pair,
> Nous pouvons bien marcher ensemble;
> Il ne se dégraderait pas,
> Quand il ferait le premier pas.
> Inutiles discours; l'aimant, à l'heure même,
> Attire à soi le fer, qui faisait le méchant.
> Résiste-t-on à ce qu'on aime?
> Et peut-on vaincre son penchant?[238]

Les objets, ici, sont en conflit. Le contexte, par ailleurs, est habilement suggéré, et permet une personnification convaincante: l'apologue fait forécement penser le lecteur à l'attirance amoureuse (que le lexique désignait aussi chez Lebrun, mais peu pertinemment). Par ailleurs, seul le personnage qui sera débouté de ses prétentions est soigneusement caractérisé, et prend la parole avec présomption. Sans être un chef-d'oeuvre, la pièce résout assez bien les difficultés induites par le choix d'un sujet dont les personnages sont des objets, censés représenter des idées.

Il n'est guère plus simple de réussir *des fables dont les personnages sont des abstractions*. Les novateurs, pourtant, s'y risquent presque tous, et La Motte tout le premier[239]. Nous emprunterons un exemple à Lebrun, dont la pièce s'intitule *L'Amour et l'Intérêt*:

> En certaine vieille chronique
> Dont l'auteur est un peu gothique,
> J'ai lu que l'intérêt un jour
> A sa table invita l'amour.
> Le repas fut trop grand pour que je le décrive:
> Il n'est chère que de vilain,
> Dit le proverbe; ils se mirent en train:
> L'intérêt fit tant boire son convive,
> Qu'il l'enivra; c'était où tendaient ses désirs.
> On but à la santé des grâces, des plaisirs,
> Des ris, des jeux amis de la tendresse,
> A celle de Vénus, à celle de Psyché,
> Aux beautés dont leur coeur était le plus touché,
> Santés qui provoquent l'ivresse.
> L'intérêt plus adroit ménageait sa raison.
> L'amour cède aux vapeurs du nectar de la treille,
> Et s'endort. Tandis qu'il sommeille
> Sans craindre aucune trahison,
> Le fourbe, pour en faire un sacrilège usage,
> Lui prend son arc, ses traits, son carquois, son flambeau;
> Enfin, de tout son équipage
> Ne lui laisse que son bandeau.
> Depuis ce temps si déplorable,
> Par l'intérêt les coeurs unis
> Ne brûlent que d'un feu malheureux et coupable;
> Les soupirs délicats d'entre nous sont bannis.
> Rougissez, âmes mercenaires,
> Qui par un commerce honteux
> Rendez de vos appas les amants tributaires:
> Le véritable amour doit être généreux.[240]

La pièce n'est réussie que parce qu'elle se voit contrainte, au tournant de la narration, une fois que l'amour est endormi, de se transformer en fable mythologique conventionnelle. Les abstractions ne peuvent pas rester désincarnées: l'amour n'est pas l'idée de l'amour, il est Cupidon, et c'est le symbolisme mythologique qui donne une certaine vie à l'apologue. Il faut reconnaître, dans ce cas précis, que Lebrun n'avait pas manqué de réussite, avant que cette transformation de sa fable ne se précise, dans l'animation de la scène, ni même d'audace dans l'utilisation des rythmes poétiques. Mais le point à souligner est que *l'apologue à abstractions*, qui va se répandre énormément, notamment chez les pédagogues des Lumières (la désobéissance et la discipline, la pudeur et la malhonnêteté), *tend à se fondre dans la fable mythologique*, ce qui le garantit des défauts relevés par un professeur comme La Serre.

Pas plus que les objets ou les abstractions, *les acteurs humains* ne sont des nouveautés absolues dans le monde de l'apologue. Ils ont seulement tendance à se répandre plus que dans la tradition comme supports à l'invention de sujets nouveaux. La Motte, par exemple, les utilise dans une de ses pièces les plus célèbres, «Les Amis trop d'accord»[241]. Lebrun, lui aussi, les met volontiers à contribution, par exemple dans une fable intitulée «L'Ivrogne et la Bouteille»[242], qui donne de salutaires conseils de sobriété. Mais il est relativement rare, en somme, qu'on les trouve seuls: ils sont souvent opposés à des dieux ou à des animaux. Chez Aubert, pourtant, il s'en rencontre plusieurs exemples assez significatifs, dont la fable de *L'Homme infirme*:

> Mon Dieu, disait un homme âgé,
> Chez qui logeaient la goutte et la paralysie,
> Mon Dieu, depuis trente ans combien tout est changé!
> J'ai vu qu'on jouissait des douceurs de la vie:
> Tout le monde se portait bien;
> On marchait, on dansait; chacun aimait à rire.
> Présentement on n'aime rien:
> Partout l'ennui triomphe, et le plaisir expire.
> Le moyen qu'on soit enjoué!
> Sur un triste fauteuil on est toujours cloué,
> Et l'on y souffre le martyre.
> Le logis où l'on vit c'est l'arche de Noé;
> L'on n'en sort qu'au bout d'une année.
> Il n'est plus de printemps, les jours ne sont plus beaux.
> Je prévois qu'à sa fin la nature entraînée,
> Dans peu sera réduite à la nuit du chaos.
> A peine il achevait ces mots,
> Sa nièce entre en sautant, en déployant sa joie.
> Adieu, mon oncle; on nous envoie,
> Mon frère et moi, promener dans les champs:
> Il fait si beau, mon oncle! et la voilà partie.
> —Voyez un peu cette étourdie,
> Reprit notre homme alors! Jadis nos jeunes gens
> Avaient l'air plus posé, plus sage, moins frivole.
> Le monde est fou, sur ma parole:
> Il ne ressemble en rien au monde de mon temps.
> Hommes, voilà vos jugements.[243]

Par l'utilisation de personnages très proches de la réalité quotidienne, la fable dérive vers l'anecdote vécue, qui ne se rattache à la nature de l'apologue que par son caractère d'exemplarité, ici noté par Aubert dans son dernier vers. Elle peut être bien narrée, bien versifiée, pleine d'humour, elle ne s'en écarte pas moins de la tradition, ce qui sera parfois constaté par les fabulistes eux-mêmes dans les titres qu'ils choisiront pour leurs recueils, où les termes de *contes* et d'*anecdotes* rejoindront parfois ceux de fables... Mais cette tendance sera encore plus forte dans la seconde partie du Siècle des Lumières, puis au Dix-neuvième Siècle.

DES SOURCES NOUVELLES

Ce n'est qu'à partir de 1750, environ, que de nouvelles inspirations, progressivement, vont être disponibles. En effet, pendant le premier demi-siècle, la fable connaît à l'étranger, mais principalement en Grande-Bretagne et en Allemagne, un développement presque aussi spectaculaire qu'en France. L'influence de La Fontaine est essentielle, assurément, mais celle de La Motte, traduit par exemple en Anglais deux ans après sa parution, n'est pas négligeable. C'est elle, probablement, qui est déterminante sur le principal fabuliste britannique, John Gay, dont le premier recueil est de 1727. Outre-Rhin, il faut attendre les années 1740 pour voir paraître les oeuvres importantes, en particulier celles de Gellert (1748) et de Lichtwer (1746).

A une époque où la primauté européenne de la langue française est indiscutable, il y a cependant des curieux et des xénophiles capables de lire les langues européennes, et l'on constate que les fables des auteurs étrangers sont parfois connues des fabulistes avant même que des traductions systématiques ne soient disponibles: mais le cas est assez rare. D'une manière générale, les auteurs français d'apologues ne s'inspireront systématiquement des fables étrangères que lorsque celles-ci auront été mises en Français. Ce mouvement de traduction est rapide à partir de 1759, date de la version française en prose des fables de Gay par Mme de Kéralio[244]. Dès 1763 est disponible une version des fables de Lichtwer[245]. Dès 1764, c'est au tour de Lessing, dont le recueil date seulement de 1759, d'être traduit, et la même année paraît une version anonyme des fables de l'Anglais Moore[246].

Mais déjà les fabulistes français s'emparent avec avidité des nouveaux sujets que leur fournissent leurs contemporains étrangers. L'un d'entre eux, Boulenger de Rivery, en 1754 (donc avant la parution des traductions), emprunte différents apologues à Gay et à Gellert, parmi des pièces diverses souvent adaptées de Phèdre et d'Avianus. Son recueil est précédé d'un «Discours préliminaire» sur la littérature allemande[247], qui se termine par des réflexions sur la fable chez Phèdre, puis par une comparaison entre La Fontaine, Gay et Gellert. Rivery estime que le recours aux sources étrangères permettra de contredire ceux qui croient que «les genres de la fable et du conte sont épuisés»[248]: La Fontaine a illustré de façon inimitable le genre naïf, mais ses émules étrangers ont su se créer leur propre style, «tragique» pour Gellert, «énergique» pour Gay[249]. Ainsi se présente la question de l'inspiration des fabulistes dans la première période des Lumières: la tradition antique est combattue par la nouveauté tandis qu'apparaissent de nouvelles sources d'inspiration.

CHAPITRE V
LES FABULISTES TRADITIONALISTES

Quelles sont les figures les plus représentatives de l'histoire de la fable traditionnelle, largement inspirée des sources antiques et deLa Fontaine, pendant la première période des Lumières? Nous choisirons de présenter trois auteurs (trois recueils): en les parcourant, nous constaterons que les classifications ne sont valides qu'à titre d'indications générales, et qu'il est parfois nécessaire de les nuancer. Nous suivrons la chronologie de la publication des recueils: Richer viendra le premier (premier recueil en 1729), Delaunay ensuite (1732) permettra de traiter de la vogue des comédies d'Esope (à la manière de Boursault), Defrasnay enfin apparaîtra comme un compilateur exhaustif du legs antique (1750).

UN DIGNE ÉMULE DE LA FONTAINE: HENRI RICHER

Douze livres de fables, comme le Bonhomme, sont la contribution de Richer (1685–1748) à l'histoire du genre. Normand d'origine, juriste de formation, il exerça un moment la profession d'avocat, avant de se lancer dans la carrière littéraire, où il débuta par une traduction des *Bucoliques* de Virgile (1717), bientôt suivie par celle des huit premières *Héroïdes* d'Ovide. C'est dire la solidité de sa formation classique. L'année 1729 vit la parution de ses six premiers livres de *Fables nouvelles*, recueil longuement mûri sans aucun doute. En 1734, il fit jouer une tragédie (*Sabinus*) qui n'obtint pas de succès. Son second recueil de *Fables choisies et nouvelles avec une vie d'Esope* parut en 1744. Il publia encore une *Vie de Mécénas* (1746), écrivit une seconde tragédie (*Germanicus*) et laissa inachevée une *Vie de Scipion*. Il travaillait, quand il mourut, à une édition complète de ses *Fables*, qui vit le jour fin 1748 (*Fables nouvelles mises en vers avec la vie d'Esope*).

Richer est un auteur modeste et effacé, dont l'importance ne doit cependant pas être mésestimée. Le discours sur lequel s'ouvre son recueil définitif est une sorte de synthèse de la poétique novatrice de La Motte, débarrassée de son agressivité polémique, et d'une admiration sincère et argumentée envers La Fontaine. *La Vie d'Esope* qu'il écrit n'est pas, comme celle du Bonhomme, traduite de Planude, mais rédigée à partir de Plutarque et de Méziriac, avec une réel sens critique. Les fables, quant à elle, se partagent entre la tradition (ésopique, mais à travers Esope, Phèdre, Abstemius, Faerne et l'ensemble des écrivains latins d'apologues, et orientale), et l'invention prudente: Richer n'est pas un novateur, ses sujets inédits sont des «à la manière de». L'auteur n'a pas souhaité autre chose que de prendre place au second rang derrière le Bonhomme, en exploitant au maximum la partie du legs antique laissée de côté par La Fontaine, et surtout en mettant tous ses soins à écrire de bonnes fables poétiques. Quelques exemples nous permettront de montrer en lui le traditionaliste, l'inventeur prudent, le poète soigneux et le moraliste sage.

UNE INSPIRATION TRADITIONNELLE
Richer exploite systématiquement le fonds ésopique, auquel il doit sans doute ses plus grandes réussites. *Sa manière s'apparente à celle de La Fontaine dans les six premiers livres des Fables*: les pièces ne sont qu'exceptionnellement très longues, l'essentiel de l'effort porte sur l'ornementation de la donnée d'origine, la moralité est prudemment générale. Voici ce que devient l'apologue *Le Lion et le Taureau* qui, chez Esope, raconte froidement les manoeuvres d'un lion désireux de manger le bovin. Richer ne s'écarte guère du schéma antique, mais deux ou trois trouvailles prouvent son grand talent:

> Un lion, qui cherchait capture,
> Aperçut un taureau paissant dans un vallon.
> Ce morceau tentait le glouton:
> Mais il vit à son encolure
> Qu'il était moins facile à prendre qu'un mouton.
> Pour venir à ses fins, il lui rend donc visite
> Avec un dehors hypocrite.
> Ami, venez souper chez moi.
> Si vous aimez la bonne chère,
> J'ai, sans mentir, un mets de roi,
> Un excellent agneau: je vous attends, compère.
> N'y manquez pas: je cours tout préparer.
> Le taureau va, sans différer,
> Au logis du lion: mais, sur le point d'entrer,
> Il voit près du foyer une grande chaudière.
> A cet aspect, il fait quatre pas en arrière.
> Ton procédé doit m'étonner,
> Lui cria son hôte perfide.
> A peine es-tu venu, tu veux t'en retourner.
> Apprends-moi ce qui t'intimide.
> Je préparais un bain pour te mieux délasser.
> Reviens donc, je t'attends afin de t'embrasser.
> -Entrer céans! Attendez-moi sous l'orme,
> Répliqua le prudent taureau.
> J'aperçois trop d'apprêt pour manger un agneau;
> Et l'on cuirait un boeuf dans ta chaudière énorme.
>
> Quelque flatteurs qu'ils soient, ne croyez qu'à demi
> Les discours de votre ennemi.[250]

Qu'est-ce qui fait de cette pièce une excellente fable? L'habileté de la narration, brièvement exposée en un quintil au passé, puis développée (avec un large recours au discours direct) au présent de narration: l'ensemble est à la fois simple, rapide et vivant. La maîtrise de la technique du vers: variété métrique satisfaisante, usage judicieux des enjambements externes, capacité de jouer même sur la césure défectueuse («A cet espect,/il fait//quatre pas en arrière.»), emploi savant de l'ensemble des procédés pour mettre en valeur la narration. La clarté et la généralité de la moralité, très apparente. Surtout, peut-être, l'humour présent dans tout le texte, qui ne cache pas ses dettes envers La Fontaine et qui joue fort spirituellement, à la fin du récit, sur la différence qu'il y a entre un taureau prudent, qui s'écarte du lion, et un boeuf stupide, qui finirait dans la marmite. Ce boeuf, d'ailleurs, fréquente les théâtres, puisqu'il cite le titre d'une fameuse comédie de Regnard, *Attendez-moi sous l'orme*, passé en proverbe. L'ensemble montre plus que de la maîtrise, un réel talent: l'inspiration antique est vivifiée par l'intériorisation des procédés fontainiens. En d'autres termes: la source est Esope, le modèle est La Fontaine.

UN INVENTEUR PRUDENT

Quand il imite, donc, Richer pense toujours à La Fontaine. Quand il invente, c'est la même chose. La lecture de sa version de la deuxième fable du premier recueil (*Le Corbeau et le Renard*) le montrera suffisamment. Le fabuliste nouveau commence par un prologue, sorte d'invocation de l'élève au maître:

> C'est toi seul que j'invoque, illustre La Fontaine,
>   Quand je remets après toi sur la scène
>   Le renard avec le corbeau.
>   Sans le secours de ton génie
> Comment pourraient-ils plaire En vain dans mon cerveau
>   Je chercherais un tour nouveau.
>   C'est par la divine harmonie,
> L'enjoûment de ton style et sa naïveté
>   Qu'un lecteur peut être enchanté.
>   Inspire-moi dans cet ouvrage,
>   Prête ta grâce à mes écrits:
>   Mes vers plairont: c'est à ce prix
> Que les neuf soeurs m'ont promis leur suffrage.

Richer indique très bien ici ce qu'il cherche à imiter chez son devancier illustre: les grâces du style. Sa narration n'en est pas dépourvue; elle n'a rien de parodique mais propose la (première d'une longue série) revanche du corbeau:

> Maître Corbeau, voyant maître Renard
>   Qui mangeait un morceau de lard,
>   Lui dit: que tiens-tu là, compère?
>   Selon moi c'est un mauvais plat.
> Je te croyais le goût plus délicat.
>   Quand tu peux faire bonne chère,
> T'en tenir à du lard! Regarde ces canards,
>   Ces poulets qui suivent leur mère:
> Voilà le vrai gibier de messieurs les renards.
>   As-tu perdu ton antique prouesse?
> Je t'ai vu cependant jadis un maître escroc.
> Crois-moi: laisse ton lard: ces poulets te sont hoc,
> Si tu veux employer le quart de ton adresse.

> Maître Renard ainsi flatté,
> Comme un autre animal, sensible à la louange,
> Quitte sa proie, et prend le change:
> Mais sa finesse et son agilité
> Ne servirent de rien; car la gent volatile
> Trouva promptement un asile.
> Notre renard retourne à son premier morceau.
> Quelle fut sa surprise! Il voit maître Corbeau
> Mangeant le lard, perché sur un branchage,
> Et qui lui cria: Mon ami,
> A trompeur, trompeur et demi.
> Te souvient-il de ce fromage
> Que tu m'escroquas l'autre jour?
> Je fus un sot; et tu l'es à ton tour.[251]

Les qualités, ici, sont peut-être moins affirmées que dans *Le Lion et le Taureau*: nous sommes au début de l'oeuvre de Richer, et non plus à sa fin. L'humour, cependant, est bien présent. L'hommage appuyé à La Fontaine en est peut-être la première marque, le calque appliqué de la stratégie du renard par le corbeau et la tonalité ironique et triomphale de la moralité doivent être les autres. On peut généraliser sans risque le constat qu'induit cette lecture (que les modèles ne sont jamais bien loin quand Richer invente ses sujets) à l'ensemble des pièces inventées des trois recueils du poète normand: prudent mais habile, toujours bon technicien de la poésie, toujours assez fin pour ne pas donner l'air de trop se prendre au sérieux, Richer est bien cousin de La Fontaine.

UN POÈTE SOIGNEUX

La qualité essentielle de ce fabuliste, en effet, est bien sa virtuosité poétique. Il insiste, dans sa préface, sur la nécessité de ce talent si l'on veut donner l'impression que les fables, brèves ou non, sont toujours courtes. Sans doute est-ce que, malgré sa modestie, il se connaît assez bien: rares sont les pièces, tout au long des douze livres, qui présentent d'évidents défauts de facture technique. Richer sait varier les mètres et les rythmes, utiliser la clausule de l'octosyllabe à la fin d'une section de la narration, jouer sur le rejet des verbes de mouvement. Son soin est même extrême de faire coïncider les arrangements de rimes avec les épisodes du récit. Il n'oublie d'être poète que dans ses moralités, mais c'est pour être plus didactique: un vers gnomique ne se caractérise pas avant tout par son harmonie ou son audace rythmique, mais par la netteté de la leçon qu'il exprime. Tout se passe comme si le Normand avait voulu s'essayer sur toute la gamme utilisée par La Fontaine: il fait même quelques fables en forme de stances (le Bonhomme en a fait), alors que certains de ses contemporains proscrivent ce procédé (d'Ardène). Voici un apologue d'origine ésopique (via Faerne), déjà traité par Charles Perrault et (via Phèdre) par La Fontaine[252], *Le Lion, l'Ane et le Renard*:

> Un lion ayant pris quelques bêtes sauvages,
>   Aidé de l'âne et du renard,

Dit au premier d'en faire les partages.
Cet animal simple et sans art
En fit trois parts avec tant de justesse
Qu'on n'eût su laquelle choisir:
Scrupuleuse délicatesse,
Qui ne fit nullement plaisir
Au superbe lion, prince fort colérique.
Il étrangla l'équitable baudet,
Sans forme de procès. Malheur à tout sujet
Qui lui ressemble et n'est pas politique!
Sire Lion, après ce châtiment,
Fit au renard pareil commandement.
Il obéit; mais le compère,
Courtisan plus adroit, sut se tirer d'affaire;
Se réservant très mince portion.
Qui t'a donné tant de prudence,
Demanda messire Lion?
—Je sais depuis longtemps de certaine science
Que tout vous appartient, dit l'hôte des terriers,
Et j'ai frémi de l'ignorance
Du baudet, justement par vous mis en quartiers.
Prétendez-vous des rois gagner la bienveillance?
Flattez-les, accordez-leur tout:
C'est le moyen d'être à leur goût.[253]

Les qualités techniques de la pièce sont évidentes, tant sur le plan de la forme poétique que sur celui de la conduite de la narration. Le récit, en effet, est d'une construction très judicieuse: l'exposition insiste sur la justesse du partage opéré par l'âne, la réaction du roi des animaux est narrée très brièvement, avec un hémistiche qui fait ouvertement référence à La Fontaine, puis le fabuliste intervient pour énoncer une maxime qui prépare la moralité. Le second épisode glisse habilement une caractérisation du renard en tant que courtisan, toujours pour préparer la leçon, puis laisse la place au discours direct. L'économie de l'ensemble est parfaite, en termes d'équilibre, de dynamique interne et d'efficacité. La technique poétique vient à l'appui de la narration: entre le quatrième et le cinquième vers, par exemple, l'enjambement est utilement souligné par l'homophonie entre *art* et *parts*, et contribue à donner tout son poids au nouvel enjambement, entre le cinquième et le sixième vers, qui aboutit sur un octosyllabe à rôle de clausule (l'exposition est terminée). Plus loin, la maxime qui est placée entre les deux épisodes du récit contient encore un enjambement fort pertinent. A la fin de la narration, dans le discours du renard, c'est un rejet externe qui met en valeur la nomination péjorative de l'âne (baudet), et qui provoque une césure défectueuse qui souligne l'adverbe antiphrastique *justement*. On n'en finirait pas de souligner la virtuosité de Richer: aucun fabuliste, en son siècle, ne sera aussi capable que lui de s'approprier les procédés fontainiens, sans pour autant avoir l'air d'un singe du maître.

UN SAGE MORALISTE

Les leçons des fables commentées ci-dessus sont une bonne indication des qualités de Richer en ce domaine. Son intention était d'être utile aux jeunes gens par la clarté et la simplicité de ses moralités. Ces qualités sont en effet présentes à la fin de tous ses apologues. Il suffit, pour s'en persuader, d'ouvrir au hasard le recueil complet de 1748[254]: au fil des pages, les préceptes et les constats se déroulent en une sorte de cours de morale raisonnable et bonhomme. Mais la clarté n'exclut pas la concision. Voici, pour aller à l'essentiel, quelques exemples:

> On a maître souvent quand on a compagnon.[255]

> La haine veille, et l'amitié s'endort.[256]

> C'est le sort des petits: tout est crime pour eux.[257]

> Il faut examiner à qui l'on s'associe:
> Les bons souvent payent pour les méchants.[258]

> Un menteur n'est point écouté,
> Même en disant la vérité.[259]

> Sans le secours des lois, que l'on doit révérer,
> Une société ne peut longtemps durer.[260]

Toutes ces moralités, outre le grand mérite de l'expression, sont tout à fait traditionnelles, conventionnelles même. La sagesse de Richer est comme son inspiration: prudente, respectueuse des modèles.

Tel apparaît ce fabuliste oublié, *injustement oublié*, qui ne semble pas avoir reçu l'accueil qu'il méritait à son époque, et qui n'a guère été apprécié, après sa mort, que par les pédagogues, et par divers fabulistes qui ne se sont pas privés de lui emprunter ses sujets, le larcin étant évidemment moins voyant qu'avec La Fontaine. Quelques pièces, cependant, ont trouvé grâce aux yeux de l'abbé Joannet, auteur des *Eléments de poésie française* [261]. Voici, pour témoigner de l'injustice de la postérité, le jugement de Pierre Blanchard, compilateur d'anthologies pédagogiques au début du XIX° siècle, sur les fables de Richer:

> Quoiqu'elles n'aient ni la naïveté, ni la finesse enjouée de celles de La Fontaine, ni le badinage ingénieux et philosophique de celles de La Motte, elles ont été reçues avec applaudissement. En général, l'invention n'en est pas heureuse; la morale ni est ni vive, ni frappante; le style en est froid, monotone et sans imagination; mais elles sont recommandables par la simplicité et la correction du langage, par la variété des peintures, et par l'agrément des images.[262]

Les qualités relevées sont réelles, mais il faudrait systématiquement renverser les autres propositions pour avoir une idée objective du *grand talent* de Richer.

DELAUNAY, SES FABLES ET SA COMÉDIE D'ÉSOPE

Cinquante fables jointes à une comédie d'Esope[263] sont la contribution de Delaunay (ou de Launay, né en 1695) à l'histoire de l'apologue. Ce Parisien, qui fut secrétaire des commandements du prince de Vendôme, a fait une carrière littéraire plutôt discrète: on lui doit des comédies (*Le Paresseux*, *Le Complaisant*) composées pour le Théâtre Italien, et des *Poésies diverses de société*, publiées en 1769, vraisemblablement après la mort de l'auteur, qui serait intervenue en 1751. Sa comédie mêlée de fables, dans la tradition de Boursault, fut publiée en 1732 (*La Vérité fabuliste*), accompagnée du mince recueil de ses apologues. Il s'en rencontre aussi une impression hollandaise de petit format, contrefaçon probablement de celle de Paris.

Delaunay nous intéressera surtout pour illustrer la comédie d'Esope[264], fort répandue dans la première moitié du Siècle des Lumières. Ses fables, qui ne sont pas négligeables, appartiennent au courant traditionaliste.

LA COMÉDIE DE «LA VÉRITÉ FABULISTE»

Cette courte pièce en un acte met en scène Mercure, la Vérité, et divers personnages secondaires incarnant des ridicules ou des défauts. Le dialogue de la comédie est rédigé en prose, à l'exclusion des apologues qu'elle contient[265], qui sont versifiés. Au lever du rideau, la Vérité annonce à Mercure qu'elle va quitter le bois où elle avait été reléguée par la malignité des hommes, et qu'elle a décidé de leur donner désormais ses leçons sous le voile de la fable:

> C'est une enveloppe naïve, une image prise dans les différentes propriétés des animaux, et même dans les choses inanimées; et dans des peintures variées, je leur représenterai diverses actions qui leur feront sentir leurs erreurs, et ils pourront dans la suite devenir moins criminels ou moins ridicules.[266]

Mercure lui rétorque que le moyen est usé, et s'attire une réponse en forme de poétique de la fable, illustrée par un apologue oriental («Le Sultan et le Vizir») qui veut prouver l'éternelle efficacité de la fable. Convaincu, le messager des dieux s'en va annoncer «aux mortels que la Vérité s'est rendue fabuliste»[267]. La suite de l'intrigue réside dans la comparution de différents personnages au tribunal de la Vérité. Chacun aura droit à une fable adaptée à son cas, et s'en repartira plus ou moins content, selon la nature du vice à corriger.

Ces pièces, dont les sujets sont apparemment d'invention, se distinguent par un ton de familiarité outrée, voisin parfois de la vulgarité: c'est vraiment l'héritage de Boursault. Mais le principal intérêt de la comédie doit être qu'elle semble avoir été conçue pour servir d'ouverture, ou de prologue, au recueil qui la suit dans l'édition, comme si Delaunay avait voulu faire un *discours préliminaire dramatique*, qui prouvât la nécessité et l'efficacité de l'apologue pour corriger les hommes: la liste des vices et des ridicules mis en scène se confond avec celle des personnages (l'Ambitieux, le Gascon, le Poète, le Protecteur, la Capricieuse, le Fastueux et le Faux Politique) et donne assez bien l'idée de la variété de l'intention morale.

UN RECUEIL DE FABLES TRADITIONNELLES
Les apologues de Delaunay sont traditionnels par leur inspiration, souvent empruntée au fonds ésopique, ou timidement novateurs, c'est-à-dire qu'ils traitent différemment un sujet de la tradition. Voici un exemple, assez rudimentaire, du premier cas de figure (*Le Sanglier et le Renard*), qui a souvent été traité au Dix-huitième Siècle[268]:

> Un renard, un jour, en rodant
> Rencontre au bord d'un bois un sanglier prudent,
> Qui sur le tronc d'un chêne aiguisait ses défenses.
> Oh! oh! dit le renard, tu prends là des avances
>   Bien inutiles à mon gré,
>   L'ennemi n'est pas dans le pré,
>   Attends le moment des offenses.
> Mais l'autre lui répond: Je suis plus assuré
>   Lorsque je suis bien préparé;
>   Je préviens ainsi les alarmes,
> Car il n'en est plus temps quand le champ est ouvert.
>
>   Dans la paix on forge les armes,
>   Et dans la guerre l'on s'en sert.[269]

La pièce ne s'éloigne guère de l'original ésopique que pour mettre en dialogue l'échange entre les protagonistes. La versification, rugueuse et limitée à une succession d'alexandrins et d'octosyllabes, n'est qu'efficace. La leçon (l'adage *si vis pacem para bellum*) a la sécheresse d'un constat: ce n'est même pas un conseil ou une injonction...

Notre second exemple est plus original: le fabuliste y reprend les acteurs (*Le Lion, le Renard et l'Ane*) d'un apologue ésopique lui aussi souvent traité, mais imagine une action qui renverse totalement la leçon habituelle, qui conseillait de flatter les puissants et d'être un bon courtisan:

> A certain baudet gros et gras,
> Un renard proposait un soir la promenade:
> Allons sur ces coteaux, viens, suis-moi, camarade:
>   Et baudet de suivre ses pas:
>   O de tout sens cervelle dépourvue!
> Que va faire un ânon avec un vieux renard?
>   Gare quelque fâcheux hasard!
>   Le renard ne fait rien sans vue.
> Les voilà donc partis, et dans une avenue
>   Ils rencontrent un fier lion;
> L'âne de se cacher, mais le renard: Ah! Sire,
> En saluant le roi, je venais pour vous dire,
> Qu'à votre majesté j'avais l'intention
>   D'offrir une provision:

C'est un âne bien gras dont je me suis fait suivre,
Si vous voulez, je vous le livre.
—Oui da; je l'aperçois, et je le mangerai;
Mais c'est de toi d'abord que je veux me repaître.
Dans l'instant le renard fut pris et déchiré:
Il méritait aussi de l'être.

Les gens en place, avec raison,
Profitent de la trahison,
Et prennent en horreur le traître.[270]

Le premier trait qui frappe, ici, c'est l'incapacité du poète à trouver le ton de familiarité et de naïveté élégante de La Fontaine: ni le dialogue prêté aux personnages du renard et du lion, ni les interventions envahissantes du fabuliste, n'ont la plus élémentaire souplesse. Le récit, en revanche, est très bien structuré: Delaunay introduit la catastrophe de son petit drame dans les paroles du lion pour un effet très réussi. Mais de même qu'il abuse de ses interventions exclamatives, il emploie avec trop d'insistance certains procédés fontainiens destinés à rendre le récit vivant, par exemple l'infinitif de narration. La pièce, malgré une méritoire concision et un rythme rapide, est plus vulgaire que naïve, plus sèche que souple. La moralité qui la couronne ne manque pas de mérite, mais elle paraît bien timide, puisqu'elle ne désigne pas clairement les courtisans qu'elle menace, par le dialogue qu'elle entretient avec la fable qui met habituellement en scène les mêmes personnages.

Il arrive parfois à Delaunay d'être plus audacieux dans l'invention de ses sujets, mais toujours en vue de moralités d'essence traditionnelle, ce que La Motte eût appelé des «vérités triviales». Son oeuvre, en somme, révèle *un assez maladroit amateurisme*.

UN COMPILATEUR ÉSOPIQUE, DEFRASNAY

Une énorme *Mythologie ou Recueil des fables grecques, ésopiques et sybaritiques* (1750), en deux volumes renfermant, en quinze livres, près de trois cent cinquante fables, telle est la contribution de Pierre Defrasnay (1673–1753) à l'histoire de l'apologue. Ce natif de Nevers occupa sa vie durant un emploi dans l'administration des Finances en la généralité de Moulins. Son oeuvre littéraire se limite à un poème didactique sur *La Faïence*, qu'on produisait encore il n'y a guère en Bourbonnais, et à ses fables qui, par leur date et leur volume, semblent représenter l'oeuvre d'une vie. Indubitablement, ici aussi, nous avons affaire à un amateur...

Le recueil, dans ses treize premiers livres, est la versification systématique de tout le legs ésopique, d'après le *Nevelet*, déjà utilisé comme source par La Fontaine, et sa continuation anonyme[271]. Le quatorzième livre traduit les quatrains attribués à Gabrias, le quinzième les fables d'Aphtonius, et un appendice est consacré aux fables sybaritiques. L'ensemble est précédé d'une préface lourdement didactique, où l'auteur définit la fable: sa poétique ne s'écarte en aucun cas de celle de ses contemporains, et ses formulations ne sont

pas essentiellement différentes de celles de La Motte. Defrasnay précise à la fin
de ce texte liminaire qu'en restituant l'ensemble du legs ésopique (dont il est
bien conscient qu'il s'agit d'une réécriture par Planude d'apologues transmis par
la tradition), il a souhaité faire oeuvre de poète, et s'est donc permis de s'écarter
parfois de la lettre des textes, pour faire «plutôt une imitation qu'une véritable
traduction». Enfin, il se justifie d'avoir systématiquement, après la fable,
proposé des «réflexions»: il n'a guère l'air d'être conscient de s'inscrire ainsi
dans la longue tradition[272] du commentaire des apologues grecs, même si son
érudition est assez scrupuleuse pour lui permettre, par exemple, de discuter si
telle ou telle fable appartient à Esope ou à Lockman.

Nous n'avons évidemment pas à examiner l'inspiration de Defrasnay: elle est
forcément traditionnelle. Mais il nous faut l'envisager sous le double aspect de
la poésie et de la moralité, puisque ces deux rubriques nous sont proposées par
sa préface, et considérer comment il se tire, le cas échéant, de la comparaison
avec La Fontaine, qu'il n'a pas éludée.

UN POÈTE?

En réalité, Defrasnay est tout au plus un versificateur, qui a cependant lu et relu
La Fontaine au point d'en intérioriser quelques procédés. Un bref exemple (*Le
Lion et le Fermier*) en témoignera:

> Un lion trop audacieux,
> Entra chez un fermier, visita sa chaumière,
> Et le fermier présomptueux
> Enferma dans son toit cette bête trop fière;
> Notre lion se sentant arrêté,
> D'abord fit des brebis un étrange carnage,
> Puis sur les boeufs s'étant jeté,
> Contre eux il exerça sa rage;
> Si qu'à la fin le bon fermier
> Voyant cette fureur extrême,
> Et craignant aussi pour lui-même,
> Ouvrit la porte au prisonnier.
> Il pleura bien longtemps voyant la boucherie;
> Mais sa femme lui dit: Ami, vous avez tort,
> Mieux eût valu donner à ce lion l'essor.
> Pourquoi l'enfermiez-vous dans votre bergerie?
>
> Eloignons de chez nous une main ennemie,
> Pour s'en débarrasser il faut faire un pont d'or.[273]

On repère aisément les procédés fontainiens, enjambements notamment. On
remarque aussi l'effort de variation métrique et celui d'organisation des rimes,
destiné à proscrire les rimes suivies. Mais ce qui est plus notable encore, c'est la
lourdeur incroyable de l'ensemble, qui fait curieusement penser à un poète peu
doué du XVII° siècle, plutôt qu'à un écrivain postérieur à La Fontaine. Les
contraintes de la versification semblent tellement paralyser Defrasnay qu'il

n'hésite pas à malmener la cohérence du sens pour atteindre les nombres syllabiques qu'il s'est imposés: que penser en effet de l'épithète dans *un étrange carnage*? Que dire d'un vers comme «Il pleura longtemps voyant la boucherie»? Toute grâce est absente de cette écriture scolaire et rude.

UN MORALISTE?

De ce point de vue, Defrasnay est plus convaincant. Les réflexions qu'il place à la suite de chacune de ses pièces sont certes souvent de simples paraphrases de la leçon explicite des apologues, mais elles proposent parfois des prolongements intéressants, puisés dans la littérature ou dans l'histoire. Voici les réflexions jointes à la fable précédente:

> La morale de cette fable a deux parties.
> La première, qu'il faut éloigner de chez soi un ennemi. L'Empereur Valens eut sujet de se repentir d'avoir donné aux Goths une retraite sur les terres de l'Empire; Louis XI, roi de France plus sage que Valens, ne voulut jamais accorder un asile aux Sarrasins chassés d'Espagne, qui lui demandaient pour se réfugier les Landes, qui sont du côté de Bordeaux. La seconde partie de la morale de cette fable, c'est qu'il faut toujours ouvrir un passage à notre ennemi lorsqu'il fuit; l'histoire fourmille d'exemples qui confirment cette maxime; les batailles de Créci et de Poitiers si funestes à la France en sont une triste preuve.

Le texte postule tout naturellement que la sagesse ésopique est de tous les temps et de tous les pays. Defrasnay en vérifie la validité sur des exemples historiques, ne se contentant pas d'une glose qui ferait l'application du constat à l'usage des particuliers. La seconde partie du commentaire, n'en déplaise à l'écrivain, est plutôt une extrapolation qu'une illustration de l'apologue, qui ne comporte pas directement le sens qui lui est prêté: c'est donc la «réflexion» elle-même qui acquiert de l'autonomie, n'étant plus directement issue de la pièce, mais continuée avec sa logique propre (ici, une logique historique). Il y a donc une sorte de dialogue entre le poème et son commentaire. En ce qui concerne la moralité de la fable, Defrasnay ne s'écarte guère des leçons ésopiques, qu'il se contente de versifier: c'est, parfois, dans ses réflexions qu'il s'autorise un peu de liberté.

UN RIVAL POUR LA FONTAINE?

Le projet de Defrasnay étant visiblement d'épuiser le legs ésopique, notre poète est conduit à entrer en lice aux côtés de La Fontaine pour bien des fables. La comparaison, on pouvait s'y attendre, ne tourne guère à son avantage... Voici, à titre d'exemple, sa version de *La Cigale et la Fourmi*:

> Dame Fourmi dans son grenier
> Logeait froment en abondance;
> La cigale dans l'indigence
> Lui demanda, sans offrir un denier,
> Quelques grains pour sa subsistance,

Lui promettant qu'elle payerait
Sitôt que la moisson viendrait;
Mais dans sa fortune orgueilleuse,
La fourmi dit à la nécessiteuse:
Que faisais-tu pendant l'été?
La cigale reprit avec humilité:
Dieu merci, je ne fus oiseuse,
Je chantais le jour et la nuit,
De mon chant je n'eus aucun fruit,
Quoiqu'à chanter peu paresseuse.
La fourmi lui répond: L'été, belle chanteuse,
Tu remplissais les airs de tes folles chansons;
Eh bien tu peux danser dans le temps des glaçons.

Dans les beaux jours de la jeunesse,
Par son travail et par ses soins
Il faut prévenir les besoins
Que l'on ressent dans la vieillesse.[274]

Assurément, Defrasnay est plus proche d'Esope que ne l'est La Fontaine, même s'il contamine la source commune avec le souvenir du brillant apologue liminaire du Bonhomme. Malheureusement, une versification empesée et lourde ne parvient pas à lutter victorieusement contre les heptasyllabes si primesautiers du maître de la fable. Mais c'est que le propos de Defrasnay n'est pas d'abord poétique: à preuve son travail sur la moralité de sa pièce, qui oriente dans un sens particulier la très générale leçon ésopique sur l'imprévoyance, là où La Fontaine, de façon pour le moins ambiguë, laissait la case vide. Les réflexions développent d'ailleurs ce point en précisant que la cigale «est l'image des fainéants et des voluptueux» qui ne commencent «à faire cas des personnes laborieuses et ménagères» que dans leur vieillesse. Puis notre moraliste, comme bien d'autres après lui, notamment parmi les pédagogues, conteste rudement la leçon de cet apologue fameux et estime que «la fourmi a tort» de refuser son secours à la cigale:

Nous devons soulager la misère de notre frère quoiqu'elle soit arrivée par sa faute; ces hommes ménagers ne prêtent pas volontiers un argent acquis par leur travail et s'en tiennent ordinairement aux leçons, aux avis et aux réprimandes qui ne sont pas d'un grand secours pour les misérables.

On pourrait en somme dire que la tâche de Defrasnay consiste non seulement, quand il refait les sujets déjà traités par La Fontaine, à les rendre plus rigoureux sur le plan de la moralité (en revenant à Esope) selon les indications de La Motte, mais encore, si besoin est, à corriger le fabuliste grec lui-même, dont les leçons sont trop peu conformes, parfois (c'est le cas ici), à la morale évangélique...
Poète sans grâce, moraliste scrupuleux, érudit comme seuls savent l'être les amateurs monomanes, l'auteur de la *Mythologie* ne saurait donc pas rivaliser

avec le Bonhomme, ni même avec ses contemporains qui puisèrent comme lui à la source ésopique. On pourrait lui appliquer sans trop d'injustice ce qu'il écrit lui-même à la suite de sa version de l'apologue fameux «Le Lièvre et la Tortue»[275]:«Il faut convenir que l'attention et le travail l'emportent sur le talent.»

Le bilan de ce rapide coup d'oeil sur l'oeuvre des fabulistes traditionalistes est donc partagé. Delaunay et Defrasnay ne sont pas de bons écrivains, mais chacun dans leur genre des amateurs bien intentionnés, qui n'ont pas produit de pièces inoubliables, le premier parce qu'il est trop négligé, le second parce que toute son érudition ne saurait remplacer le sens poétique. Richer, en revanche, ne manque ni de culture ni de talent, et son oeuvre mérite mieux que les jugements sévères de ses contemporains. L'ombre intimidante de La Fontaine ne l'a pas empêché d'écrire de belles fables: elle a malheureusement interdit qu'on le lise, avec équité, pour lui-même.

CHAPITRE VI
LES FABULISTES NOVATEURS

La figure essentielle est celle de La Motte, véritable fondateur de la poétique de la nouveauté au début du Siècle des Lumières, et pas seulement dans la fable. Ses émules furent nombreux et divers, moins systématiquement hostiles à La Fontaine assurément, mais partisans cependant de l'invention des sujets. Nous examinerons, sans trop nous écarter de la chronologie, l'oeuvre de cinq fabulistes représentatifs: La Motte (1719), dont l'influence fut immense, Lebrun (1722) et d'Ardène (1747), dont la réputation ne dura guère, Pesselier (1746), et enfin l'abbé Aubert (1756), que l'on considéra comme un nouveau La Fontaine.

LA MOTTE, LE PREMIER DES FABULISTES NOUVEAUX

Cent vingt apologues, souvent fort longs, sont la contribution d'Antoine Houdar de La Motte (1672–1731) à l'histoire de la fable. Ce Parisien débuta à vingt ans par une comédie (*Les Originaux*) et un opéra (*L'Europe galante*): il devait d'ailleurs faire une assez belle carrière au théâtre dans ces deux genres, mais aussi dans la tragédie. On lui doit même un vrai chef-d'oeuvre, *Inès de Castro* (1723), qui fut un énorme succès en son temps et que Montherlant, dans le nôtre, ne dédaigna pas d'imiter. On lui doit aussi un surprenante tentative de tragédie en prose (*Oedipe*, 1726), qui ouvre la route au drame, mais qu'il fut contraint de versifier pour la représentation. C'est que La Motte fut un chercheur et un théoricien plus encore qu'un écrivain: à la tête du parti des Modernes dès 1711, il multiplia les polémiques et les écrits théoriques provocateurs dans la fameuse «Querelle d'Homère» qui suivit la traduction de *L'Iliade* par Mme Dacier. Dès 1709, dans un *Discours sur la poésie*, il avait remis en cause les principes de la versification et considéré que le vers était une entrave à l'expression de la pensée. Il chercha ensuite à prouver l'inactualité de l'épopée grecque en l'adaptant au goût de son époque (*Discours sur Homère* et «traduction» de *L'Iliade*), s'attirant les foudres de Mme Dacier, à laquelle il répliqua par des *Réflexions sur la critique* (1714). La Querelle se solda par la victoire des Modernes: l'ère des Lumières commençantes faisait table rase de la tradition...

La Motte, homme d'un caractère doux et civil, était en butte à l'hostilité de beaucoup de ses rivaux, qui lui survécurent et contribuèrent probablement à faire sombrer dans l'oubli une oeuvre qui mériterait d'être redécouverte, tant dans la poésie lyrique (*Odes*) que dans la tragédie: on ne saurait le réduire à sa contribution à l'histoire des idées littéraires. Ses *Fables nouvelles* (1719) parurent avec faste: l'édition in-quarto est somptueusement illustrée. Leur succès fut grand (trois éditions la même année, une autre l'année suivante, une rapide traduction anglaise): elles eurent même l'honneur d'être parodiées par François Gacon (le Poète Sans Fard), qui donna des *Fables de Monsieur Houdar de La Motte traduites en vers français*. De manière originale, l'écrivain poursuit dans ses apologues la réflexion théorique de son discours préliminaire, invente pour l'essentiel ses sujets, écrit des fables intellectuelles et philosophiques.

DES FABLES THÉORIQUES
S'il est arrivé à La Fontaine, en de rares occasions, de réfléchir rapidement sur l'écriture de la fable à l'intérieur même de ses apologues, La Motte, lui, a choisi de le faire en permanence. C'est le trait essentiel d'une modernité qui va bien au-delà de son époque: on se trouve face à *une écriture qui se prend elle-même pour objet*. Le lieu privilégié de la démarche, ce sont les prologues, dont le fabuliste assortit ses apologues à de très nombreuses reprises, y prolongeant les réflexions de son «Discours sur la Fable», en esquissant parfois de nouvelles. En somme, La Motte nous offre à l'intérieur de ses poèmes *une seconde poétique de la fable*. Voici le prologue du *Sac des Destinées*:

> La fable, à mon avis, est un morceau d'élite
>   Quand, outre la moralité
> Que d'obligation elle mène à sa suite,
> Elle renferme encor mainte autre vérité;
> Le tout, bien entendu, sans blesser l'unité.
>   Aller au but par un sentier fertile,
> Cueillir, chemin faisant, les fruits avec les fleurs,
>   C'est le fait d'une Muse habile,
>   Et le chef-d'oeuvre des conteurs.
> Donnez en promettant: d'une plume élégante,
>   Moralisez jusqu'au récit.
>   Heureuse la fable abondante
> Qui me dit quelque chose avant qu'elle ait tout dit!
> Loin ces contes glacés, où le rimeur n'étale
>   Qu'une aride fécondité;
>   L'ennui vient avant la morale:
> Le lecteur ne veut plus d'un fruit trop acheté.
>
> Ce précepte est fort bon; soit dit sans vanité,
> L'ai-je toujours suivi? Je ne m'en flatte guère:
>   On dit mieux que l'on ne sait faire.[276]

La versification, ici, n'est que correcte et efficace, mais le message a le mérite de la clarté. La Motte réorganise l'essentiel de ses positions sur la dynamique de l'apologue, qui doit être construit en vue de la moralité, poser au fil de la narration des jalons qui l'amènent sans pour autant la donner par avance. C'est le sens de précepte: «Moralisez jusqu'au récit», c'est-à-dire le récit lui-même. Avec une orgueilleuse modestie, le fabuliste n'est pas certain d'être parvenu à l'idéal qu'il énonce, à lier les «fruits» du sens moral progressivement construit avec les «fleurs» de la narration habilement contée. L'essentiel, pour lui, n'est pas de plaire seulement, mais de plaire en étant utile. Il y revient longuement dans le prologue de *La Chenille et la Fourmi*:

> N'écrire que pour amuser,
> Autant vaudrait ne pas écrire.
> Du langage c'est en abuser

Que de parler pour ne rien dire.
Auteurs, j'en ai honte pour vous:
Vous gâtez le métier par ce vain batelage.
Je crois voir des farceurs qu'applaudissent des fous,
    Tandis qu'ils sont sifflés du sage.
    Riches de mots, pauvres de sens,
Tous vos discours ne sont que tours de passe-passe,
    Bons pour charmer la populace;
La populace ici comprend bien des puissants.
    Je n'irai pas leur dire en face;
    Je ne le dis, discret auteur,
    Qu'à l'oreille de mon lecteur.
Mais ne croyez-vous pas qu'on vous en doit de reste,
Lorsque vous contentant de vaines fictions
Vous n'allez pas orner d'un agrément funeste,
    Les vices et les passions?
    Vraiment, je vous trouve admirables:
    Vous n'êtes pas les plus coupables,
    Donc vous êtes des gens de bien?
    La conséquence ne vaut rien.
Je punirais l'auteur qui ne cherche qu'à nuire
Comme un perturbateur de la société.
Je chasserais aussi, pour l'inutilité,
    Celui qui ne sait pas instruire.
    Tout citoyen doit servir son pays,
Le soldat de son sang, le prêtre de son zèle;
Le juge maintient l'ordre, il sauve les petits
De la griffe des grands; et le marchand fidèle
Garde à tous nos besoins des secours assortis.
    Or, qu'exige la république
    De mes confrères les rimeurs?
Que de tous leurs talents, chacun d'entre eux s'applique
A cultiver l'esprit, à corriger les moeurs.
    Malheur aux écrivains frivoles,
Atteints et convaincus de négliger ce bien!
Quel fruit attendent-ils de leurs vaines paroles?
    Rien n'est-il pas le fruit de rien?
    Je voudrais lever ce scandale,
Et je tâche du moins à faire mon métier.
J'orne, comme je puis, quelques traits de morale.
Qu'un autre fasse mieux; je serai le premier
    A l'en aller remercier.[277]

On ne peut s'empêcher de trouver vivant ce discours sur le rôle social de l'écrivain, qui pourfend la littérature de pur agrément et prône une littérature d'édification. La Motte a le sens de la polémique, et ses formules font mouche: «Je crois voir des farceurs qu'applaudissent des fous»... Pour lui, la création littéraire ne saurait être gratuite et purement décorative: même si, dans ce cas, elle s'abstient de donner du lustre aux «vices» et aux «passions», ce n'est pas faire assez. Il faut encore qu'elle soit utile à la société. On croirait lire un législateur de la Grèce antique... Et le fabuliste fait de l'écrivain un soldat ou un missionnaire de la morale. Le métier de poète est une responsabilité sociale: La Motte, dans ses *Fables*, entend l'exercer de son mieux.

L'agrément est donc non pas une fin en soi, mais un moyen pour que le message atteigne ses destinataires, pour que l'homme soit instruit malgré lui. C'est ainsi que l'entendait Esope, qui subordonnait ses récits à l'intention moralisatrice. Le prologue du *Renard prédicateur* éclaire cette démarche:

> La morale sans doute est l'âme de la fable;
>   C'est une fleur qui doit donner son fruit:
> Vous voulez seulement lire un conte agréable;
>   Sans le vouloir, vous allez être instruit.
> On badine; il paraît qu'on ne songe qu'à plaire
>   Et le jeu se tourne en leçon.
> L'homme n'eût point voulu d'un précepte sévère;
> Pour le prendre il fallait trouver cet hameçon.
> Ainsi ce Phrygien que l'univers renomme
>   Fut précepteur du genre humain.
>   Qu'un lecteur est bien sous sa main!
> Il l'amuse en enfant, mais pour en faire un homme.
> Cultivons ce bel art. Qu'à l'envi du premier
>   S'élèvent de nouveaux Esopes,
> Censeurs réjouissants, et qui loin de crier
>   Comme de chagrin misanthropes,
> En nous réprimandant se font remercier.
>   Mais faisons-nous des règles sûres:
> Que le conte soit fait pour la moralité;
>   Prenons si juste nos mesures,
> Que nous allions tout droit à notre vérité:
>   Que le trait soit vif et qu'il frappe.
> N'allez pas vous répandre en de trop longs propos:
> Plus le sens est précis, et moins il nous échappe.
> Gagnez-vous la mémoire en ménageant les mots.
> D'elle-même parfois la fable est évidente;
>   Le sens en saute aux yeux, et l'art
>   Défend alors qu'on le commente.[278]

La Motte rappelle qu'on ne saurait instruire efficacement en heurtant de front le lecteur: il faut le séduire pour être efficace. Il faut avoir l'air de ne chercher que l'agrément si l'on veut faire passer la leçon. Superficiellement, ce discours rappelle la formule de La Fontaine («Le conte fait passer le précepte avec lui»), mais en réalité le processus est totalement différent: le conte est d'abord «fait pour la moralité», il lui est subordonné. La règle est donc que la fable aille droit à son but, avec clarté et concision, qu'elle soit *aussi didactique que possible*, au point qu'elle n'ait, idéalement, pas besoin d'expliciter une leçon qui «saute aux yeux».

Cependant, l'art et la poésie ne sauraient être négligés, puisqu'ils sont un moyen nécessaire à l'efficacité de l'expression de la vérité morale qu'on doit enseigner. Un des prologues de La Motte y revient longuement (*L'Eclipse*):

> De nos récits chassons l'emphase:
> Laissons le style ambitieux
> A ces chantres hardis qu'embrase
> L'ardeur de célébrer les héros et les dieux.
> Moi, chantre d'animaux et simple fabuliste,
> Je dois conter naïvement,
> Suivre toujours la nature à la piste.
> Nous le savons; c'est notre rudiment;
> Mais prenons garde à la bassesse
> Trop voisine du familier.
> Souvent un auteur sans adresse
> Veut être simple: il est grossier.
> Point de tour trivial, aucune image basse:
> Apollon veut expressément
> Que l'on soit rustique avec grâce,
> Et populaire élégamment.
> (...)
> Mais revenons au style de la fable.
> Il est aisé, sans faste et sans ambition,
> Si ce n'est que l'occasion
> Demande un ton plus haut, alors plus convenable.
> Comme on sait, toute règle a son exception.
>
> La Fontaine est naïf. Eh bien! ce La Fontaine
> Nomme le vent qui déracine un chêne,
> *Le plus terrible des enfants*
> *Que jusques-là le Nord eût porté dans ses flancs.*[279]

On voit que le fait de hiérarchiser les fins de l'apologue ne conduit pas le fabuliste à négliger la stylistique du genre: la distinction du naïf et du trivial, du familier et du grossier sont des exigences poétiques, dictées par «Apollon». Et l'insertion d'une citation de la plus fameuse des pièces du Bonhomme vient appuyer un discours sur la nécessaire variété des tons dans la fable. *La Motte n'est pas qu'un moraliste, il est aussi un poète*, du moins il veut l'être. Et si le thème le plus récurrent dans ses prologues est celui de la moralité, ce n'est pas parce qu'il néglige l'aspect artistique de sa pratique, mais parce qu'il cherche à asséner ce qui fait l'essentiel de sa différence par rapport à son prédécesseur le plus illustre: sa poétique part du constat que La Fontaine a négligé le caractère moral de l'apologue au profit de sa nature poétique, inversant ainsi la nécessaire hiérarchie. *La révolution de La Motte, ce n'est pas la négation du caractère poétique des fables, mais l'affirmation que celui-ci est subordonné à l'intention didactique et morale*: tout est dans l'ordre que l'on attribue à ces deux caractéristiques, et aux yeux du fabuliste nouveau le Bonhomme, sur ce point, s'est trompé.

DES FABLES INVENTÉES

Le motif essentiel qui pousse La Motte à prôner l'invention des sujets, et à en donner autant que possible l'exemple, c'est le désir d'éviter les vérités galvaudées. Ici encore, il prend position contre La Fontaine, qui s'est contenté de répéter à l'envi des leçons traditionnelles. Il ne s'agit évidemment pas de rejeter la sagesse éternelle, mais de la réactualiser. L'exemple de *L'Ecrevisse qui se rompt la jambe* illustre bien la manière dont le fabuliste nouveau prétend inventer ses sujets: il ne s'agit pas de les tirer du néant, mais plutôt de redresser l'inactualité ou l'invraisemblance des récits traditionnels. La fable s'inscrit donc en regard de la tradition, pour la corriger et la réactualiser: dans ce cas, il s'agit d'un sujet bien connu, celui de *L'Ecrevisse et sa fille*, traité par La Fontaine[280] très brièvement au coeur d'un long poème, d'après Aphtonius. Chez le Bonhomme, la courte narration est le prétexte d'une assez pesante flatterie dédiée à l'habileté tactique de Louis XIV, même si une place est faite à la leçon qui enseigne qu'il faut éviter de se singulariser... Morale triviale, pour La Motte, qui va laisser de côté la particularité bien connue de la démarche de l'écrevisse de côté et s'intéresser à un autre aspect du crustacé. Mais auparavant, il aura revendiqué son droit à la nouveauté dans un long prologue:

> Nous autres inventeurs de fables
>   Nous avons droit pour orner nos tableaux,
> Et sur le vraisemblable, et même sur le faux.
> Nous pouvons, s'il nous plaît, donner pour véritables
>   Les chimères des temps passés.
> Un fait est faux; n'importe; on l'a cru; c'est assez.
> Phénix, Sirènes, Sphinx, sont de notre domaine.
>   Ce naturalisme menteur
> Sied bien dans une fable; et le vrai qu'il amène
>   N'en perd rien aux yeux du lecteur.
>   Mais quoi! *des vérités modernes*
> *Ne pourrons-nous user aussi dans nos besoins?*
>   Qui peut le plus, ne peut-il pas le moins?
> Les Plines d'autrefois, ce sont les subalternes;
>   Ceux d'aujourd'hui, voilà les bons témoins.
> Ils savent rejeter l'opinion commune
> Qui n'a de fondement que la crédulité.
> Ils veulent voir, revoir, trente fois plutôt qu'une,
> Savent douter d'un fait par tout autre attesté.
>   Tout est vu, touché, discuté.
>   Sur leur scrupuleux témoignage,
> J'ose donc mettre en oeuvre un des plus jolis faits.
> L'écrevisse a, dit-on, des jambes de relais.
>   S'en rompt-elle une? Il s'en trouve au passage

Une autre que Nature y substitue exprès.
Une jambe est enfin un magasin de jambes.
Vous riez; vous prenez ceci
Pour l'histoire des Sévarambes.
N'en riez point. C'est un fait éclairci.
Mais remarquez que ces jambes nouvelles
Pour renaître n'ont pas même facilité.
Il est certains endroits favorables pour elles.
Or l'écrevisse sent cette inégalité:
　　　Et lorsque sa jambe se casse
A l'endroit le moins propre à la production,
Elle se la va rompre elle-même à la place
D'où renaîtra bientôt sa consolation.
Vous êtes avertis. Passons à l'action.[281]

On remarquera avec intérêt le raisonnement autour du «naturalisme»: le fabuliste doit être fidèle à la nature, mais la vision que les anciens avaient de celle-ci est erronée et il convient de la remplacer par des connaissances mises à jour par les savants d'aujourd'hui, cités d'ailleurs par La Motte dans ses notes. L'éloge vibrant de l'esprit moderne (esprit *d'expérience*) situe notre auteur parmi les précurseurs des Encyclopédistes, au même titre qu'un Fontenelle, qui fut son ami. Au plan de la poétique de l'apologue, les conséquences sont simples: il ne s'agit pas de remettre en cause la nécessité que la fable soit appuyée sur l'observation du réel, mais de postuler que des progrès se sont accomplis dans ce domaine, qui conduisent à revoir les fictions incorrectes des anciens. Ce qui est d'une évidence absolue sur l'exemple de l'écrevisse l'est aussi, dans une moindre mesure, pour d'autres personnages habituels de la fable, dont les moeurs ne sont pas forcément celles que la tradition met en scène. Ce qui vaut pour une erreur d'ordre scientifique (dans les sciences *exactes*) vaut aussi pour des erreurs psychologiques ou morales, et la belle déclaration qui réclame le droit d'user «des vérités modernes», très poétiquement appuyée par un enjambement expressif, s'applique dans le contexte général de l'apologue, non pas seulement dans celui de cette pièce particulière, qui développe ensuite la narration que voici:

Une écrevisse allant chercher fortune,
Se rompit une jambe. Il est tant d'accidents!
　　　Pour les bêtes et pour les gens
　　　C'est une misère commune;
Nul ne s'en sauve. Or avec bien du mal,
A peine se traînait l'invalide animal.
　　　Alors du bord de la rivière,
La grenouille lui dit, raillant hors de saison:
Tu ne trotteras plus en avant, en arrière,
A droite, à gauche, ainsi que tu le trouvais bon.
Il faudra, mon enfant, rester à la maison.
　　　—Point du tout, reprit la boiteuse;

> Nous trotterons encore avec l'aide de dieu.
> J'ai des jambes de reste. —Où, ma mie, en quel lieu
>   Les mets-tu? lui dit la railleuse.
>   —Oui, j'en trouve quand il m'en faut;
> Et je saurai bientôt m'en faire une meilleure,
>   Dit l'écrevisse, qui sur l'heure
>   Se casse la jambe plus haut.
>   —Que fais-tu là? dit la grenouille.
> Est-ce là ton remède? —Oui. —Tu n'y penses pas;
> C'est se plonger dans l'eau, de peur qu'on ne se mouille.
> —Attends cinq ou six jours, dit l'autre, et tu verras.
>   En effet, de par la nature,
>   La jambe en peu de jours revint.
>
>   La raison quelquefois fait ce que fit l'instinct.
>   Il est des maux de difficile cure.
>   Les remèdes en sont d'autres maux apparents.
>   En discerner les temps, en appliquer l'usage,
>   N'est pas le fait des ignorants:
>   C'est le vrai chef-d'oeuvre du sage.[282]

La fable est très classique dans son principe: un sage à la conduite énigmatique est raillé par un sot qui ne la comprend pas, auquel les événements donnent tort. Il ne reste plus qu'à élargir le sens de l'anecdote en une leçon générale. Et c'est ce que fait La Motte: la raison du sage choisit parfois de soigner le mal par le mal comme l'instinct (la nature) de l'écrevisse lui fait rompre son membre brisé pour en faciliter la régénération. Cette moralité ne s'écarte guère du bon sens habituel, qui est de rigueur dans les fables, mais prend dans le contexte de modernité que le fabuliste revendique une valeur polémique évidente: on peut faire du corps de l'apologue ainsi que du prologue une application précise à la conception de la fable. Il est bon parfois, déclare La Motte, de briser les vieilles traditions et les idoles respectées pour créer des vérités plus actuelles. Et le fait d'avoir choisi un texte traditionnel chargé d'intertextualité pour développer cette revendication n'est évidemment pas dépourvu de signification.

La Motte, cependant, n'invente pas tous ses sujets. Nous l'avons déjà vu[283] emprunter sa narration à Esope, et il lui arrive aussi d'avoir recours à Pilpay et même directement à La Fontaine. Mais, pour l'essentiel, ses sujets sont bien à lui: ils ne ressemblent à ceux de ses prédécesseurs que parce que le principe de fonctionnement conflictuel de l'apologue est toujours respecté par le fabuliste nouveau. L'exemple des *Deux Lézards*, qui aura l'honneur de fournir une bonne idée à Florian[284], montre assez le réel talent de La Motte:

>   Au coin d'un bois, le long d'une muraille,
> Deux lézards, bons amis, conversaient au soleil.
> Que notre état est mince! En est-il un pareil?
> Dit l'un. Nous respirons ici vaille que vaille;
>   Et puis c'est tout; à peine le sait-on.

Nul rang, nulle distinction.
Que maudit soit le sort de m'avoir fait reptile.
Encor, si comme on dit que l'on en trouve ailleurs,
Il m'eût fait gros lézard, et nommé crocodile,
J'aurais ma bonne part d'honneurs:
Je ferais revenir la mode
Du temps où sur le Nil l'homme prenait sa loi;
Encensé comme une pagode
Je tiendrais bien mon quant à moi.
—Bon, dit l'ami sensé; quel regret est le vôtre?
Comptez-vous donc pour rien de vivre sans souci?
L'air, la campagne, l'eau, le soleil, tout est nôtre:
Jouissons-en, rien ne nous trouble ici.
—Mais l'homme nous méprise. —En voilà bien d'un autre.
Ne saurions-nous le mépriser aussi?
—Que vous avez l'âme petite,
Dit le reptile ambitieux!
Non, mon obscurité m'irrite,
Et je voudrais attirer tous les yeux.
Ah! que j'envie au cerf cette taille hautaine,
Et ce bois menaçant qui doit tout effrayer!
Je l'ai vu se mirer tantôt dans la fontaine,
Et cent fois de dépit j'ai pensé m'y noyer.
Il est interrompu par un grand bruit de chasse;
Et bientôt le cerf relancé
Tombe près d'eux, et pleurant sa disgrâce
Cède aux chiens dont il est pressé.
Au bruit d'un cor perçant,tout court à la curée;
Ni meute, ni chasseur ne songent au lézard;
Mais la bête superbe à la meute est livrée;
Brifaut, Gerfaut, Miraut, chacun en prend sa part.
Après sa sanglante aventure,
Fait-il bon être cerf? dit l'ami sage. —Hélas!
Dit le fou détrompé; vive la vie obscure.
Petits, les grands périls ne nous regardent pas.[285]

Pièce de belle volée, en effet: le sot ambitieux refuse d'entendre la leçon qu'esquisse déjà son compagnon plus sage, et il faut qu'un apologue à l'intérieur de l'apologue (la mésaventure du cerf chassé) vienne appuyer cet enseignement pour qu'il accepte de se laisser convaincre et prononce lui-même la moralité de la fable. La Motte respecte parfaitement les préceptes de sa propre poétique: il moralise tout au long de la narration et n'insiste pas lourdement sur le sens de la leçon, qu'il fait prononcer succinctement par le lézard présomptueux. Mais nulle part il n'est permis de douter que la pièce n'ait été conçue en fonction de sa moralité. Surtout, le récit a recours aux artifices de la poésie pour susciter l'intérêt du lecteur: le fabuliste n'hésite même pas à calquer un mouvement emprunté à La Fontaine (dans «Le Chêne et le Roseau») pour mettre en scène la présomption du personnage. Il manipule aussi à plaisir enjambements et rythmes, mélange avec virtuosité le ton de la familiarité (pour le discours du plus censé des lézards) naïve et celui de la grande poésie (pour l'épisode du cerf). Bref, il met tout son talent au service d'un sujet inventé et n'est pas indigne de prendre place parmi les émules du Bonhomme. Et sa moralité est suffisamment large et générale pour rejoindre celles de ses prédécesseurs dans la mémoire collective. On dira que, dans ses meilleures fables, *La Motte, s'il n'est pas forcément aussi nouveau qu'il prétendait l'être, parvient à rajeunir les leçons connues.*

DES FABLES INTELLECTUELLES ET PHILOSOPHIQUES

Ce n'est pas toujours le cas, il faut bien le reconnaître. Sa poétique, on l'a vu, le conduit à admettre parmi les acteurs de l'apologue des abstractions parfois un peu froides ou difficiles à mettre en action. C'est qu'il veut aborder tous les secteurs possibles de la morale individuelle, sociale ou politique, et que le choix des sujets ne lui est pas dicté par les possibilités poétiques qu'ils offrent, mais par les leçons qu'ils peuvent amener. *Son irrégularité est la rançon de sa poétique*: le philosophe, en lui, a si bien soumis le poète que celui-ci, parfois, témoigne d'une maladresse et d'une rugosité excessives. Cependant, plus souvent, la réunion d'une invention originale, d'une forme habilement travaillée et d'une leçon rajeunie s'opère harmonieusement. C'est le cas dans une pièce longtemps demeurée célèbre, et à juste titre, *La Montre et le Cadran solaire*:

> Un jour la montre au cadran insultait,
>   Demandant quelle heure il était.
> Je n'en sais rien, dit le greffier solaire.
> —Eh! que fais-tu donc là, si tu n'en sais pas plus?
> —J'attends, répondit-il, que le soleil m'éclaire;
> Je ne sais rien que par Phébus.
>   —Attends-le donc; moi, je n'en ai que faire,
> Dit la montre; sans lui je vais toujours mon train.
>   Tous les huit jours un tour de main,
> C'est autant qu'il m'en faut pour toute ma semaine.
> Je chemine sans cesse, et ce n'est point en vain
>   Que mon aiguille en ce rond se promène.
> Ecoute voilà l'heure. Elle sonne à l'instant.
> Une, deux, trois, quatre. Il en est tout autant,
>   Dit-elle: mais, tandis que la montre décide,
>   Phébus de ses ardents regards,
>   Chassant nuages et brouillards,
> Regarde le cadran, qui fidèle à son guide
>   Marque quatre heures et trois quarts.
>   Mon enfant, dit-il à l'horloge,
>   Va-t'en te faire remonter.
>   Tu te vantes, sans hésiter,
>   De répondre à qui t'interroge:
> Mais qui t'en croit peut bien se mécompter.

Je te conseillerais de suivre mon usage.
Si je ne vois bien clair,je dis: Je n'en sais rien.
Je parle peu, mais je dis bien.

C'est le caractère du sage.[286]

Le sujet est inédit, mais la leçon ne l'est pas. La fiction, quant à elle, utilise un conflit de manière assez conventionnelle: un sage a le dessus sur un présomptueux. La Motte mène les choses rondement, ne perd pas de temps à présenter ses personnages, les fait parler en donnant naturellement un long discours à celui qui sera ridiculisé par le développement de l'histoire, soigne ses effets narratifs autant que ses effets poétiques. Il parvient en fait à donner existence à un affrontement qui, par sa conception, risquait de manquer de naturel. Il fait de ses objets des personnages individualisés, laisse le cadran conclure pour ne reprendre que très brièvement la parole. Fidèle à son audace philosophique, il n'hésite même pas à prêcher, s'il le faut, la tradition contre le modernisme qui n'a pas fait ses preuves... C'est un grand intellectuel jusque dans ses paradoxes et ses contradictions, un penseur qui ne croit pas déroger à appliquer son esprit aux petites choses, au point qu'il est impossible, à première lecture, d'épuiser le sens d'un apologue pourtant d'allure simpliste.

C'est, en somme, un fabuliste profondément nouveau: *il est le premier, et à certains égards le seul, à avoir eu l'audace de croire que la fable pouvait véhiculer une sagesse qui ne se croit pas obligée de se cacher derrière le paravent de la tradition.* Le premier à avoir cru possible de dire: voici mes leçons pour mon temps, et non pas les leçons de la nuit des temps. Le premier philosophe de la fable.

Le jugement de ses contemporains sur La Motte, pour n'être pas décidément favorable, est en général assez nuancé, puis devient de plus en plus sévère quand on avance dans le siècle. Sabatier de Castres, en 1772, stigmatise l'échec des apologues à personnages abstraits, mais reconnaît que d'autres pièces ont un grand mérite:

On doit lui tenir compte de la richesse de l'invention, de la variété des sujets, et de la solidité de la morale.[287]

Surtout, les fabulistes continuent de le lire et les pédagogues l'utilisent volontiers dans leurs classes, et cela jusque vers 1850, même si on lui reproche souvent, comme Jauffret, sa «philosophie meurtrière, destructive et glaciale, quand elle n'est pas réchauffée par le feu poétique»[288] et son affectation de naïveté. Il lui manque pour plaire «ce je ne sais quoi qui attire et persuade». Il est trop «bel esprit». Dans le fond, son défaut est de n'avoir pas su, comme La Fontaine, passer pour bête.

LEBRUN ET D'ARDÈNE

Tant Lebrun que d'Ardène revendiquent avec La Motte une rivalité et une filiation, mais ni l'un ni l'autre n'est parvenu à faire jeu égal avec le chef de file des fabulistes nouveaux, même si le premier est plus abondant que son modèle et si le second a donné un discours préliminaire plus long et plus complet que lui.

UN NOVATEUR PRUDENT MAIS PROLIXE, LEBRUN

Ce sont en effet cent cinquante fables qui constituent la contribution d'Antoine-Louis Lebrun (1680–1743) à l'histoire de l'apologue. Ce Parisien fit une carrière littéraire assez variée, produisant notamment sept livrets d'opéras, réunis en volume en 1712, multipliant les *Epigrammes, madrigaux et chansons* (1714), tentant même sa chance dans le roman en adaptant du Latin les *Aventures d'Apollonius de Tyr* (1714). Ses *Fables* parurent en 1722 et n'obtinrent aucun succès: l'écrivain, apparemment, aurait bien souhaité qu'elles fussent illustrées de gravures comme celles de La Motte, mais le libraire ne voulut pas engager les grandes dépenses nécessaires... La préface revendique assez vaniteusement l'honneur d'un jugement qui ne doive rien au burin (du graveur) mais tout à la plume (de l'auteur).

L'inspiration de Lebrun est très hétéroclite: les apologues traditionnels, hérités d'Esope via ses adaptateurs latins (particulièrement les Italiens du Seizième Siècle), voisinent avec les sujets inventés ou empruntés à la mythologie, qui sont cependant majoritaires et qui font tenir à l'auteur des propos délibérément novateurs dans la lignée de ceux de La Motte[289]. Les moralités sont sagement générales. La réalisation poétique est plutôt rude lorsqu'elle n'est pas plate. Cependant quelques pièces, comme *Le Corbeau et le Cheval mort*, ne manquent pas d'intérêt:

> Maître Corbeau voulut changer de nourriture.
> Pendant deux mois, de chair et de sang il s'abstint.
> L'herbe d'un pré naissant lui servit de pâture.
> Pour un ventre affamé ce mets était succinct.
> Un jour sur un chemin peu distant de la ville,
> Il vit un cheval mort: cet objet le tenta;
> L'occasion nous perd, et la chair est fragile;
>   Ce fut en vain qu'il résista:
>   Cette épreuve lui sembla rude;
>   Il y courut avidement.
>   On ne détruit pas aisément
>   Le préjugé, ni l'habitude.[290]

La fable est concise, trop concise: la narration manque d'intérêt. La moralité est une variation assez banale sur le naturel qui revient au galop. La variété métrique n'est pas satisfaisante, mais certains alexandrins sont de belle facture, et la construction de l'apologue, avec la maxime énoncée au tournant du récit, est tout à fait dans l'esprit de La Motte, qui recommandait de moraliser tout au long de l'action. Quant au sujet, il est nouveau sans être original: Lebrun change seulement le personnage principal d'une fable en général consacrée au loup converti...

Ailleurs, l'influence de La Motte est encore plus sensible. Voici par exemple *Le Corps et l'Ombre*, qui montre comment Lebrun s'essaye à philosopher:

Une chatte jeune et folâtre
En badinant vit son ombre; et courut
Après ce fantôme. Elle crut
Voir une autre elle-même: elle s'opiniâtre
Avec ardeur, recule, avance; il fuit
Aussi légèrement. La chatte le poursuit;
Peu s'en faut qu'elle ne l'attrape
Par de soudains élancements:
Le jeu lui plaît; ses pattes et ses dents
Font de leur mieux; mais l'ombre échappe,
Et fait les mêmes mouvements.
Hélas, aussi peu sages qu'elle,
Occupés de la bagatelle,
Nous consumant en vains efforts,
Sujets à des erreurs grossières,
Nous nous repaissons de chimères,
Nous prenons l'ombre pour le corps.[291]

Le sujet n'est guère différent de celui du «Chien qui lâche la proie pour l'ombre»[292]. Et ce n'est pas tout ce que Lebrun emprunte à La Fontaine: la variété métrique du début de la pièce, avec les enjambements systématiques, constituent un calque à la limite de la parodie, où l'on reconnaît des tours qui proviennent, par exemple, de «La Grenouille qui veut se faire aussi grosse que le Boeuf». Mais la moralité, elle, et le traitement du sujet sont influencés par La Motte et non pas par le Bonhomme (ni par Esope et Phèdre, ses modèles). Il ne s'agit pas d'attraper un morceau de viande, mais l'ombre même de son corps, et là où La Fontaine n'explicite aucune leçon, Lebrun est très bavard: il raisonne en philosophe, en intellectuel.

Il lui arrive même de refaire des fables de son illustre prédécesseur du siècle précédent pour les faire correspondre aux préceptes de La Motte. C'est ainsi qu'il reprend «Le Chêne et le Roseau» (chez Esope, c'est un olivier qui est opposé au roseau) pour en faire *Le Pin et le Roseau*, dont il explicite longuement la moralité:

Sur un mont sujet aux orages
Un pin altier était planté,
Et presque toujours agité
Par l'aquilon, et ses ravages.
Après avoir lutté longtemps
Contre les efforts des autants
Qui lui faisaient souvent la guerre,
Il essuya le courroux du tonnerre:
Par le salpêtre et le nitre, enflammé
Jusques au tronc l'arbre fut consummé.
Dans un vallon au bas de la même montagne
Vivait paisiblement un modeste roseau,
Sans faste, sans éclat sur les bords d'un ruisseau

> Dont l'eau pure et tranquille arrosait la campagne.
>   A l'abri des malheurs du pin,
>   Il ne redoutait pas les bruyantes tempêtes
>   Qui frappent les superbes têtes;
>   Content, sans crainte, sans chagrin,
>   Sans trouble, sans inquiétude,
>   Il vécut dans sa solitude,
>   Jusqu'à ce que la mort terminât son destin.
>   La médiocrité me paraît désirable:
>   Pour les rangs les plus hauts soyons indifférents:
>   Les petits aux revers dont le coup nous accable
>   Sont moins exposés que les grands.
>   C'est une vérité dont *Séjan* fit l'épreuve;
>   Et que *Bélisaire* attesta;
>   Maint *vizir* l'expérimenta;
>   Mille exemples en sont la preuve.[293]

A peine est-il besoin d'insister sur la médiocrité de cette fable: les personnages ne s'y rencontrent pas, ils ne se parlent pas, le fabuliste les juxtapose froidement. C'est bien une allégorie, mais il y manque l'action et la personnification. Mais la moralité (absente chez La Fontaine), docte et érudite, insiste sur le sens de la leçon, dont la valeur générale s'applique aussi à la sphère du politique: Lebrun est bien un fabuliste moderne, un disciple de La Motte. Il ne lui manque que le talent... Novateur prudent mais prolixe, singe à l'occasion du Bonhomme, représentatif mais malheureux, il n'est poète que par accident.

D'ARDÈNE,
OU L'IMPOSSIBLE SYNTHÈSE ENTRE LA MOTTE ET LA FONTAINE
Cinquante fables seulement (mais un discours de quatre-vingts pages) constituent la contribution oubliée d'Esprit-Jean Rome d'Ardène (1684–1748) à l'histoire de l'apologue. Ce Marseillais, membre de l'Académie de sa ville natale, monta tenter sa chance à Paris sans grand succès: sa comédie *Le Nouvelliste* ne semble pas avoir été jouée et son oeuvre est pour l'essentiel posthume (quatre volumes publiés en 1767) ou inédite. Son *Recueil de fables nouvelles* semble avoir été prêt dès le début des années 1720 et conçu pour rivaliser avec celui de La Motte, mais différents contretemps en retardèrent la publication jusqu'en 1747[294], et il ne comporte que cinquante pièces sur la centaine que l'auteur avait prévu de donner, pour arriver au nombre atteint par La Motte.

   Novateur, d'Ardène cherche à inventer ses sujets. Analyste attentif du style de La Fontaine, il cherche à le reproduire. Et il faut reconnaître qu'il est moins maladroit que Lebrun (mais tout aussi systématique) dans le jeu avec la variété métrique et les rythmes. En revanche, il est en général moins concis: ses fables sont parfois aussi verbeuses que celles de La Motte, et les réussites sont rares dans son bref recueil. Nous citerons cependant *L'Aveugle et le Boiteux*, fable d'origine chinoise alors inédite, mais promise à un grand succès dans la version qu'en réalisa Florian à la fin du siècle[295]. Elle fut probablement empruntée à d'Ardène par l'Allemand Gellert pour revenir en France grâce à Rivery[296]:

A côté l'un de l'autre un aveugle, un boiteux
   Allaient en même lieu tous deux.
   Ils fournissaient mal leur carrière.
C'était pitié que de les voir marcher:
   A la moindre petite pierre,
   Et quelquefois dans une ornière,
Bien qu'armé d'un bâton l'aveugle allait broncher.
   Le pis est que, dans la rivière
Qui bordait le chemin, notre homme avait grand peur
   D'aller la tête la première
   En mesurer la profondeur.
   Quant au boiteux, il clopinait sans cesse,
      Et si fort qu'au bout de cent pas
Il ne put que s'asseoir: il cède à la tristesse,
Rêve à tous les malheurs qu'on essuie ici-bas,
   Et dans le chagrin qui le presse
Croit qu'il n'en est aucun qui doive nous toucher
Autant que le malheur de ne pouvoir marcher.
De tous les incidents c'est sans doute le pire,
Dit-il. Son compagnon allait le contredire,
Mais de peur de l'aigrir il ne le fit pourtant.
Tous, en fait de malheur, trouvent le leur plus grand.
      Si ton secours n'est qu'en parole,
      Répond l'impatient boiteux,
      Ni toi, ni moi, n'en serons mieux.
Aidons-nous: Viens, ami, prends-moi sur tes épaules;
      Tu ne manques pas de vigueur;
Dieu merci! je vois clair; à travers tous ces saules
      Il pourrait t'arriver malheur:
Je t'en garantirai; tu me rendras service.
L'aveugle y consentit. Ce mutuel office
      Fut salutaire à tous les deux.
Ainsi devraient agir tous les hommes entre eux.[297]

Le sens moral de cette pièce sur la solidarité est clair et correctememt amené par la narration. Celle-ci, malheureusement, manque de vigueur et d'aisance, malgré le soliloque du boiteux et le recours au discours direct pour amener la conclusion. Quant à la réalisation poétique, elle est très scolaire: la systématisation de l'enjambement manque absolument de souplesse et d'à-propos. C'est un beau sujet nouveau, qui demeure à l'état d'ébauche. D'Ardène est plus consciencieux qu'habile: il ne réussit pas la synthèse entre les idées de La Motte sur la moralité de la fable et le style poétique de La Fontaine.

UN NOVATEUR ORIGINAL MAIS PRÉCIEUX, PESSELIER

A peine plus d'une centaine de fables, regroupées en cinq livres, constituent la contribution de Charles-Etienne Passelier (1712–1763) à l'histoire de l'apologue. Ce Parisien, discret employé de l'administration des Finances, tenta sa chance au théâtre: on lui doit trois comédies d'Esope (*L'Ecole du temps*, *Esope au Parnasse*, *L'Amant fabuliste*). Il chercha aussi à continuer Fontenelle (*Nouveaux Dialogues des morts*), et on lui attribue sans certitude des *Lettres sur l'Education* (1762). Plus important: il assuma, dans les années 1730, l'essentiel de la rédaction d'un périodique, *Le Glaneur français*, où furent publiées pour la première fois des fables de Grécourt[298]. Ses *Fables nouvelles* furent publiées en 1748. Elles témoignent d'une grande richesse d'invention et d'un tempérament de poète très personnel.

UN INVENTEUR ORIGINAL

Tout n'est pas absolument d'invention chez Pesselier, mais la majorité des sujets sont originaux. Les personnages sont variés: les animaux voisinent avec les abstractions, les objets avec les végétaux ou les dieux de la mythologie. Voici un exemple de rencontre entre des objets symboliques, *La Lyre et l'Epée*:

> La lyre, trop préoccupée
> De ses agréables accords,
> Prétendit, un beau jour, l'emporter sur l'épée,
> Qui voulut, pour l'honneur du corps,
> Que la lyre fût détrompée.
>
> Je connais le prix de tes chants,
> Ils sont doux, nobles et touchants;
> Mais ce n'est qu'un vain bruit, enfin; et les histoires,
> Content de moi des faits au-dessus de tes sons;
> Comment imaginer qu'à de grandes victoires
> On puisse opposer des chansons?
>
> Me répondras-tu que la lyre
> Consacre mes exploits à la postérité?
> Dans un poétique délire,
> Plus d'un auteur s'en est flatté;
> C'est une fierté qui m'irrite:
> Les éloges les plus parfaits
> Valent-ils, réponds-moi, celui qui les mérite?
> Tu chantes les héros; mais c'est moi qui les fais.[299]

La confrontation de ces deux synecdoques est intéressante. Leur dispute, sobrement exposée dans la stance initiale, se déroule ensuite entièrement au discours direct, mais seule l'épée, à laquelle l'apologue donne raison semble-t-il, a droit à la parole. La leçon n'est guère exprimée et la fable se termine sur un mot d'esprit particulièrement bien frappé.

Pesselier est *un fabuliste spirituel*, qui annonce à certains égards ceux qui cultiveront, après 1800, la fable épigrammatique. Mais il est aussi un fabuliste galant, peintre amusé de la société de son temps, désinvolte et narquois, comme dans *La Bouche et les Yeux*, pièce qui semble prise sur le vif dans un boudoir:

J'ai lu, je ne sais plus quand, ni dans quel endroit,
Qu'un matin, attendez... C'était chez une dame,
Belle bouche et beaux yeux se disputaient le droit
De bien interpréter les mouvements de l'âme.
    La bouche, nous nous abusons
Dans les vastes projets que notre orgueil nous prête,
Se crut d'abord du coeur le meilleur interprète,
Et dit, pour le prouver, d'assez bonnes raisons.
Mais les yeux, de leur part, ont aussi leur langage;
    On le prétend même éloquent:
L'opéra nous le dit; je le crois, et je gage
Que ce langage-là n'est pas le moins piquant.
    Quoiqu'il en soit, sur ce chapitre
De la bouche et des yeux, l'Amour, nommé l'arbitre,
    Pour terminer leurs différends,
Voulut leur assigner des rôles différents.

Vis-à-vis de l'objet qui vous blesse, ou vous touche,
Amis, dit-il, voici quels seront vos égards:
Les refus doivent être annoncés par la bouche,
    Et les faveurs, par les regards.[300]

A nouveau, c'est un trait d'esprit qui termine la fable. Le sujet est mince, mais il permet une satire bienvenue des coquettes et de la galanterie. Surtout, son traitement,qui ne cherche pas à faire parler au discours direct des personnages qui risqueraient d'être dans ce cas peu vraisemblables, est d'un ton si distancié et si désinvolte, si naturellement léger, qu'il est entièrement convaincant. La leçon, qui n'en est peut-être pas vraiment une, est au contraire au discours direct, mais c'est l'Amour, personnage mythologique qui peut très vraisemblablement prendre la parole dans la convention de l'apologue, qui la prononce en distribuant les rôles. Un sujet original, de la finesse et de l'humour, une satire qui porte sans avoir l'air d'y toucher: une bonne fable d'un ton nouveau.

Pesselier parvient parfois même à donner vie à des abstractions, à des «êtres moraux» comme on disait alors. Dans *La Volupté et sa suite*, il fait entrer le personnage chez la jeunesse et, sur un ton primesautier, écrit une fable d'une moralité rigoureuse, digne d'un pédagogue, sans avoir l'air d'y toucher:

La fille du plaisir et de l'oisiveté,
    Cette agréable enchanteresse,
    Qui pour nous perdre nous caresse;
Pour tout dire, en un mot, l'aimable volupté
S'introduisit un jour, avec la liberté,
    Chez la jeunesse encor novice,
Qui d'abord la reçut avec sécurité...
Comment se défier d'une divinité,
    Dont l'extérieur prête au vice
    Tant de grâces et de gaîté?...

> Mais le bonheur fut court; la trop crédule hôtesse
> Vit bientôt, que dans sa maison,
> La volupté perfide avait, en trahison,
> Introduit les dégoûts, les remords, la tristesse,
> Et rempli le logis d'un funeste poison.
> Allons, dit la jeunesse, allons sortez, ma mie,
> Entre nous, plus de liaison...
> —Oui-dà, je sors, dit l'ennemie,
> Volontiers... Mais chez toi, je laisse garnison.
>
> Ainsi la volupté séduit notre raison
> Eh! comment éviter sa fatale poursuite?...
> Les plaisirs et les jeux accompagnent ses pas;
> Mais, par malheur, on ne voit pas
> Les maux qu'elle traîne à sa suite.[301]

La pièce est strictement fidèle à la poétique de La Motte, aussi bien par le choix des personnages que par la conduite de la narration, où les interventions du fabuliste orientent l'anecdote vers la leçon. Fidèle à sa technique, Pesselier conclut le récit sur un mot d'esprit, pirouette de la volupté chassée qui prend la fuite. Puis il énonce sa moralité sur un ton sentencieux qui s'oppose humoristiquement à l'allure désinvolte de la narration. L'invention est heureuse, mais banale; la conduite de l'apologue, en revanche, réussit le difficile pari de joindre la gaîté et la légereté à une saine morale...

UN VRAI POÈTE

Ce qui fait la réussite des pièces de Pesselier que nous venons de commenter, comme de la plupart de ses autres fables, c'est la qualité de leur écriture poétique. Avec beaucoup de liberté, sans se soucier des préceptes de ceux qui, comme d'Ardène, refusent à l'apologue le droit de s'exprimer en stances, le fabuliste marque souvent l'articulation de ses narrations en les divisant en stances: il apporte un soin tout particulier à la qualité de ses rimes[302], utilise avec bonheur les effets rythmiques que lui permet la variété métrique. Sur ce point, il est supérieur à la plupart de ses contemporains: *seul le traditionaliste Richer se montre aussi habile*. Mais là où Richer semble, malgré ses qualités, calquer La Fontaine, Pesselier apparaît très personnel: c'est bien la technique du Bonhomme, mais ce n'est pas son ton, c'est bien sa gaîté, mais ce n'est pas sa naïveté. Là où le grand fabuliste est proche de ses personnages, Pesselier se tient à distance et s'amuse. C'est La Motte avec en plus le brillant et l'esprit. Voici une belle fable strophique, *Le Ver luisant et le Vermisseau*, où la variété des tons le dispute au détachement ironique, avant que la moralité ne vienne restituer l'apologue à son nécessaire didactisme:

> Dans un buisson épais, pendant une nuit sombre,
> Un vermisseau gîtait auprès d'un ver luisant,
> Qui, tout fier d'un éclat qu'il ne devait qu'à l'ombre,
> Faisait le petit suffisant.

Un reptile inconnu, près d'un ver de ma sorte,
Ose venir loger! Je le trouve plaisant!
　　Allons, mon ami, que l'on sorte;
Ce qui fut dit d'un air et d'un ton imposant.

Hé! Tout doux, compagnon: l'éclat qui te décore,
　　Tu le dois à l'obscurité,
Répond le vermisseau; redoute la clarté.
Va, mon cher, je t'attends au lever de l'aurore,
　　Pour juger de ta qualité.

Que de gens, au siècle où nous sommes,
Brillent à peu de frais, dans un sombre séjour,
Qui seraient confondus parmi les autres hommes,
S'ils osaient paraître au grand jour![303]

Les procédés fontainiens sont bien là, et même quelques réminiscences (dans la deuxième stance). Mais le poète sait varier les tons à sa manière propre et jouer sur le contraste entre la légèreté de la narration et le sérieux de la moralité. C'est décidément un bon fabuliste.

UN FABULISTE PHILOSOPHE, L'ABBÉ AUBERT

Cent soixante fables regroupées en huit livres, telle est la contribution de l'abbé Jean-Louis Aubert (1731–1814) à l'histoire de l'apologue. Ce Parisien, qui ne fut jamais prêtre malgré le titre d'abbé, fut avant tout un journaliste très actif, rédacteur d'une foule de périodiques (dont la continuation du *Journal de Trévoux*) avant de devenir directeur de la *Gazette de France*. Véritable argus des lettres, il eut, comme critique littéraire, un poids considérable, d'autant qu'il occupa très jeune le poste envié de professeur de Belles-Lettres au Collège Royal, l'ancêtre du Collège de France. Son oeuvre littéraire est assez mince: quelques *Contes moraux* (en vers) sur les tableaux de Greuze, une adaptation versifiée de *Psyché*, le roman de La Fontaine, un drame tiré de Gessner (*La Mort d'Abel*). Quelques années avant la Révolution, Aubert semble avoir pris une retraite[304] anticipée, satisfait du poste de censeur royal qu'il avait obtenu.

Ses *Fables nouvelles avec un discours sur la manière de lire les fables ou de les réciter* (1756) sont son ouvrage le plus considérable. Elles obtinrent un succès immense, furent saluées par Voltaire comme les plus dignes de figurer après celles de La Fontaine[305], connurent entre 1756 et 1774 six éditions qui les firent passer de six à huit livres. Elles sont accompagnées, outre le «discours», d'un avant-propos, d'un avertissement, et d'une multitude de notes et commentaires. Aubert se targue d'en avoir inventé la majorité, et de ne devoir que quelques rares pièces, postérieures à la première édition, aux fabulistes allemands. *L'intérêt de cet ample recueil est surtout idéologique: il est particulièrement représentatif de l'opinion moyenne des gens cultivés au tournant des Lumières*, conservateurs en religion mais prudemment progressistes en politique. Malheureusement, le poète n'est pas à la mesure de ses ambitions.

CONSERVATISME ET PROGRESSISME

Paradoxalement, Aubert est un philosophe (par sa conception de la fable, par son attitude intellectuelle, par son modernisme) dont les apologues s'acharnent à traquer *les* Philosophes, c'est-à-dire les intellectuels audacieux de l'époque, notamment sur le terrain de la religion.

C'est que *son audace* à lui, comme celle de la plupart de ses contemporains qu'on appelle trop vite des anti-philosophes, *s'arrête où commencent les mystères sacrés et les questions religieuses*. Le fabuliste n'a pas de mots assez durs pour stigmatiser l'irréligion, l'athéisme et la libre pensée. Dans ses *Lettres sur les fabulistes*, Jauffret s'amuse malicieusement à cataloguer le bestiaire polémique du bon abbé Aubert, qui transforme successivement les «faux sages» du temps en ânes, en ours, en dogues, en mites, en hiboux, en singes, en moutons et même en choux[306]. C'est un peu facile, et c'est fermer les yeux sur *la sincérité de l'apologétique religieuse* du fabuliste, qui ne se contente pas de railler violemment, mais qui cherche aussi à convertir. Sa meilleure pièce, de ce point de vue, est *Le Pyrrhonien et le Verre ardent*, assortie bien entendu d'une note érudite sur Pyrrhon et les Sceptiques:

> Un homme qui doutait de tout,
> (Manie aujourd'hui trop commune,)
> Qui, quand on le poussait à bout
> Sur la clarté du jour, sur celle de la lune,
> Pour la nier fermait les yeux;
> Au mois de juin, lorsque plus radieux,
> Et plongeant sur notre hémisphère,
> Le brûlant amant de Thétis
> Fond nos humeurs, et fait mûrir nos fruits,
> Niait obstinément sa chaleur salutaire.
> Certain sage entreprit de guérir son cerveau:
> Un jour que ce Pyrrhon nouveau
> En plein champ avait pris son somme,
> De l'astre bienveillant qui jaunit nos moissons,
> Dans un verre courbé concentrant les rayons,
> Il brûla quelque peu la barbe de notre homme.
> Celui-ci s'éveille en criant,
> Porte la main sur son visage,
> Et ne sait plus que dire au sage
> Contre un si sensible argument.

> Ceci peut aisément s'appliquer à la fable:
> Les principes qu'en nous la Providence a mis,
> Niés par maint auteur à cet homme semblable,
> Comme en un centre réunis,
> Dans un récit clair et concis,
> Mêlé d'une adroite critique,
> Réveillant ses sens engourdis,
> Font sur lui l'effet du caustique.[307]

L'invention du sujet est parfaitement intéressante et produit une narration assez cocasse, qui montre Aubert sous son meilleur jour, avec même une certaine forme d'humour quand le sage, prudemment, se contente d'une petit feu au lieu du grand incendie sa loupe pourrait déclencher dans le système pileux du sceptique endormi. Surtout, la moralité comporte une sorte de définition de la fable comme genre apologétique, destiné à combattre et à convertir les incrédules par les arguments de l'évidence et de la Providence. Malheureusement, du cocasse au ridicule il n'y a qu'un pas, qu'Aubert a peut-être franchi: son style abuse de la périphrase convenue, devient obscur à force de recherche (la fonte des humeurs pour désigner la transpiration...), sa versification manque élémentairement de souplesse. Le rire, au lieu de porter la conviction, stigmatise la maladresse de l'expression: bien peu de lecteurs, en vérité, ont dû comprendre que l'argument sensible de la fin de la narration était une allusion à la philosophie pyrrhonienne! Il n'empêche que la sincérité du fabuliste est indubitable: c'est un missionnaire qui pourfend les incroyants.

Cela le porte à bien des excès dans l'invention des sujets et le choix des personnages. Voici, parmi d'autres, l'exemple d'une pièce chargée de sens et de sincérité, mais ridicule, *La Guêpe et le Chou*:

> Mes amis, quel est donc cet homme
> Qui chaque jour s'en vient vous noyer d'eau,
> Et qui sur sa bête de somme,
> Quand il lui plaît, vous liant bien et beau,
> Vous mène on ne sait où? D'où vient qu'à ce voyage
> Il ne met point un terme, dites-moi?
> A-t-il sur vous tant d'avantage,
> Que vous ne puissiez pas vous soustraire à sa loi?
> J'aimerais à vous voir vivre ici sans rien craindre,
> Sans importuns liens, sans en bouger jamais.
> Il le faut avouer, votre espèce est à plaindre!
> Ainsi parlait la guêpe aux hôtes d'un marais.
> Un chou quelque peu philosophe
> Lui dit: Commère, en vérité,
> Vous ne raisonnez pas: sommes-nous d'une étoffe
> A durer une éternité?
> Tout périt; et jamais l'effort de la nature
> Ne fit un être exempt des outrages du temps.
> C'est à sa seule loi, toujours constante et sûre,
> Que sont assujettis tant d'êtres différents.
> Quant à cet homme, ma commère,
> Dont vous nous vantez tant le pouvoir absolu,
> Mais auquel je croirai lorsque je l'aurai vu,
> Ce n'est qu'un être imaginaire;
> Ouvrage de la peur, fantôme de grand-mère,
> Préjugé d'éducation.
> Sur cette folle opinion,
> Ma bonne, quelque jour on pourra vous instruire.

> Maître Chou n'en eut pas le temps:
> L'homme arrive à ces mots, l'emporte et le fait cuire.
> Maître Chou fut lui-même instruit à ses dépens.[308]

Il faut bien constater que l'allégorie, pour transparente qu'elle soit, n'est guère heureuse: l'homme est Dieu (ou la Providence), le chou est l'homme, et la guêpe n'a guère qu'un rôle de provocation. Le discours du chou mécréant est celui d'un matérialiste athée, qui ne croit pas à la possibilité d'un être souverain puisque son expérience ne le lui a pas fait rencontrer. La venue du cultivateur, évidemment, signifiant la mort du chou, indique que cet être, qui a tout pouvoir sur l'homme, existe. C'est si évident qu'Aubert ne juge même pas bon d'expliciter la leçon... Il lui suffit d'avoir désigné les Philosophes à travers son chou, et de lui avoir prêté des discours de libre penseur. L'apologétique manque certainement son but en sombrant dans l'absurdité ridicule.

En face de ce conservatisme religieux indubitable et sincère, on rencontre chez l'abbé Aubert *un progressisme politique* enthousiaste, dans la lignée de celui de La Motte. Les idées défendues n'ont rien de révolutionnaire, mais esquissent une thématique très répandue chez les intellectuels des Lumières: refus du despo-tisme comme de l'anarchie, haine des tyrans, nécessaire solidarité entre les classes sociales, tentation en faveur du despotisme éclairé. Quantitativement, ces idées donnent lieu à plus de fables encore que le motif apologétique, mais elles sont toujours balancées par une sorte de fatalisme qui insiste sur l'absence de liberté des hommes et sur la nécessité d'un pouvoir fort. C'est le sens général de l'apologue du *Mouton*:

> Un jour Robin mouton, animal faible et sot,
> Fourré comme un docteur et gras comme un dévot,
>   Mais plus orgueilleux que Thersite,
>   Crut qu'un mouton de son mérite,
>   Etait trop bon d'obéir à Guillot.
> Robin donc résolut d'être libre au plus tôt.
> Il irait bien tout seul promener, paître et boire:
> Un lourdaud de berger, aux champs, à la forêt,
> Ne mettrait plus le nez dans tout ce qu'il ferait.
> Parmi tant de héros de célèbre mémoire,
> Qui se sont affranchis d'un pouvoir usurpé,
>   Robin-le-grand serait compté.
>   De ce bel endroit de sa vie
> Quelque poète un jour subitement frappé,
>   En ferait une tragédie:
>   On y citerait ses discours.
> Ce mouton n'était pas comme ceux de nos jours,
>   Un ignorant en poésie.
> Je suis, ajoutait-il, le plus grand du troupeau;
> Jamais mouton si fort n'orna la bergerie:
>   Contre tous les chiens en furie
>   Je me défendrai bien et beau.

A l'entendre, on croirait que le galant médite
Quelque exploit glorieux, quelque sanglant combat;
Ou qu'il brigue en Romain que le péril invite,
L'honneur du premier coup dans un assassinat,
 En abattant une tête proscrite,
  Au yeux d'un auguste sénat.
Il crut faire en effet une action d'éclat;
  Un beau matin il prit la fuite:
Et moutons aussitôt de courir à sa suite,
Et chiens d'aller après, et Guillot de crier.
Rien ne put arrêter cette race maudite.
Un loup sortant des bois étrangla le premier:
C'était Robin lui-même. On dit qu'il fit paraître
Beaucoup de fermeté dans ses derniers moments.
Les autres effrayés retournèrent au maître:
  Ils firent bien les bonnes gens.

  L'indépendance a beau vous plaire,
O peuple! vrais moutons pour la stupidité,
L'obéissance importe à votre sûreté.
Sachez donc être heureux sous un joug nécessaire,
Moins à craindre pour vous que n'est la liberté.[309]

La pièce est très inégale, avec d'insupportables longueurs, une fâcheuse tendance à s'écarter de son sujet pour adresser une pique aux beaux esprits du jour et à développer à l'excès les quelques bonnes idées qu'elle contient (par exemple «l'image noble», comme on disait alors, du Romain auquel est comparé l'audacieux mouton). Elle est par ailleurs assez scolairement fontainienne, en particulier dans l'usage, à la fin, de l'infinitif narratif. Mais la leçon est claire, même si la nécessité de la rime amène Aubert à confondre l'ndépendance (qu'il nie) avec la liberté... Tous les peuples ont besoin d'un maître: il n'est pas d'état sans souverain. A part de rares audacieux, c'est bien la position moyenne des hommes des Lumières, dont la politique hésite entre Fénelon et Montesquieu, mais ne va guère plus loin. Comme en matière religieuse, le progressisme d'Aubert trouve ici sa limite, qui n'enlève rien, d'ailleurs, à ses revendications sincères de reconnaissance de l'utilité sociale des classes laborieuses contre les aristocraties parasites, qui s'expriment dans «La Main droite et la Main gauche»[310], ni à son choix en faveur du despotisme éclairé, qu'illustre la fable de «L'Ane ministre»[311]. Ses paradoxes ou ses hésitations, après tout, sont le fait de tous ses contemporains.

UN POÈTE INÉGAL

Sur ce point aussi Aubert est paradoxal. On a vu[312] qu'il concluait de ses analyses du vers fontainien que la fable nécessitait une diction prosaïque. On peut se demander s'il n'avouait pas ainsi une assez bonne connaissance des limites de son talent, et s'il ne sollicitait pas les vers de La Fontaine pour excuser les siens... On le prend bien souvent, en effet, en flagrant délit de maladresse syntaxique, d'inversion forcée ou d'amphibologie pour parvenir à plier son discours à son mètre. Jusque dans l'imitation des procédés du Bonhomme il a toujours l'air contraint: même on dirait souvent qu'il parodie ou caricature le génial fabuliste du siècle précédent. Voici, à titre d'exemple, *Les deux Moineaux et le Chat*:

> Deux jeunes passereaux logés en même cage,
>   Sur un rien jadis prirent feu:
>   Il faut en accuser leur âge:
>   Il est un temps où le plus sage
>   Aux passions résiste peu.
> Et puis certaine humeur qu'engendre l'esclavage;
> Quelques baisers donnés par Iris à l'un d'eux;
> Peut-être aussi l'amour; car l'amour et ses jeux
>   Causent souvent bien du ravage.
> Nos moineaux se battaient: leur courroux furieux
>   Allait ensanglanter les lieux
>   Témoins de leur vive querelle.
> Un minet approcha, qui leur dit: Mes enfants,
> Pourquoi rompre aujourd'hui l'union fraternelle
>   Qui chez vous régna de tout temps?
>   Le ciel punisse les méchants
> Qui peuvent vous armer ainsi l'un contre l'autre!
> Contez-moi vos chagrins, et d'où naît ce transport?
> Parlez; mon intérêt m'est moins cher que le vôtre:
>   Je tâcherai de vous mettre d'accord.
> Ainsi les haranguait Raton le bon apôtre.
> Mais tandis que chacun expose à sa façon
>   Le différend dont il veut être juge,
> Grippeminaud fait tant qu'il ouvre la prison,
>   Puis les attrape, puis les gruge,
>   En déclarant l'un et l'autre un fripon.[313]

Tout est calqué sur La Fontaine dans cette fable, depuis la structure de la narration et le sujet jusqu'aux procédés de versification (enjambements et césures défectueuses): l'ensemble n'est pas mauvais, il n'est que médiocre, gâché qu'il est par un manque général de souplesse. Que penser, par exemple, des deux octosyllabes qui précèdent l'intervention du chat? La clausule est disgrâcieuse et chevillée pour provoquer la rime avec «l'union fraternelle», qui lorgne visiblement du côté de La Fontaine («Le Coq et le Renard»). Aussitôt après, nouvel octosyllabe malencontreux. Plus loin, la réminiscence fontainienne est de nouveau apparente, et même fort délayée sur toute la fin de la fable: on ne lit pas un poème original, mais un devoir de bon élève à qui manque la véritable personnalité, et qui sait par coeur «Le Chat, la Belette et le petit Lapin».

Jauffret, dans ses *Lettres sur les fabulistes*, montrait déjà en 1828 tous les sujets et tous les procédés dérobés par Aubert au Bonhomme[314]. Son jugement paraît tout à fait équitable:

L'abbé Aubert s'imagina trop facilement qu'il avait reçu, comme Esope, *le don des fables*. (...) L'abbé Aubert conclut de là qu'il était destiné à égaler, peut-être même à surpasser La Fontaine. Malheureusement pour lui, les sujets de fables s'épuisèrent dans son esprit; et après ses premiers essais, il ne fit guère que retracer dans ses prétendues inventions les inventions de ses prédécesseurs. Il crut pouvoir dissimuler ses larcins en donnant de nouveaux acteurs à des fables déjà connues, mais cette ruse devait être découverte tôt ou tard, et ruiner en partie la réputation qu'il s'était acquise.[315]

Si donc l'abbé Aubert a autant de limites dans l'invention qu'il en a dans le talent poétique, son seul mérite réel risque bien d'être dans *le caractère représentatif de ses idées religieuses et politiques*. C'est beaucoup, assurément, mais c'est trop peu si l'on veut bien considérer que la fable est d'abord un poème. Chez notre abbé, malheureusement, elle est surtout une thèse, et les pièces les moins intéressantes sont, de façon attendue, les moins engagées, les plus proches de la tradition de généralité morale de l'apologue.

Les fabulistes novateurs sont donc nombreux et inégaux. La Motte est un pionnier, dont la réussite est assez irrégulière mais dont l'influence aura été immense. Pesselier est le plus doué en tant que poète, malgré son penchant à la préciosité et à la pointe spirituelle: il a de plus le mérite de jeter un regard aigu sur la société mondaine de son temps. Aubert, dont la réputation fut immense et se maintint jusqu'au début du XIX° siècle, est un fabuliste philosophe et paradoxal, plus dense en idées que bon poète, plus scolaire que profondément original. Lebrun et d'Ardène sont des auteurs de troisième ordre. Le bilan est donc mitigé: le courant novateur de l'invention se révèle généralement incapable de rivaliser vraiment avec La Fontaine. C'est peut-être ce qui expliquera que ses postulats seront considérés comme inactuels par la majorité des fabulistes de la seconde période des Lumières. Il serait pourtant exagéré de dire que l'oeuvre révolutionnaire de La Motte n'a pas porté de fruits: elle a fourni aux fabulistes,et singulièrement aux pédagogues, un cadre théorique nécessaire et, nous l'avons déjà vu[316], nourri toute une pédagogie de la fable sans laquelle bien des vocations seraient restées ignorées. L'entreprise méthodique des années 1719-1756, si elle n'a produit que peu de chefs-d'oeuvre, a donc préparé l'éclosion des multiples recueils d'après 1770.

CHAPITRE VII
LES PREMIÈRES ADAPTATIONS DE FABLES ÉTRANGÈRES, LES PREMIERS FABULISTES PÉDAGOGIQUES ET LE SEUL FABULISTE OBSCÈNE

Aubert, déjà, emprunte quelques sujets aux Allemands. Mais c'est à Boulenger de Rivery, curieux fabuliste qui semble avoir pour Phèdre une tendresse particulière, que revient l'honneur d'avoir commencé à faire connaître Gellert, dont le recueil parut en Allemagne dès 1746, et Gay, dont les fables en Anglais datent de 1727. Les premiers pédagogues s'emparèrent de ces sources nouvelles et les ajoutèrent au legs ésopique qu'ils connaissaient bien, en tant que professeurs. Quant à Grécourt, qui ne publia pas de recueil mais laissa une grande quantité de fables, il a l'honneur encombrant d'avoir été, à une époque souvent tentée par la grivoiserie et le libertinage, l'unique fabuliste obscène de la période...

GRÉCOURT

Environ cent vingt fables sont la contribution atypique de l'abbé Jean-Baptiste-Joseph Willart de Grécourt (1683–1743) à l'histoire de l'apologue. D'origine écossaise, chanoine de Saint-Martin de Tours, il préféra toujours aux devoirs de la vie ecclésiastique la fréquentation des cercles libertins et épicuriens. Son oeuvre galante et légère ne fut guère connue de son temps que par des copies manuscrites qui en circulaient et des publications fragmentaires dans des périodiques. Ce n'est qu'après sa mort qu'on en prit la mesure réelle: ces pièces de circonstances représentent près de mille pages dans les éditions posthumes: épîtres, contes à la manière de La Fontaine, chansons et poésies diverses. Les fables en constituent à peu près le cinquième. Et elles réussissent à prêcher, dans le cadre d'un genre voué à la saine morale, une paradoxale immoralité.

D'ÉTRANGES PERSONNAGES
Parcourir la table des matières des fables de Grécourt fournit une première indication sur leurs étonnants sujets: certains titres, évidemment, ont l'air anodin et mettent en présence les animaux habituels (*L'Hirondelle et les Fourmis, La Poule et le Renard*), mais d'autres intriguent par leurs curieux personnages (*Les Paupières et la Pantoufle, La Lune et la Jarretière*) ou les couples formés par des acteurs dont le rapport n'est guère immédiat (*La Guêpe et l'Andouille, La Sole et le Poulet*). Et en effet, l'attente ainsi créée n'est pas déçue par des apologues surprenants. Il serait fastidieux d'aller à la rencontre de toutes les surprises que nous réserve Grécourt: nous nous contenterons de quelques exemples.

Voici, pour commencer, la fable inscrite sous le couple d'un personnage conventionnel (la guêpe) et d'un personnage inattendu (l'andouille):

> Une jeune guêpe timide
> Regarde une andouille de loin.

D'en tâter son goût est avide,
Mais elle ne sait par quel coin
Saisir ce monstre qui l'étonne.
L'andouille voit son embarras,
Et lui dit: Viens, belle mignonne,
Aucun tort tu ne me feras.
La guêpe aussitôt lui réplique:
Je viens donc te réduire à rien...
—Au contraire, je sais trop bien
L'effet d'une guêpe qui pique.[317]

Sous le couvert d'une narration apparemment plate et banale se cache un sujet d'une grivoiserie qui touche à l'obscénité: si la guêpe, comme souvent dans les fables, représente l'aiguillon du désir ou la séduction féminine, l'andouille ici ne peut pas masquer autre chose que l'organe masculin destiné à la génération. Le trait d'esprit est évident, qui souligne que la guêpe naïve, en venant piquer cette partie de l'individu ne le réduira évidemment pas à rien, mais lui procurera une extension inattendue... Il serait bien difficile, en vérité, de compléter ce trait d'un esprit obscène par une quelconque moralité: Grécourt ne s'y essaie même pas.

La réunion de personnages improbables donne des résultats aussi étranges, et le décryptage de l'allégorie n'est pas moins déshonnête. Voici la rencontre de la lune avec la jarretière:

La lune, comme une commère,
Jasait avec la jarretière,
Et lui jabotait tous ses droits.
Je suis déesse par trois fois.
Ecoute: au ciel je suis la lune,
Et par mon pouvoir souverain,
Dans le bonheur et l'infortune,
Je gouverne le genre humain.
Mon influence, de ce monde
Règle les secrets mouvements;
C'est par moi seule qu'il abonde
En de si grands événements.
Diane, je préside aux plaisirs de la chasse:
On voit mon trône au milieu des forêts:
Et vers moi la jeunesse accourt avec audace,
Et me consacre tous ses traits.
Enfin dans les Enfers mon nom est Proserpine:
Je règne en ces lieux ténébreux,
Et c'est là qu'aux mortels ma volonté destine
Ou des plaisirs divins, ou des tourments affreux.
—Déesse, ne sois pas si fière,
Lui répondit la jarretière;
De ton triple pouvoir ne te targue pas tant.
Qu'à d'autres auditeurs ton discours en impose;

> J'ai près de moi certaine chose,
> Qui peut en dire tout autant.[318]

On se demande un moment, à lire cette fable dialoguée, si Grécourt n'a pas en vue le sens grivois du mot lune. Le discours de ce premier personnage est en effet parfois un peu ambigu... Mais glissons! La réplique de la jarretière, qui désigne sans ambage le sexe féminin dont elle est la proche voisine comme l'astre qui gouverne les destinées humaines, abandonne l'ambiguïté pour l'obscénité déclarée.

Il arrive cependant que la réunion d'acteurs plus conventionnels produise des fables qui s'écartent un peu de la grivoiserie obscène, sans perdre pour autant leur caractère de bons mots. La rencontre de la poule avec le renard permet à Grécourt de philosopher sur la plus agréable manière de mourir:

> Une poule alerte et joyeuse
> Vivait sans soin et sans souci.
> Elle avait tout à sa merci,
> Et tout semblait la rendre heureuse.
> Dans son nid le grain abondait,
> Pour les bons oeufs qu'elle pondait.
> Elle était jeune, elle était belle,
> Et son coq ne caressait qu'elle.
> Un vieux renard lui dit un jour:
> Comment te vantes-tu, m'amour,
> Que rien au monde n'est capable
> De te troubler dans ton bonheur?
> Eh! de moi tu n'as donc pas peur?
> Si jamais j'entre dans l'étable,
> Nous verrons... —Et que verrons-nous?
> J'attends tranquillement vos coups;
> Mais du premier, je vous en prie,
> De vivre faites-moi cesser.
> Le dernier plaisir de la vie
> Est de mourir sans y penser.[319]

La fable, ici, si elle n'évite pas en passant une allusion un peu leste aux caresses du coq pour sa poulette favorite, est beaucoup plus chaste et conventionnelle. Elle comporte même une moralité épicurienne énoncée par la poule menacée.

UNE ÉCRITURE RUDIMENTAIRE

Les apologues de Grécourt, qu'ils soient obscènes ou plus traditionnels, appartiennent à la catégorie des *poésies fugitives*, et cela délibérément. Leur écriture, toujours facile et brillante, n'en est pas moins assez rudimentaire, comme improvisée. La variété métrique habituelle dans les fables n'est pas très souvent au rendez-vous, et l'écrivain se contente généralement de textes en octosyllabes correctement rimés, mais sans recherche. Il a, à n'en pas douter, une grande facilité... et une égale paresse!

Tel est Grécourt, *délibérément marginal*, immoral et obscène, négligé et facile, annexant la fable à la poésie fugitive et libertine.

RIVERY, LE PREMIER ADAPTATEUR DE FABLES ÉTRANGÈRES

Un peu plus d'une cinquantaine de fables constituent la contribution de Claude-François-Félix Boulenger de Rivery (1724–1758) à l'histoire de l'apologue. Natif d'Amiens, lieutenant du roi au baillage de cette ville, il n'est pas autrement connu que par son mince recueil de *Fables et contes avec un discours sur la littérature allemande*, publié en 1754. Si ses mérites poétiques paraissent relativement modestes, il ne faut pas minimiser l'importance historique de son livre, qui est le premier à avoir donné à lire en Français un ensemble significatif d'apologues empruntés à Gellert et à Gay, que Rivery apparemment pouvait découvrir dans leur langue originale. Le recueil se partage à peu près par moitié entre les fables traditionnelles, adaptées de Phèdre ou d'Avianus, et les fables étrangères.

UN ADAPTATEUR DE PHÈDRE
Nous avons cité plus haut[320] la version d'*Hercule et Plutus* de Rivery, au ton assez personnel. Et en effet, quand il exploite le legs du fabuliste latin, l'écrivain se montre en général très à l'aise, habile à donner vie à ses narrations, notamment par l'usage d'une versification assez variée, plus qu'il n'est de coutume en son temps, qui ne craint pas de multiplier, contre les préceptes des doctes (et particulièrement de d'Ardène), les mètres très courts. Voici par exemple *La Cigale et le Hibou*, qui raconte le moyen trouvé par le rapace nocturne pour se débarrasser d'une chanteuse qui l'importunait[321] :

> La douceur et l'humanité
> Ne peuvent que bien faire, et font toujours heureusement.
> L'entêtement, la dureté
> Ont souvent des suites fâcheuses.
> La cigale autrefois l'apprit à ses dépens,
> Elle eut le sort de bien des gens.
>
> La cigale chantait durant la canicule
> Près des lieux où dormait Monseigneur le Hibou
> En attendant le crépuscule.
> Ces sons perçants l'éveillent dans son trou.
> Finissez, dit-il, je vous prie,
> Abrégez vos concerts; ignorez-vous, ma mie,
> Que les hiboux, comme les gens de cour,
> Veillent la nuit, dorment le jour?
> J'ai besoin de sommeil et non de mélodie.
> Il eut beau la prier, la cigale tint bon.
> Bientôt il prit un autre ton:
> Vous me forcez enfin d'abandonner Morphée
> Pour Orphée,

Mon sort est assez doux puisque je vous entends;
De ce chantre fameux vous effacez la gloire:
   Mais c'est assez chanté pour boire.
Cà, venez avec moi passer quelques instants;
   J'ai du nectar que m'a donné Minerve,
     Je le réserve
     Depuis longtemps
   Pour quelqu'un du plus grand mérite;
   Il vous est dû; souffrez que je m'acquitte.
La chanteuse altérée et se sentant louer
Par ce discours flatteur se laisse amadouer,
S'approche du hibou qui l'écrase et se venge.

   Qui pourrait éviter l'appât de la louange?
J'ai beau vous avertir qu'on doit s'en défier,
   J'y serais pris tout le premier.[322]

Il s'agit indubitablement d'une bonne fable: à la narration originale, Rivery ne change que quelques détails, et c'est avec bonheur. La substitution d'Orphée à Apollon, qui est dans Phèdre, est particulièrement heureuse dans la mesure où elle permet de trouver une rime riche à Morphée, qui se substitue d'excellente manière au banal verbe dormir utilisé par le poète latin. De même, plus loin, l'usage du mètre court mime parfaitement le plaisir que prend le rusé hibou à envisager le résultat probable de sa tactique. Rivery apparaît comme *un poète amateur qui a*, une fois n'est pas coutume, *du talent*. Par ailleurs, la moralité de sa pièce, qui n'entretient pas d'écho réel avec le prologue, est très vive par le soin que le fabuliste prend de se mettre lui même en scène, alors que chez le poète latin, si la continuité entre le prologue et la conclusion est meilleure, l'humour est absent. Chez Phèdre, l'apologue est sérieux; il est plus léger chez Rivery.

UN INTRODUCTEUR DES FABLES ÉTRANGÈRES

Rivery n'adapte que quatre pièces empruntées à John Gay, fabuliste souvent bavard et diffus: il lui préfère visiblement Gellert, qui deviendra d'ailleurs à partir des années 1770 une des principales sources d'inspiration des auteurs français d'apologues, par un étrange retour des choses, puisque bien souvent l'écrivain allemand puise lui-même ses sujets dans les fabulistes français fameux (La Fontaine) ou négligés (Richer). A Rivery revient, par exemple, l'honneur d'avoir versifié en Français pour la première fois «Le Château de cartes»[323], que Florian traitera après lui[324]. A lui revient la gloire d'avoir acclimaté en France des pièces promises à de nombreuses versions, comme «L'Araignée et le Vers à soie» ou «L'Aveugle et le Boiteux»: cette dernière fable, empruntée par Gellert à d'Ardène[325], fut traitée par les fabulistes français d'après la version allemande, dans l'ignorance de l'original français... Nous citerons la fable du *Trésor*, qui montre à la fois comment l'auteur allemand s'inspire de La Fontaine et comment Rivery parvient à rendre intéressant un sujet très didactique et un peu froid:

Un vieillard qui touchait à son heure dernière
Appela son fils, son cher fils:
Approchez-vous, dit-il, embrassez votre père;
Vous voyez l'état où je suis,
Il est temps de vous dire un secret qui vous touche:
Sur votre sort n'ayez aucun souci,
Je possède un trésor, écoutez bien ceci:
Il est... La mort vint lui fermer la bouche.
Le fils pleura de reste, il perdait doublement!
Et dès qu'il eut pleuré suffisamment,
Dans la maison des champs, dans celle de la ville,
Il fit creuser partout; partout peine inutile.
Ce ne fut pas sans frais, on n'omit aucun trou;
Il en devenait presque fou.
Mais que résoudre en sa douleur profonde?
Se pendre pour l'aller chercher en l'autre monde?
La chose méritait que l'on y réfléchît.
Comme il rêvait à sa mauvaise étoile,
Ne sachant plus que faire il lui vint dans l'esprit
De lever une simple toile
Qui couvrait le chevet d'un lit.
Là, sans remuer ciel et terre,
Il rencontre enfin le trésor.

La vérité plus précieuse encor
Est couverte à nos yeux d'une gaze légère,
Mais vainement on se morfond
Quand on veut la tirer du puits le plus profond,
Et sa simplicité rend nos recherches vaines.
Comme elle vaut beaucoup, comme elle a mille appas,
On pense qu'elle doit nous coûter mille peines;
On y touchait souvent qu'on la cherche à cent pas.[326]

Le point de départ du sujet est évidemment Esope, via La Fontaine. La narration, ensuite, s'écarte du modèle de manière assez pertinente, pour constituer une allégorie que la moralité décrypte: la thématique n'est plus du tout fontainienne, mais correspond à une préoccupation assez répandue chez les fabulistes allemands, qui font de la recherche de la vérité ou des moyens de l'enseigner un sujet récurrent dans les apologues. Rivery parvient à donner du mouvement et de l'humour à un récit qui, apparemment, ne s'y prêtait guère: on sourit à lire la double perte dont est victime le fils du défunt, on est amusé par l'idée qui lui vient de se suicider pour aller demander à son père où est caché ce trésor introuvable. Il n'y a que la moralité qui ne lui permet pas de se montrer à son avantage: il se contente de versifier une leçon très «magistrale» (Gellert était professeur d'université). Bien des successeurs de Rivery dans l'exploitation de la source étrangère n'auront pas son talent. Et bien des fabulistes prolixes ne laisseront pas autant de réussites que lui.

LES FABULISTES PÉDAGOGIQUES

Il ne semble guère y avoir eu, avant 1760, de fabulistes proprement pédagogiques, c'est-à-dire désireux d'atteindre en priorité le public des enfants et des adolescents. Les professeurs se contentaient de faire apprendre les fables de La Fontaine à leurs élèves, et de leur enseigner les règles du genre pour leur faire écrire à leur tour des apologues en Latin ou en Français: exercices de mémoire, donc, ou de narration, et cours de morale. Mais sur ce dernier point, on le sait, le Bonhomme n'était pas considéré comme irréprochable. Il était prévisible qu'un jour ou l'autre les maîtres se décideraient à prendre la plume pour produire des fables correspondant mieux aux exigences de leur enseignement. Fénelon, mais en prose, avait montré la voie de manière assez considérable[327]; le Jésuite Ducerceau, auteur par ailleurs d'un *Esope au collège*, avait écrit, parmi d'autres oeuvrettes poétiques un peu balourdes, quelques fables[328] bien adaptées à un public scolaire. Mais aucun recueil de fables versifiées originales à destination des enfants n'avait vu le jour avant que l'Oratorien Grozelier, en 1760, ne publiât ses *Fables nouvelles*, bientôt suivi par le Doctrinaire Barbe, auteur en 1762 d'un recueil pareillement intitulé. Deux professeurs, donc, et deux ecclésiastiques, qui prennent rang parmi les fabulistes au moment même où Jean-Jacques Rousseau (1761) publie son *Emile*, qui conteste de la manière qu'on sait l'usage pédagogique des fables de La Fontaine, et qui semblent lui apporter involontairement une réponse intéressante.

LE PÈRE GROZELIER

Douze livres de fables (comme La Fontaine... et comme Richer!) constituent la contribution de Nicolas Grozelier (1692–1778), prêtre de l'Oratoire, à l'histoire de l'apologue. Couronnement d'une longue carrière de professeur d'esprit déjà très moderne (il s'intéressait à l'histoire naturelle), ses deux recueils (*Fables nouvelles* et *Nouveau Recueil de fables*) parurent en 1760 et 1768, sans faste inutile; mais le second comporte une intéressante *table des moralités*, tout à fait significative des intentions qui présidèrent à la rédaction des apologues. Celles-ci sont claires: *Grozelier souhaite seulement enseigner une saine morale aux jeunes gens*, sans se préoccuper trop de la qualité poétique de ses pièces, ainsi qu'il l'indique à la fin de son premier volume:

> Quant au style, au tour poétique,
> Vous n'avez point trouvé du grand, du magnifique.
> Je n'ai visé qu'au simple, au naturel:
> Dans l'apologue rien n'est tel.[329]

Il cherche donc à rendre ses leçons intéressantes en les enveloppant du voile de la fiction. *Sa poétique, en somme, est celle de La Motte mise à la portée du public des collèges.*

Grozelier, cependant, ne prétend pas inventer ses sujets: il va les chercher aussi bien dans le fonds ésopique que chez ses prédécesseurs immédiats (La Motte), sans craindre éventuellement de rivaliser avec La Fontaine. Il lui arrive même d'adapter ses contemporains étrangers (Gay). Surtout, il met en fables des anecdotes trouvées chez les historiens latins. Bref, son inspiration est hétéroclite, guidée seulement par le choix des moralités possibles.

Quant à son écriture poétique, elle est particulièrement irrégulière, abusant notamment des inversions forcées pour loger l'énoncé dans le moule du mètre. Voici, par exemple, *Le Chat et le Coq*, pièce ésopique traitée en Latin au XVI° siècle par Faerne, où ce défaut abonde:

> Un chat avait surpris un coq;
> Il allait le croquer, son affaire était hoc:
> Mais sous un voile de justice
> Il voulut cacher sa malice.
> Tu troubles, lui dit-il, des humains le sommeil;
> Tu mérites qu'on t'en punisse:
> N'espère pas d'échapper au supplice.
> -Moi, lui répond le coq, j'annonce du soleil
> Le retour grâcieux et cet éclat vermeil
> Qui rappelle l'homme à l'ouvrage.
> —Ces propos sont hors de saison,
> Dit le chat; ventre à jeun n'entend point de raison.
>
> Quand c'est un parti pris d'accabler l'innocence,
> En vain par des raisons en prend-on la défense.[330]

La fable montre bien le but essentiel de Grozelier: aboutir à une leçon claire, par l'usage d'un style simple et accessible. De ce point de vue, la maxime prononcée par le chat au moment de croquer le coq est d'un excellent effet. Quant au distique qui contient la moralité, son caractère mnémotechnique est incontestable. En revanche, si la narration, qui repose entièrement sur le dialogue des deux acteurs, est bien menée en tant que récit, elle se coule avec difficulté dans le moule du vers: l'enjambement qui coupe le complément déterminatif (du soleil) du substantif auquel il se rapporte (le retour) témoigne de la maladresse du poète, qui cheville d'ailleurs laborieusement pour trouver la rime à soleil...

Tous les sujets moraux aptes à corriger les défauts de la jeunesse se rencontrent chez Grozelier, qui tance la paresse, la gourmandise, l'orgueil, la désobéissance. Il lui arrive même, dans l'adaptation d'un sujet ésopique, *Le Voleur et sa Mère*, d'adresser ses remontrances aux éducateurs, dont c'est bien souvent la négligence qui entraîne les enfants sur la mauvaise pente:

> On avait surpris un voleur;
> En grand cortège on l'allait pendre.
> Sur le chemin, sa mère, d'un air tendre,
> Vint lui témoigner sa douleur.
> Toute éplorée, elle l'embrasse;
> Lui, la mord à la joue. Alors la populace
> S'écrie: Ah! le traître; ah! l'ingrat;
> Enfant dénaturé, coeur pervers, scélérat
> Que par la roue on le punisse!

La corde est un trop doux supplice
—Vous vous trompez, dit-il, dans votre jugement.
    Ecoutez un peu seulement:
    Lorsque je fis dans ma jeunesse
    Certains petits tours de souplesse,
Ne distinguant encor ni le bien ni le mal,
    Ma mère loua mon adresse,
Au lieu de réprimer ce penchant si fatal.
J'ai fait depuis du larcin mon étude.
Après m'avoir laissé prendre cette habitude,
    Qui fait mon crime capital,
    A-t-elle droit à l'amour filial?
    J'en appelle à l'expérience.

    On ne voit que trop de parents,
    Qui, par leur lâche complaisance,
    Ou leur coupable négligence,`
    Font le malheur de leurs enfants.[331]

Sans être vraiment convaincante sur le plan poétique, cette pièce, qui ne s'écarte guère de l'original ésopique, est cependant bien menée et débouche sur une leçon en direction des parents, dont le rôle aux yeux du professeur est d'inculquer à leurs enfants les notions du bien et du mal en se montrant des éducateurs rigoureux. C'est pourquoi Grozelier ne se préoccupe guère de la vraisemblance du propos prêté au jeune coupable, qui prend lui-même en charge la leçon dans l'apologue en faisant son apologie et en mettant sa mère en accysation. Il va même jusqu'à assumer dans son discours les conceptions du fabuliste, qui considère que le sens moral n'est pas inné chez l'enfant mais doit être éduqué. C'est lui, enfin, qui prend ses juges à témoins dans un mouvement d'une belle éloquence, qui témoigne que Grozelier a choisi, pour un tel cas de figure, son camp... Ici, comme en de nombreux endroits de son recueil, on constate sa profonde sympathie pour ses élèves: le poète n'est pas bon, il est vrai, mais le pédagogue sait se montrer assez indulgent pour inculquer son message de rigueur morale.

LE PÈRE BARBE
Comme l'Oratorien Grozelier, le Doctrinaire Philippe Barbe (1723–1792) a laissé douze livres de fables, fruits d'une belle carrière de professeur. Son premier recueil de *Fables nouvelles* parut en 1762, et fut complété par un volume de *Fables et contes philosophiques* en 1771. On doit aussi à ce pédagogue, qui termina sa carrière comme principal du collège de Langres, un épais *Manuel des rhétoriciens* (1762), qui doit refléter l'enseignement de son auteur, rigoureux et méthodique. «Peu s'en est fallu, dit-il[332], que je n'aie intitulé mon petit recueil *Essai d'un cours de morale mis en fables*.» Et en effet, Barbe a bien pour but principal d'enseigner la vertu, sans se préoccuper outre mesure de la qualité poétique de ses apologues. On constate cependant que, malgré des irrégularités flagrantes (les pièces très sèches alternent chez lui avec des narrations

assez vivantes), malgré une inspiration souvent traditionnelle, le Doctrinaire est parfois supérieur à l'Oratorien: il lui arrive même d'être heureux dans ses inventions (quand elles ne sont pas purement allégoriques) et habile dans son expression (quand il emprunte ses sujets aux étrangers et même quand il les invente). Surtout, il a, dans ses meilleures fables, un ton de familiarité bonhomme d'assez bon effet.

Voici, par exemple, sur un thème proche de celui de «La Mère et son fils», de Grozelier, *Le Jardinier et les Plantes*, sujet pédagogique que l'on rencontre bien des fois chez les fabulistes des Lumières:

> Autrefois les arbres parlaient.
> Ils ne parlent plus, c'est dommage.
> Les plantes et les fleurs entre elles discouraient,
> Et les humains comprenaient leur langage.
> Quel plaisir pour les jardiniers,
> Pour leurs femmes surtout, qui, laissant leur ménage,
> Auprès des arbrisseaux passaient des jours entiers,
> Et des buissons écoutaient le ramage!
>
> Un certain villageois, dans ces siècles heureux,
> Cultivait avec soin quelques arpents de terre.
> Ce bien reçu de ses aïeux,
> Il le faisait valoir; c'était sa grande affaire.
> Ses voisins, par pitié, troublèrent son repos:
> Par pitié, non pour lui, mais pour ses jeunes plantes,
> Pour ses fleurs odoriférantes,
> Et pour ses tendres arbrisseaux.
> Ils entendaient les soupirs, les murmures
> De quelque arbre touffu récemment émondé.
> Le cerfeuil se plaignait qu'il était inondé,
> Quand l'arrosoir sur lui répandait une eau pure.
> Le melon soutenait qu'on lui faisait injure,
> En le retenant en prison
> Sous une cloche... Oui, vous avez raison,
> Disaient nos gens. Votre vie est bien dure;
> Mais pourquoi souffrez-vous qu'on vous maltraite ainsi?
> Résistez, arbrisseaux, et vous, plantes, aussi...
> Le jardinier revient... Laissez-moi, dit la rose...
> Et moi, dit le persil, je défends qu'on m'arrose...
> La vigne,... désormais qu'on ne me taille plus.
> Quant à moi, déchiré par votre main cruelle,
> Je prétends conserver mes rameaux superflus,
> A l'avenir, dit le noyer rebelle...
> —Soit, répondit l'homme en courroux,
> J'aurai moins de soin et d'ouvrage.
> Il les abandonna. J'aurais été plus sage.
> Les révoltés périrent tous.

De vos faibles parents, de vos voisins trop doux,
Enfants, n'écoutez point le funeste langage.
Rien n'est plus dangereux qu'une fausse pitié.
L'amitié ferme est la vraie amitié.[333]

Barbe n'est visiblement pas un pédagogue ordinaire: son ton est vif et souriant, son habileté à manipuler le discours direct est réelle, sa présence dans sa narration est sensible. On sent qu'il s'amuse sans effort: le sujet est sérieux, mais la fable est pleine d'humour. Certes, la versification est en général seulement efficace, mais l'usage des rythmes et des mètres variés parvient parfois à produire des effets réussis (voir le melon sous sa cloche ou encore le discours emphatique mais désarticulé du noyer). Quand bien même elle ne serait pas pédagogique, cette pièce serait bonne... Cette thématique, visiblement, inspire au Père Barbe des fables réussies. Voici *Le jeune Ours et son Père*:

Certain ours eut un fils, aussi beau que son père.
　　Cet enfant, sans cesse flatté,
　　Devint, comme c'est l'ordinaire,
　　Ce qu'on nomme un enfant gâté.
　　S'il ouvrait sa petite gueule
　　Pour dire un mot... ah! que d'esprit!
Que de bon sens! c'est la sagesse seule
　　Qui peut lui dicter ce qu'il dit.
Se mettait-il quelquefois en colère?...
　　Il a du coeur, des sentiments.
　　Médisait-il?... Il est sincère.
Etait-il fier?... C'est le défaut des grands.
Bref, dans notre poupon tout paraissait louable:
　　En lui tout vice était aimable.
　　Qu'arrive-t-il à de pareils enfants?
Ils se moquent bientôt de leurs faibles parents.
L'ours méprisa les siens dès l'âge le plus tendre;
A peine daignait-il leur parler, les entendre.
　　Viens avec moi, petit mignon,
　　Nous irons à la chasse... —Non.
　—Pourquoi, mon fils?... —Vous me rompez la tête...
　　Toujours il élevait le ton;
Jamais il ne faisait une réponse honnête.
　　Tous ses discours étaient choquants.
On voulait le punir, mais il montrait les dents.
　　Enfin le père, accablé de tristesse,
　　Dit en mourant à ses amis:
De cet enfant pervers, objet de ma tendresse,
　　J'ai bien mérité le mépris.
　　C'est moi, c'est moi, qui par faiblesse,
　　Par une excessive molesse,
　　Ai gâté le coeur de mon fils.[334]

Ici encore, c'est l'art du dialogue et la bonhommie du ton qui font l'intérêt de la narration. On croit entendre le professeur raconter cette bonne histoire à ses élèves et leur poser tout à coup la question qui prélude, dans le texte, au retournement de la situation. Il y a, assurément, quelques chevillages un peu malhabiles et des longueurs, mais la fable ne manque pas d'agrément. Tout au plus peut-on lui reprocher qu'elle ressemble plutôt à un conte qu'à un véritable apologue: sans doute est-ce en prenant conscience de cette tendance que Barbe a décidé d'intituler son second recueil *Fables et contes* et non plus seulement *Fables*.

Pour l'essentiel pédagogiques, les fables de notre Doctrinaire ne sont pas cependant toujours dépourvues d'autres ambitions. On ne s'étonnera certes pas qu'un ecclésiastique se montre plutôt critique, à l'instar de l'abbé Aubert, contre les abus de l'esprit philosophique à la mode. C'est le sujet de la fable des *Rats*, qui rappelle justement un peu «Les Mites»[335] d'Aubert:

> Au pied d'une montagne agréable et fertile,
> Certaines gens vivaient. Ces gens étaient des rats.
>   Comment, pourquoi cette troupe imbécile
> Avait-elle choisi ce lieu pour domicile?
>   Leur histoire ne le dit pas.
>   Quoi qu'il en soit, une folle pensée
>   Se glissa dans l'âme insensée
> Du roi de ces messieurs. Il propose au conseil
>   De renverser cette haute montagne:
> Elle prive nos yeux de l'éclat du soleil;
>   Elle nous cache une vaste campagne;
> Elle nous emprisonne... Un chef-d'oeuvre pareil
>   Nous ouvrira le temple de mémoire.
> Nos descendants un jour le liront dans l'histoire...
> Que faut-il, après tout? Creuser avec nos dents,
>   Miner, saper, ronger les fondements
> De cette masse énorme... Oui, la chose est faisable:
> J'en réponds, chers amis. Travaillons, il est temps.
>   Exécutons ce projet admirable;
>   Ne perdons pas un seul de nos moments.
> Il dit, et ses sujets, d'une voix unanime,
> Elèvent jusqu'au ciel un dessein si sublime.
> Nobles et roturiers, femmes, vieillards, enfants,
> Tous creusent la montagne, et lui percent les flancs.
> Mais que vois-je? Déjà sous un monceau de terre
> Que fait tomber sur eux leur effort téméraire,
>   Mille ouvriers des plus ardents
>   Sont ensevelis tout vivants.
>   Découragés, couverts de honte,
>   Les autres rats, par une fuite prompte,
> Sans renoncer pourtant à leur premier dessein,
> Se mettent à l'abri d'un si triste destin.

Les neveux obstinés de cette folle race,
Qui sont aujourd'hui parmi nous,
A ce mont élevé portent les mêmes coups,
Héritiers de la même audace.
Mais c'est en vain: tous les efforts qu'ils font
Ne peuvent qu'aboutir à la même disgrâce.
La montagne subsiste et les rats périront.[336]

On pourrait se refuser à voir dans cette pièce autre chose qu'un témoignage du conservatisme inhérent à l'état de fabuliste. Mais il est tout à fait probable que la cible visée, sans grande netteté, par le Père Barbe, soit la même que celle d'Aubert: les Philosophes et les Encyclopédistes qui, vers 1760, dominent désormais incontestablement la scène intellectuelle française. La fable est narrée avec aisance et vivacité, avec ce qu'il faut de désinvolture pour n'être pas pesante: très judicieusement, le fabuliste développe le discours du roi des rats pour en mettre en exergue la folle présomption avant de passer plus rapidement sur la catastrophe qui se produit quand la montagne se trouve minée par les travaux de sape des «ouvriers ardents»... A l'articulation de son récit, le narrateur intervient pour une brève question: il participe à sa fable... Ce n'est que dans la moralité qu'il trouve un ton plus doctoralement empesé, avant d'asséner un vers de conclusion d'un effet exceptionnellement réussi. Barbe, ici, se révèle être un fabuliste intellectuel et moderne, dans la lignée de La Motte et d'Aubert, qui utilise les armes de l'apologue pour pourfendre les excès de l'audace contemporaine, sans pour autant renoncer à son ton personnel et familier.

Tout n'est pas chez lui de la même veine, assurément, mais il faut bien reconnaître que la qualité de l'ensemble est généralement bonne. Le Doctrinaire savait raconter, et la priorité accordée à l'intention pédagogique et édificatrice n'est pas forcément au détriment du plaisir. Objectivement, les *Fables* de Barbe valent mieux, malgré leur modeste propos, que celles d'auteurs plus ambitieux: *il ne leur manque qu'un peu plus de virtuosité poétique.*

BILAN

L'histoire de la fable entre 1715 et 1770 apparaît, à la suite de ce parcours rapide, comme partagée entre les deux tendances contradictoires de la tradition et de la modernité, qu'elle parvient souvent à synthétiser.

La tradition, c'est à la fois le recours à l'inspiration héritée de l'antiquité et l'espoir de s'approprier le ton de La Fontaine, qui en a été le chantre inspiré. Mais il faut pour cela un solide talent poétique. Seul Richer semble en avoir été doué. Delaunay et Defrasnay, quant à eux, sont plutôt des amateurs laborieux que des fabulistes convaincants.

La modernité, c'est à la fois la recherche d'une inspiration nouvelle par l'invention des sujets et l'espérance de pouvoir rivaliser avec La Fontaine, qu'on admire, en portant l'affrontement sur un autre terrain où l'on ne risque pas la comparaison avec lui. Mais là aussi il faut du talent poétique. Si La Motte réussit à convaincre par la solidité de ses revendications théoriques, il est plus inégalement heureux dans le détail de ses pièces. Lebrun et d'Ardène ne sont que médiocres, et l'abbé Aubert, malgré la grande réputation qui fut la sienne, n'a guère que l'intérêt de refléter les idées moyennes des intellectuels de son temps, philosophes jusqu'aux problèmes religieux exclusivement. Seul Pesselier est à la fois un bon poète et un inventeur: à travers ses fables revit la société mondaine du temps.

Mais en réalité, aucun zélateur de la modernité n'est que moderne: aucun tenant de la tradition n'est que traditionaliste...il arrive à La Motte de feuilleter Esope ou Pilpay, à Richer d'inventer ses sujets. Après 1750, il arrive à tous les fabulistes, à la suite de Rivery, de découvrir chez les Anglais et les Allemands de nouvelles sources d'inspiration. Les pédagogues, qui doivent pourtant beaucoup à la poétique de La Motte, qui les autorise à placer l'intention didactique et morale en tête de leurs préoccupations, ne suivent pas systématiquement ce guide quand il s'agit de trouver leurs sujets: faisant preuve d'un syncrétisme accueillant, ils relisent Esope, commencent à défricher les auteurs étrangers, inventent s'il le faut. Peu soucieux de qualité poétique, ils peuvent être carrément maladroits, comme Grozelier, ou plus habiles à raconter qu'à versifier, comme Barbe.

Il ne manque même pas à la période son fabuliste atypique: c'est Grécourt, qui ne recule pas devant l'obscénité pour placer ses bons mots.

Tous ces auteurs trouvent leur place dans les quinze livres d'apologues compilés en 1771 par Louis-Théodore Hérissant dans Le *Fablier français*. Cette anthologie est apparemment la première de ce type: elle rassemble plus de trois cents fables de près d'une centaine d'auteurs,presque tous contemporains. Dans l'avertissement, le compilateur constate que l'oeuvre de La Fontaine a donné l'essor à une extraordinaire émulation:

> Autant la fable était négligée en France avant La Fontaine, autant elle a été cultivée depuis les chefs-d'oeuvre dont il a enrichi notre langue. Des fabulistes ont paru de toutes parts; plusieurs ont mérité des éloges; tous ont donné à la fable le caractère qui leur était propre.[337]

Puis il cite, avec de brefs commentaires, les noms des auteurs principaux: Lebrun, La Motte, Grécourt, Richer, d'Ardène, Barbe, Grozelier, et surtout «l'abbé Aubert, celui de tous les imitateurs de La Fontaine qui paraît avoir le plus approché de son modèle». Cette liste, qui se recoupe absolument avec la nôtre, est bien entendu l'armature du recueil. Mais de nombreux autres noms s'y ajoutent: ceux de fabulistes occasionnels qui n'ont écrit que quelques pièces publiées dans des périodiques, ceux d'auteurs de recueils que nous avons dû considérer comme mineurs[338], ceux encore d'auteurs qui ne donneront leurs recueils qu'un peu plus tard[339].

C'est qu'en effet «la fureur des fables», qui sera à son comble dans la seconde période des Lumières, a déjà commencé. Il n'est pas un auteur débutant qui ne s'y essaie, pas un auteur confirmé qui n'en ait écrit quelques-unes. Il n'est pas un périodique littéraire (du *Mercure* au *Journal de Verdun* en passant par le tout récent (1765) *Almanach des Muses*) qui n'en publie dans chaque livraison. Le recueil contient même des inédits... La compilation est sans ordre: les pièces sont groupées vingt par vingt, à l'exception des «apologues orientaux», rassemblés dans le quinzième livre, et leur juxtaposition est parfois assez étonnante (telle pièce libertine de Grécourt succède à une fable pédagogique de Barbe...). Mais la comparaison entre la table alphabétique de cet ensemble et celle de La Fontaine est très éclairante: les sujets qui mettent en présence abstractions ou objets inanimés, les sujets «mixtes» gagnent du terrain au détriment des fables animalières, tandis que les sujets empruntés aux auteurs étrangers commencent à être vraiment nombreux.

Le Fablier français est donc à la fois un bilan des cinquante ans qui le précèdent et une ouverture sur les quarante qui le suivent. On ajoutera que les emprunts faits aux périodiques sont en général postérieurs à 1760: si «la fureur des fables» a déjà commencé, le mouvement va en s'accentuant à partir de cette date, qui correspond approximativement aux premières traductions des auteurs étrangers[340].

TROISIÈME PARTIE

LA FUREUR DES FABLES
(1770–1815)

«J'arrive, moi, tout le dernier,
Et quand les vendanges sont faites,
Qu'aurai-je donc en mon panier?»
(Vitallis, 1794)

«Amis, dans la riante plaine
Qu'Esope ensemença jadis,
J'ai ramassé quelques épis,
Après Phèdre, après La Fontaine.»
(Arnault, 1812)

«Oui, je l'ai relu, ce charmant La Fontaine.
—Et tu veux faire encor des fables —Eh! mais oui.»
(Imbert, 1773)

«Des fables!... Plus d'un critique
Va me décocher ses traits.»
(Guichard, 1802)

«Vous qui n'avez encor cessé de soupirer
Sur le tombeau de La Fontaine,
O Grâces, aujourd'hui j'ose vous implorer.»
(Boisard, 1773)

AVANT-PROPOS

Tradition et modernité sont deux mots dépourvus de sens dans la seconde période du Siècle des Lumières. *Les fabulistes négligent les poétiques*, qu'ils considèrent comme inutiles, *et disposent de nouvelles sources d'inspiration venues de l'Etranger*, qu'ils se hâtent d'exploiter. Il apparaît dès lors difficile de proposer un classement des auteurs autrement que d'après les caractères dominants de leur production: certains semblent intéressants, surtout, par leurs intentions pédagogiques, qu'ils soient ou non des professeurs de métier; d'autres considèrent la fable plutôt comme un conte que comme un texte didactique et moralisateur; d'autres paraissent mieux réussir dans l'apologue engagé et développent principalement des leçons politiques; certains enfin veulent faire évoluer la fable et la transforment en arme polémique ou la tirent vers l'épigramme... Tous, quoi qu'il en soit, ont recours aussi bien à l'invention des sujets qu'à l'imitation, du fonds traditionnel comme des sources étrangères.

Après avoir examiné cette nouvelle inspiration essentielle, nous présenterons les principaux auteurs[341] en suivant ces différentes tendances. Nous accorderons bien sûr une place privilégiée à Florian en raison de sa notoriété et de son succès posthume, et nous le mettrons en regard de Le Bailly et de Nivernais, ses principaux rivaux. Mais il est bien des fabulistes que nous pourrons à peine nommer: la production est vraiment surabondante en cette époque de «fureur des fables».

Rivery et les pédagogues ecclésiastiques, depuis 1750, ont montré le chemin de l'Etranger aux fabulistes. A partir de 1770, les imitations ne sont plus seulement ponctuelles, mais elles deviennent très nombreuses. Le mouvement concerne d'abord l'Angleterre et l'Allemagne, en même temps que la source orientale, déjà pratiquée par La Fontaine et par quelques-uns de ses émules de la première période des Lumières, est de plus en plus connue. Aux alentours de la Révolution, l'Espagne et l'Italie viennent à leur tour fournir leurs contingents d'apologues nouveaux. La Pologne et la Russie n'auront leur tour que plus tard, après 1820, même si Kriloff, «le La Fontaine russe», et Krasicki, le grand fabuliste polonais, sont contemporains des auteurs français que nous étudions.

LA SOURCE ANGLAISE

Les fabulistes français, même s'ils ne sont pas anglophones, ne peuvent plus ignorer, après 1770, les oeuvres de John Gay et d'Edward Moore. Les fables du premier, publiées en deux recueils, le premier de son vivant (1726) et le second après sa mort (1733), ont été traduites en prose par Mme de Kéralio en 1759. Elles seront aussi fréquemment imprimées à Paris dans leur langue originale[342] et traduites en vers français deux fois avant 1815: par Mauroy (1784) et par Joly de Salins (1811). La traduction de Mme de Kéralio est très fidèle à l'original; les versions en vers sont assez inégales: les adaptateurs sont en difficulté devant la prolixité de Gay et, parfois, devant la nature essentiellement satirique de ses longues pièces qui mettent en scène, d'une manière essentiellement différente de ce qui se passe en France et dans la tradition ésopique, la société britannique de son temps. Les *Fables for the female sex*, de Moore, sont encore plus dépaysantes pour des lecteurs français: une traduction anonyme, sous le titre de *Fables pour les dames*, en a été publiée en 1764 et le recueil, dans sa langue originale, est parfois joint à celui de Gay par les imprimeurs parisiens.

Il n'est aucun fabuliste français qui n'emprunte quelques sujets à Gay, dont certaines fables ont connu des dizaines d'adaptations entre 1760 et 1815: Florian, par exemple, ne lui doit pas moins de neuf sujets[343]... Mais il n'est pas le seul: *The Sheperd and the Philosopher*, la pièce initiale du recueil britannique, avait déjà retenu, entre autres, l'attention du Père Grozelier[344] avant d'être traitée de belle manière par le plus renommé des émules de La Fontaine, et elle sera adaptée ensuite par bien d'autres, notamment par Du Tremblay, dont voici *Le Philosophe et le Berger*:

> Ne vantons pas notre savoir;
> Par longue étude on apprend peu de chose,
> Et de ce peu, pour bonne cause,
> Il ne faut pas se prévaloir.

De certain berger la sagesse
Avait acquis un grand renom;
Au rang des sages de la Grèce
Il était mis dans le canton.
Ce n'était pas qu'il eût fait grande enquête
Dans les écrits de nos savants;
Mais quatre-vingts hivers, en argentant sa tête,
L'avaient doué d'un très grand sens.
De sa morale singulière
Un philosophe entend parler;
Il s'en étonne, et veut aller
Voir le berger dans sa chaumière.
Il part... L'aurore à peine annonçait sa lumière,
Qu'il le trouve au coin d'un buisson,
Avec son chien, sa pannetière,
Philosophant à sa façon.
D'où vous vient, lui dit-il, si grande renommée?
Votre âme s'est-elle enflammée
Dans les écrits du grand Platon?
Ou comme Ulysse, un sort contraire,
Déployant sur vous ses fureurs,
Vous a-t-il fait sonder les moeurs
Des divers peuples de la terre?
—Non, répond-il modestement,
Des livres je n'ai point l'usage,
Et, grâce au ciel, très constamment
Je suis resté dans mon village.
A voyager qu'aurais-je appris?
L'homme est fourbe, il masque son être;
Nous courrons loin pour être instruits,
Et nous ne pouvons nous connaître.
La nature fut mon seul maître.
L'abeille forma mon printemps
Au travail, à l'obéissance;
Et la fourmi, pour mes vieux ans,
M'instruisit à la prévoyance.

J'ai vu la poule, avec ardeur,
Couvrir ses petits de son aile,
Combattre l'oiseau ravisseur,
En bravant sa serre cruelle,
Et de tendresse paternelle,
J'ai senti palpiter mon coeur.
A la plaintive tourterelle
Je dois ma sensibilité:
Dans sa tendre fidélité,
Mon chien m'a servi de modèle.

Le ciel fait plus en sa bonté.
La divinité bienfaisante,
Dans le tableau de l'univers,
Me trace l'image vivante
Et des vices et des travers.
Le paon, trop fier d'un vain plumage,
Me fait dédaigner ses atours:
Honnis, détestés, les vautours
M'inspirent l'horreur du pillage.
Pour blâmer l'indiscrétion,
Il suffit d'entendre la pie;
Le serpent, dardant son poison,
Me fait haïr la calomnie.

Le philosophe admirait du pasteur
Le sentiment, le bon sens, la candeur.
Sage berger! c'est ainsi qu'on te nomme,
S'écria-t-il, on te doit cet honneur:
Trop semblables à leur auteur,
Les livres trompent comme l'homme;
Mais est cru sage avec raison
Celui qui, sans art ni culture,
De sagesse n'a pris leçon
Qu'au grand livre de la nature.[345]

Du Tremblay, de même que Grozelier ou Florian, ne semble pas s'être avisé que cette longue fable liminaire avait chez Gay un caractère programmatique: elle énumère, en réalité, une série de personnages et de sujets qui seront abordés dans la suite du recueil. Mais son adaptation est très fidèle à la lettre de l'original: même, il parvient, volontairement ou non, à rendre la monotonie de la versification de son modèle en utilisant majoritairement l'octosyllabe. Sur le fond, on voit bien ce qui peut intéresser les Français dans cette pièce: le mot de la fin, qui justifie le recours à la tradition animalière au nom des leçons morales qu'elle permet d'illustrer, prises dans «le grand livre de la nature». En quelque sorte, c'est la lecture d'Esope et de La Fontaine que font les fabulistes qu'ils trouvent exprimée chez Gay, et qu'ils lui empruntent. Or il est bien probable que l'auteur britannique se soit largement écarté de ce programme: ses adaptateurs, eux, le plus souvent «naturaliseront» ses fables en les «fontainisant», sans prendre garde que leur modèle, original peut-être, semble parfois s'inspirer de la démarche de La Motte plutôt que de celle du Bonhomme.

Edward Moore provoque moins d'imitations. Dorat, cependant, qui cherche ses sujets partout où il peut les trouver, fait une bonne fable d'une narration prolixe, *The Eagle and the Assembly of Birds*, qui se trouve, là-aussi, être la première du recueil britannique. Chez lui, elle devient *L'Audience des Oiseaux*:

Tous les oiseaux, si j'en crois leur gazette,
Etaient en proie aux fureurs des partis.

Les délateurs demeuraient impunis,
Malgré leur audace indiscrète.
On scrutait dans les coeurs, on choquait les esprits.
Le sénat se plaint à grands cris,
Et demande qu'on lui permette
De prononcer sur de pareils délits.
Assailli de plus d'une instance,
Jupiter y consent. Un aigle consommé
Dans la haute jurisprudence,
Celle au moins du peuple emplumé,
Doit ratifier la sentence.
A force de babil, parvenue aux honneurs,
La pie, en sautillant, s'avance: Hé bien, dit-elle,
Avez-vous lu quelles horreurs!
M'aller fourrer dans un libelle!
Il est, dit-on, certains oiseaux voleurs
A tout propos vantant leur zèle,
Intrépides bavards et hardis imposteurs,
Bravant les dieux, n'ayant ni frein, ni moeurs,
Et voulant tout régler sans ombre de cervelle.
Que ce trait me regarde, on n'en saurait douter,
Et cependant, sans me faire une grâce,
Chacun ici peut attester
Qu'à mes talents j'ai dû ma place.
Je finirai comme j'ai commencé,
Bravant de vaines jalousies.
Que l'on me cite un état policé
Qui ne soit pas gouverné par des pies,
Et mon arrêt est prononcé.
Elle saute et se tait. Le milan se présente:
Son front, tristement abattu,
Peint sa belle âme et sa candeur touchante
Et les malheurs de la vertu.
Tout le sénat est dans l'attente.
Il est, dit-il, des oiseaux carnassiers;
Moi-même je ne puis le taire.
Le satirique ajoute, avec un ton sévère,
Qu'ils sont l'effroi des métayers.
Je ne soutiens pas le contraire.
Cruels, avides et pillards,
Ils dévorent, dans leur furie,
Poulets, tendres pigeons arrivant à la vie,
Et surtout les petits canards.
A la rigueur cela peut être:
Mais si l'écrivain imprudent
Pense qu'en ce portrait on doit me reconnaître,
L'imposture est affreuse, et le crime évident.

Lorsque, d'une voix attendrie,
Le scélérat, jouant l'air consterné,
Eut achevé sa plaidoirie,
Paraît le hibou renfrogné,
Au maintien lourd, au regard étonné.
De babiller qu'on accuse une pie,
Le grand malheur! dit-il; que, pour gloutonnerie,
Maître milan soit ajourné,
Qu'importe encor? Le fait est consigné.
Mais écoutez... —Loin d'ici, misérables!
S'écria l'aigle avec dépit.
Tous vos griefs ne sont pas recevables;
Et vous feriez bien moins de bruit,
Si vous n'étiez pas si coupables.[346]

La fable est longue, et pourtant Dorat supprime allègrement, outre un prologue en forme de dédicace, un épisode entier qui fait entrer en scène la corneille et ôte au hibou ses doléances. C'est surtout à la moralité qu'on éprouve la différence entre le fabuliste français, qui trouve une formule frappante, suggestive dans sa concision mais peu explicite, là où l'auteur anglais faisait parler l'aigle très didactiquement et plus longuement:

Les coeurs honnêtes ne s'alarment point, parce que le sentiment de l'innocence est leur guide; au lieu que le crime et la crainte, sa compagne, tremblent au moindre bruit.[347]

La pièce, malgré sa longueur, y gagne en légèreté, si elle y perd en rigueur.

Face aux Anglais, donc, les auteurs français se trouvent confrontés à des problèmes assez analogues à ceux que La Fontaine rencontrait en adaptant les sources orientales: il leur faut *élaguer des pièces trop longues et en transformer le didactisme appuyé en suggestion plus piquante*. Ils y réussissent ponctuellement, parfois par de simples aménagements, comme c'est le cas chez Dorat, parfois encore, comme le fait souvent Florian, en s'écartant délibérément de la narration d'origine pour n'en retenir qu'un aspect.

LA SOURCE ALLEMANDE

Plus féconde que la source anglaise et connue en France plus vite après la parution en Allemagne des recueils importants, l'inspiration allemande est certainement dominante dans les années 1770–1780. On rencontre fréquemment des imitations de Gleim ou de Hagedorn, mais ce sont surtout Gellert, Lichtwer et Lessing qui sont mis à contribution. Le premier, on l'a vu[348], avait déjà inspiré Rivery. Il bénéficie d'une traduction complète en 1777, par Mme Mercier-Stevens et occupe une grande place dans le *Choix des plus belles fables qui ont paru en Allemagne*, versifié en 1782 par Binninger. Le recueil allemand était paru en 1746. Lichtwer, qui figure aussi dans l'anthologie de Binninger, a publié ses apologues au même moment que Gellert: il a été traduit par Conrad

Pfeffel en 1763. Quant à Lessing, ses fables de 1759 n'ont attendu que cinq ans pour être traduites en prose par d'Antelmy, accompagnées des dissertations savantes dans lesquelles le grand écrivain allemand critique La Fontaine au nom du didactisme et refuse l'usage du vers pour l'apologue[349]. Les fabulistes français, au reste, ne se priveront pas de mettre Lessing en vers, à commencer par le très anonyme Ducoudray, qui y puise ses sujets dès 1770: d'autres suivront, qui y prendront quelque chose, de Dorat à Florian, et jusqu'à l'oublié La Jonchère, qui y trouve son inspiration en 1812. Les simples traductions ne manqueront pas non plus, en prose (Boulard, 1799) ou en vers (Grétry, 1811). Plus encore, donc, que les Anglais, les Allemands féconderont la production française.

Lessing, avec ses apologues secs et brefs, ne pose pas aux fabulistes qui veulent l'imiter des problèmes essentiellement différents de ceux que suscite l'utilisation du fonds ésopique, puisque c'est le modèle même qu'il a choisi. Voici, empruntée à Florian, *Le Berger et le Rossignol*, pièce extrêmement paradoxale si l'on considère qu'elle semble écrite pour vanter la poésie par un auteur qui fait profession d'écrire ses fables en prose:

> Dans une belle nuit du charmant mois de mai,
> Un berger contemplait, du haut d'une colline,
> La lune promenant sa lumière argentine
> Au milieu d'un ciel pur, d'étoiles parsemé,
> Le tilleul odorant, le lilas, l'aubépine,
> Au gré du doux zéphyr balançant leurs rameaux,
>   Et les ruisseaux, dans les prairies,
>   Brisant sur des rives fleuries
>   Le cristal de leurs claires eaux.
>   Un rossignol, dans le boccage,
> Mêlait ses doux accents à ce calme enchanteur:
> L'écho les répétait, et notre doux pasteur,
> Transporté de plaisir, écoutait son ramage.
> Mais tout à coup l'oiseau finit ses tendres sons.
>   En vain le berger le supplie
>   De continuer ses chansons:
> Non, dit le rossignol, c'en est fait pour la vie;
> Je ne troublerai plus ces paisibles forêts.
>   N'entends-tu pas, dans ce marais
>   Mille grenouilles coassantes
> Qui, par des cris affreux, insultent à mes chants?
> Je cède, et reconnais que mes faibles accents
> Ne peuvent l'emporter sur leurs voix glapissantes.
> —Ami, dit le berger, tu vas combler leurs voeux;
> Te taire est le moyen qu'on les écoute mieux:
> Je ne les entends plus aussitôt que tu chantes.[350]

La pièce comporte, avant ce corps d'apologue, un prologue en forme de dédicace à l'abbé Delille, considéré comme le plus grand poète français à la fin du XVIII° siècle et attaqué, au début de la Révolution, pour n'avoir pas voulu mettre sa muse au service du «patriotisme». Et Florian l'encourage, dans sa fable, à ne pas cesser pour autant d'écrire. Le récit de Lessing, qu'on rencontre d'ailleurs déjà auparavant[351], est d'une grande concision:

> Dans une agréable soirée du printemps, un berger adressait ces mots au chantre des bois, qui gardait pour lors le silence: Chante donc, cher rossignol.
> —Hélas! les grenouilles font tant de bruit, répondit le rossignol, que je n'ai nulle envie de chanter. Ne les entends-tu pas?
> —Sans doute, je les entends, dit le berger, mais ton silence seul en est cause.[352]

Tout le travail du fabuliste français consiste à orner des grâces de la poésie ce canevas, et il le fait sous la forme d'un pastiche de la poésie descriptive, spécialité incontestée de son illustre dédicataire... Là où Lessing avait réussi à écrire sans poésie un apologue paradoxal, Florian écrit avec une poésie un peu trop voyante une fable de circonstance! Sa démarche stylistique est fontainienne, et l'usage qu'il fait du modèle est, par ailleurs, bien de son temps, qui est celui de la poésie fugitive. On ajoutera que l'allégorie, qui fait de Delille le rossignol et de celui qui lui dédicace sa fable le modeste berger, témoigne d'une humoristique clairvoyance de la part d'un fabuliste dépourvu de prétention, plus fier sans doute d'être l'auteur des pastorales d'*Estelle* et de *Galatée* que d'avoir rivalisé avec La Fontaine...

Gellert et Lichtwer, en revanche, écrivent en vers et sont fréquemment aussi prolixes que Lessing est concis. Les fabulistes français en sont donc conduits, assez souvent, à les élaguer pour ne pas dépasser la longueur considérée par eux comme raisonnable, mais il leur arrive aussi de les suivre plus scrupuleusement[353]. Une pièce relativement peu concise de Lichwer, *La Linotte*, a eu beaucoup d'imitateurs en France, depuis l'abbé Aubert jusqu'à Guichard, en passant par Dorat ou Mme Joliveau[354]. Voici la version de Boisard, sans doute la plus réussie:

> De ses demeures maternelles
>   Dédaignant l'humble obscurité,
> Une linotte un jour fit l'essai de ses ailes.
>   Après avoir bien voleté,
> Elle aperçoit un pin dont la cime touffue
>   Allait se perdre dans la nue.
> La hauteur de cet arbre aisément la séduit:
> Elle vole au sommet, elle y pose son nid.
> Sur ce trône, des airs elle se croit la reine,
> Et d'un oeil satisfait contemple son domaine.
> Un orage survient: la pauvrette à l'essor
>   Dans les champs d'ébattait encor,
> Quand son petit palais fut frappé de la foudre...
> De retour, plus de nid!... Le pin réduit en poudre!...

> Ah! dit-elle, y pensais-je? En m'approchant des cieux
> J'allais au devant du tonnerre!
> Renfermons-nous plutôt dans le sein de la terre;
> La foudre rarement tombe sur les bas lieux.
> Un autre nid sous l'herbe est commencé sur l'heure.
>   L'humidité, les vermisseaux
> Lui font abandonner sa nouvelle demeure...
> Toute position, hélas! a ses fléaux,
> Et le bonheur n'est point, encore, dans la fange;
> Voyons un peu plus haut... Instruit par le malheur,
> Dans un buisson épais, de moyenne hauteur,
> Que bien que mal le bestion[355] s'arrange;
> Il y trouva le calme... et c'est là le bonheur.[356]

Cet apologue sur l'*aurea mediocritas* d'Horace est plus concis et plus vif sous la plume de Boisard que dans l'original allemand, qui insiste assez lourdement sur les folles ambitions de la jeune linotte étourdie et prépare ainsi très soigneusement la moralité, qui est clairement explicitée. Le fabuliste français résume l'exposition, utilise le discours direct plus amplement que son modèle et, surtout, rédige une conclusion ramassée d'une excellent effet, que complète un simple vers de constat. On pourrait dire, en somme, qu'il «fontainise» un apologue très didactique en lui donnant la vivacité d'un conte, sans cependant s'écarter significativement de la narration d'origine.

Florian, avec un peu plus de liberté, n'opère pas différemment à partir d'un sujet emprunté à Gellert («Les deux Chiens») dont il change les personnages pour écrire *Les deux Chats*:

> Deux chats qui descendaient du fameux Rodilard,
> Et dignes tous les deux de leur noble origine,
> Différaient d'embonpoint: l'un était gras à lard,
>   C'était l'aîné; sous son hermine
>   D'un chanoine il avait la mine,
> Tant il était dodu, potelé, frais et beau:
>   Le cadet n'avait que la peau
>   Collée à sa tranchante échine.
> Cependant le cadet, du matin jusqu'au soir,
>   De la cave à la gouttière
>   Trottait, courait, il fallait voir!
>   Sans en faire meilleure chère.
>   Enfin, un jour, au désespoir,
>   Il tint ce discours à son frère:
>   Explique-moi par quel moyen,
>   Passant ta vie à ne rien faire,
> Moi travaillant toujours, on te nourrit si bien,
>   Et moi si mal. —La chose est claire,
> Lui répondit l'aîné: tu cours tout le logis
> Pour manger rarement quelque maigre souris...

—N'est-ce pas mon devoir —D'accord, cela peut être;
Mais moi je reste auprès du maître,
Je sais l'amuser par mes tours.
Admis à ses repas sans qu'il me réprimande,
Je prends de bons morceaux, et puis je les demande
En faisant patte de velours,
Tandis que toi, pauvre imbécile,
Tu ne sais rien que le servir.
Va, le secret de réussir,
C'est d'être adroit, non d'être utile.[357]

Chez Gellert, les deux chiens ont des caractéristiques voisines de celles des deux chats de Florian: le premier est un courtisan, dont la disparition sera regrettée par toute la maisonnée, tandis que le second, bon chasseur et bon gardien, mourra dans l'indifférence générale. Il est fort probable que le fabuliste allemand se soit souvenu, pour imaginer sa narration, d'un apologue de Richer portant le même titre[358]... Quant à Florian, c'est «Le Loup et le Chien», de La Fontaine[359], qu'il contamine avec la source allemande, empruntant de plus au Bonhomme quelques expressions, et jusqu'au nom de Rodilard. Il s'agit bien, donc, de *franciser la source étrangère en écrivant un «à la manière de La Fontaine»*: donner plus de vivacité au récit, en conserver le didactisme mais en l'allégeant, chercher à retrouver les bonheurs d'expression du maître français de la fable, trouver pour conclure une moralité plus piquante... Gellert, ici, avait écrit:

C'est ainsi que tous les jours le brillant de l'esprit est préféré aux qualités solides du coeur.[360]

Florian, très judicieusement, transforme ce constat un peu balourd en pointe épigrammatique.
Face aux Allemands, donc, les fabulistes français rencontrent les mêmes contraintes que face aux Anglais et *il leur faut concentrer des apologues un peu longs et en rendre plus acérées les leçons trop magistrales*, à moins que, dans le cas de Lessing, ils ne doivent amplifier une narration trop sèche.

LA SOURCE ITALIENNE

Ce n'est que tardivement que l'Italie, qui n'a pourtant pas manqué de bons fabulistes au XVIII° siècle, semble avoir commencé à fournir des sujets aux auteurs français. Peut-être sont-ce les guerres de Bonaparte et l'occupation française qui ont permis la découverte des écrivains italiens: on sait que la monumentale *Histoire littéraire de l'Italie*, de Ginguené, doit beaucoup aux fonctions administratives qu'il fut amené à occuper en Piémont. Toujours est-il qu'on ne trouve guère de fables d'origine italienne avant le début des années 1800, et que la première tentative d'envergure pour acclimater ces pièces est due, précisément, à Ginguené lui-même, en 1810 seulement, avant que les traductions systématiques n'apparaissent[361], permettant la découverte de Bertola, disciple italien de Gellert et auteur d'un important *Essai sur la fable*, de

Pignotti, qui s'apparente plus à l'Anglais Gay qu'aux Allemands, de Roberti, fabuliste plus proche des habitudes françaises dans le genre, et enfin de Casti, auteur de l'immense poème héroïcomique des *Animaux parlants* en 1802 [361bis]. Avant Ginguené, cependant, on trouve ici ou là quelques imitations notables. Une fable fameuse de Le Bailly («Le Gouvernail et les Rames») est empruntée à Alberti[362], auteur connu en France dès le XVII° siècle, et surtout un assez grand nombre de pièces de Roberti ont été versifiées par Haumont, dans ses *Fables* de 18O1, d'après une traduction en prose qu'on lui avait procurée[363]. Mais c'est vraiment Ginguené qui, le premier, exploitera systématiquement le riche fonds italien, dont l'essentiel, il est vrai, a paru après 1770.

LA SOURCE ESPAGNOLE

Les deux fabulistes espagnols fameux du XVIII° siècle, Samaniego et Yriarte, ont publié leurs recueils en 1781 et 1782. Ils ne sersont guère connus en France avant 1800, si l'on excepte les emprunts de Florian aux *Fabulas litterarias* du second pour ses *Fables* parues en 1792. Quant au premier, dans la mesure où il est surtout un imitateur très fidèle d'Esope, de Phèdre, de La Fontaine et de Gay, il n'est en somme par étonnant qu'il n'ait presque jamais servi de source directe aux fabulistes français, qui connaissaient trop bien ses modèles, même si son ton volontiers irréligieux aurait pu séduire des lecteurs de Voltaire ou des Philosophes. Yriarte, en revanche, avec ses moralités essentiellement satiriques et appliquées au domaine de la littérature, ne manqua pas de poser problème aux Français, habitués à préférer les leçons larges et générales. Traduit en vers en 1801 par Lanos, puis en prose en 1804 par Lhomandie, il fournit des sujets à quelques fabulistes, parmi lesquels Le Bailly, qui adapte «Le Serpent et l'Oie»[364] du poète espagnol sous le titre *L'Oison et le Serpent*:

> En Hespérie ainsi qu'en France
> Pullule une certaine engeance
> Qui veut faire et fait tout, sans exceller en rien.
> Ecoutons là-dessus une muse espagnole;
> Cette muse, sur ma parole,
> En prose comme en vers se connaissait très bien.

> Il était un oison, bête suivant l'usage,
> Mais orgueilleux; le croira-t-on?
> Oui, puisque c'était un oison:
> La bêtise et l'orgueil ont étroit parentage.
> Que de dons à la fois j'ai reçus en partage!
> S'écriait-il; poissons, quadrupèdes, oiseaux,
> Oui, je suis le phénix de tous ces animaux:
> Suis-je las de marcher, mon aile se déploie,
> Et je deviens l'hôte des airs;
> Ensuite avec la carpe on voit commère l'oie
> Dans l'onde s'égayer en mille tours divers.
> Un serpent l'écoutait: O tête des plus folles!

> Lui dit-il; misérable oison!
> Tu marches, il est vrai, tu nages et tu voles;
> Mais aussi de quelle façon!
> Avec ton allure sans grâce
> Tu ne peux égaler le cerf au pied léger;
> L'alouette au vol te surpasse,
> Et le brochet enfin mieux que toi sait nager.[365]

Chez Yriarte, c'est le serpent qui, à l'issue d'une intervention ironique, énonce la moralité, tandis que Le Bailly, dont la pièce est balourde, a malheureusement anticipé sur sa narration dans un prologue où la leçon manque de force expressive, prononcée qu'elle est dans une intention satirique. Le style et le ton, qui veulent visiblement imiter La Fontaine, manquent de naturel comme de souplesse.

Florian est bien plus heureux avec son modèle, auquel il doit onze fables. Rarement il suit l'Espagnol sur le terrain de l'épigramme ou de la satire littéraire: il choisit plutôt de transformer la leçon pour lui donner le caractère de généralité qu'elle a suivant la tradition française, et l'on peut être d'accord avec lui quand il estime, dans sa préface, qu'il doit à Yriarte «quelques-uns de ses meilleurs apologues»[366]. *L'Ane et la Flûte* en fait incontestablement partie:

> Les sots sont un peuple nombreux,
> Trouvant toutes choses faciles:
> Il faut le leur passer, souvent ils sont heureux;
> Grand motif de se croire habiles.
>
> Un âne, en broutant ses chardons,
> Regardait un pasteur jouant, sous le feuillage,
> D'une flûte dont les doux sons
> Attiraient et charmaient les bergers du boccage.
> Cet âne mécontent disait: Ce monde est fou!
> Les voilà tous, bouche béante,
> Admirant un grand sot qui sue et se tourmente
> A souffler dans un petit trou.
> C'est par de tels efforts qu'on parvient à leur plaire,
> Tandis que moi... Suffit... Allons-nous en d'ici,
> Car je me sens trop en colère.
> Notre âne, en raisonnant ainsi,
> Avance quelques pas, lorsque, sur la fougère,
> Une flûte, oubliée en ces champêtres lieux
> Par quelque pasteur amoureux,
> Se trouve sous ses pieds. Notre âne se redresse,
> Sur elle de côté fixe ses deux gros yeux;
> Une oreille en avant, lentement il se baisse,
> Applique son naseau sur le pauvre instrument,
> Et souffle tant qu'il peut. O hasard incroyable!
> Il en sort un son agréable.

> L'âne se croit un grand talent,
> Et tout joyeux s'écrie en faisant la culbute:
> Eh! je joue aussi de la flûte![367]

Assurément tout n'est pas parfait dans cette fable, où l'on rencontre par exemple une de ces inversions forcées qui entâchent toujours les productions de Florian, mais l'effort pour donner un peu d'ampleur à l'original espagnol est méritoire. Chez Yriarte, le narrateur raconte qu'un âne a trouvé une flûte abandonnée et que *par hasard* il en sort un son: la pièce, malicieuse et très concise, se termine par une moralité qui stipule qu'il y a des sots qui, ignorant les règles de l'art, réussissent quelquefois *par hasard*... Le fabuliste français propose, dans son prologue, une leçon bien plus large, et conclut finement sa narration en faisant prononcer de façon parodique à son âne les paroles du Corrège devant le premier tableau de Raphaël qu'il vit, ce qui ne manque pas de sel.

Peu productive, donc, *la source espagnole ne manque cependant pas d'intérêt, pour un peu qu'on parvienne à lui donner un peu d'ampleur et à élargir le champ de sa moralité*, trop restreinte et trop épigrammatique.

LA SOURCE ORIENTALE

Depuis La Fontaine, l'Orient fournit, notamment à travers Pilpay, quantité de sujets aux fabulistes français: on en trouve chez La Motte ou chez Richer dans la première partie du Siècle des Lumières, on en trouve beaucoup plus encore après 1770, parce que la connaissance du fonds oriental s'est largement enrichie, à travers des traductions plus vastes et plus fidèles que celles dont disposait le Bonhomme d'une part, à travers l'abondante littérature de voyage qui est une des passions des hommes du XVIII° siècle d'autre part. Les auteurs français ne sont plus limités au *Livre des Lumières*, mais ils ont accès à la vaste compilation de Galland (1720), complétée par Cardonne en 1778 sous le titre de *Contes et fables* de Bidpaï, en trois épais volumes. Ils connaissent mieux Saadi, le grand poète persan du Moyen-Age, dont les apologues donnent lieu, en 1772, à deux versions: par l'auteur des *Saisons*, l'Encyclopédiste Saint-Lambert (en prose), et par le dramaturge Bret (*Fables orientales*, en vers). D'autres pièces, turques ou arabes, connaissent des adaptations en prose: on peut citer les *Apologues orientaux* de Sauvigny (1765) et ceux de l'érudit abbé Blanchet (1784). Lockman, déjà connu au temps de La Fontaine, est traduit en édition bilingue par Marcel en 1799...

Les fabulistes peuvent donc puiser largement dans ce fonds particulièrement riche, soit en réalisant des adaptations assez fidèles, soit *en «habillant à l'orientale» des fictions destinées à dénoncer certains abus, notamment politiques ou religieux*, de la société française: la méthode est connue, c'est celle du conte philosophique. Le duc de Nivernais semble y avoir eu recours pour *Le Roi de Java et l'Eléphant blanc*, pièce pour laquelle il l'indique pas de source, sinon une référence à un manuel d'histoire naturelle:

> Une commune fantaisie
> Chez certains monarques d'Asie

C'est d'avoir nombre d'éléphants;
Et qui peut en avoir de blancs
S'estime par dessus tout autre:
Voilà leur tic. N'avons-nous pas le nôtre?
Et croyez-vous que des éléphants blancs
Ne valent pas brocards et diamants
Dont notre Europe à si grands frais se pare?
Quoi qu'il en soit, un de ces princes-là,
(C'était, dit-on, le seigneur de Java)
Voyant combien la denrée était rare
Et de grand prix, forma le beau dessein
D'en établir chez lui manufacture.
　Il devait en cette aventure
　Avec l'honneur trouver le gain;
Car ce serait grand objet de commerce
　Par toute l'Inde, et jusqu'en Perse.
Dans ce projet si bien imaginé,
　On dressa partout force pièges;
　Et le roi fut si fortuné
Qu'incessamment il lui fut amené
　Un éléphant blanc comme neiges.
　Aussitôt un nombreux sérail
　Est assemblé pour sa hautesse,
Qui ne devait avoir d'autre travail
　Que de propager son espèce.
A bien des gens ce sort eût paru doux,
　C'était celui du roi lui-même;
　Ne disputons jamais des goûts.
Mais l'éléphant s'était fait le système
　De se vouer au célibat,
　Quand il perdit le noble état
D'animal libre, et né pour ne connaître
Ni les faveurs ni les humeurs d'un maître.
Il observa son voeu de chasteté
　Avec constante fermeté;
　Et ne voulant point faire naître
　Une race sans liberté,
　Il mourut sans postérité.
　N'oubliez pas cette anecdote,
Rois qui voulez bien peupler vos états:
　Les gens de coeur ne feront pas
　Des esclaves pour un despote.[368]

La thématique politique, ici, n'a rien d'original: c'est la question de la démographie en contexte despotique, traitée théoriquement par bien des auteurs depuis Montesquieu. Nivernais, ayant appris que l'éléphant d'Asie rechigne à se reproduire en captivité, construit autour de cette «anecdote» une narration simple et démonstrative, qu'il applique à la fin aux tyrans, ou plutôt qui lui sert à mettre en garde les souverains contre la tentation despotique. Le postulat implicite est que la force d'une nation est dans sa population, ce qui est une idée tout à fait banale au Siècle des Lumières. L'habileté du fabuliste réside dans les multiples allusions dispersées dans l'apologue, qui organisent la circulation entre la fiction orientale et la réalité du lecteur, depuis la longue parenthèse de connivence satirique du début jusqu'à la place donnée à la notion de liberté pour motiver la stérilité volontaire de l'éléphant, en passant par l'allusion à ce rôle majeur des rois qui est d'assurer leur descendance... Nous avons là, au fond, une fable philosophique et intellectuelle à la manière de La Motte[369], rendue piquante par la nature même de l'anecdote qui en constitue la narration. L'Orient n'y est qu'un prétexte, et l'on sait combien les écrivains des Lumières ont été habiles à utiliser l'alibi un peu ambigu du sérail pour produire des paraboles ou des allégories politiques...

Chez La Fontaine, déjà, la source orientale marquait une inflexion politique du sens des fables à partir du second recueil. *La surabondance de cette inspiration dans la seconde partie de l'histoire de l'apologue des Lumières correspond aussi à une multiplication des apologues politiques*: nous n'y voyons pas forcément une preuve du bouillonnement des idées qui prélude à la Révolution, car dans le détail les leçons très réactionnaires sont peut-être aussi nombreuses que les leçons progressistes. C'est plutôt, à notre avis, un signe que *les sujets moraux généraux découragent les fabulistes*, lassés de répéter à l'infini les mêmes moralités, et qu'*ils se sentent plus originaux*, un peu illusoirement d'ailleurs, *en cherchant à énoncer des réflexions qui les caractérisent en tant que citoyens responsables et intellectuels engagés*: ce faisant, ils obéissent à une mode et à une attente de leur public.

Les fables étrangères constituent donc un immense réservoir de sujets pour les fabulistes après 1770. C'est vraisemblablement l'Allemagne qui est la source la plus féconde: on lui emprunte une foule d'apologues, mais on laisse de côté les théories sur le genre de Lessing, inadmissibles pour des Français dont la pratique, marquée par la réussite de La Fontaine, ne peut pas s'accommoder d'une conception de la fable prosaïque et uniquement morale. En France, la fable doit être un poème. Les sources orientales sont aussi extrêmement pra-tiquées parce qu'elles se prêtent aux leçons politiques. Les Anglais rebutent parfois leurs imitateurs potentiels par leur trop grande prolixité; les Italiens et les Espagnols ne sont découverts très lentement qu'après 1780 et ne deviendront vraiment des sources fécondes qu'après 1800. Surtout, ni l'inspiration antique ni l'invention ne sont effacées par les fables étrangères: *après 1770, les fabulistes français prennent leur bien partout où ils le trouvent.*

CHAPITRE IX
LES NOUVEAUX PÉDAGOGUES

Si les fabulistes pédagogiques des années 1760 étaient des ecclésiastiques et des professeurs de métier, dans la seconde période des Lumières ils ne sont plus forcément des spécialistes: à côté du Père Reyre, ci-devant Jésuite et pédagogue le plus original de son temps, à côté de Mme de Genlis, qui fit de la littérature éducative un métier, on rencontre aussi de simples particuliers, comme le capitaine Haumont ou Antoine Vitallis, qui écrivent essentiellement pour les enfants. Ces quatre noms, parmi d'autres[370], témoignent d'un évident consensus sur l'usage pédagogique de l'apologue: la réponse au Rousseau de l'*Emile* esquissée par Barbe et Grozelier prend la forme d'une prolifération de fables éducatives.

UN PÉDAGOGUE ORIGINAL, LE PÈRE REYRE

Environ deux cents fables, regroupées en sept livres, sont la contribution de Reyre (1735–1812)à l'histoire de l'apologue. Ce Provençal, entré dès sa prime jeunesse dans la Compagnie de Jésus, fit une longue carrière de pédagogue et de prédicateur dans sa région d'origine, même après l'interdiction des Jésuites en France. S'il attendit le soir de sa vie pour recueillir ses sermons, en particulier dans la série des *Prônes nouveaux* (1809) qui fournissent une homélie sur l'Evangile de tous les dimanches de l'année et qui durent venir au secours de bien des prêtres à court d'inspiration, c'est au contraire très tôt qu'il prit rang parmi les auteurs pégagogiques, avec son *Ami des enfants* (1765), qui connut un énorme succès sous sa forme initiale et dans son remaniement de 1786 sous le titre (destiné à éviter la confusion avec l'ouvrage de Berquin qui est cependant postérieur) de *Mentor des enfants*. Ces deux livres contiennent des fables, comme d'ailleurs *L'Ecole des jeunes demoiselles* (1786), et leurs rééditions (jusqu'au milieu du XIX° siècle) atteignent ou dépassent la centaine, qu'elles soient dues directement à Reyre, qui augmenta et remania progressivement ses ouvrages, ou à d'obscurs pégagogues provinciaux (il y a des éditions de Nancy, de Toulouse, de Limoges, de Besançon...).

En 1803, notre professeur se décida à regrouper les apologues dispersés dans ses ouvrages[371] pour en former *Le Fabuliste des enfants* et des adolescents, qu'il compléta avec des pièces nouvelles, le portant au fil des rééditions successives de quatre à sept livres. Ce fut un nouveau succès. La démarche de Reyre est inédite et sa morale irréprochable, même si ses fables ne sont pas des poèmes inoubliables.

UNE DÉMARCHE ORIGINALE
L'Ami des enfants est, au départ, un mince manuel de morale essentiellement appuyé sur l'Histoire Sainte. Le livre se présente un peu comme une longue épître adressée à un certain Théotime (qui devient Théodore dans *Le Mentor des enfants*...) et entremêlée de quelques fables en vers. Reyre s'explique à ce propos:

Quand l'histoire ne m'a pas fourni des exemples, j'ai suppléé à son silence par quelques fables, dont le sens moral avait rapport au sujet que je traitais.[372]

L'apologue est donc une illustration pour le cours de morale, et il convient qu'il soit, sous cet aspect, inattaquable, ce qui conduit le pédagogue à écrire lui-même les fables, devant l'ambiguïté des productions de La Fontaine et de ses successeurs: sur les vingt-quatre pièces de *L'Ami des enfants*, il y en a une du Bonhomme, deux de Richer, et vingt et une de Reyre lui-même. Les fables empruntées disparaîtront du *Mentor des enfants*, l'auteur les ayant refaites à sa manière, en même temps qu'il amplifiait considérablement son cours de morale et écrivait cinquante six apologues nouveaux...

L'Ecole des jeunes demoiselles est aussi un manuel de morale, mais à destination des jeunes pensionnaires. Le pédagogue choisit la forme à la mode du roman épistolaire (le livre est un échange de lettres entre une mère et sa fille, et il comporte une intrigue sommaire) pour rendre ses leçons plus attrayantes, et il a une nouvelle fois recours aux fables (l'ouvrage en contient vingt-deux) pour illustrer des questions de morale pratique qui surgissent au fil de la correspondance.

Le Fabuliste des enfants est de présentation plus conventionnelle: malgré les notes explicatives ou moralisatrices qui se multiplient au bas des pages[373], ce n'est jamais qu'un recueil de fables pédagogiques, avec toutefois un sensible effort pour regrouper les pièces par les leçons qu'elles comportent. Dans la version définitive en sept livres (1806), Reyre a ajouté à la centaine d'apologues composés pour les trois ouvrages précédents une centaine de fables nouvelles. Une intéressante préface reconnaît une dette à l'égard de Fénelon et constate que les grands fabulistes ont cherché à atteindre le public cultivé mais jamais spécifiquement les enfants. C'est particulièrement le cas de La Fontaine, dont le «génie était trop élevé pour pouvoir se mettre à la portée de l'enfance»[374], et dont les moralités sont exprimées de manière trop ambiguë. Le pédagogue se propose donc d'écrire «les fables de La Fontaine mises à la portée des enfants»[375], sans cependant souhaiter rivaliser de génie avec le Bonhomme: il constate modestement qu'un bon professeur de morale a besoin de clarté et de vertu plutôt que d'un grand talent poétique. Surtout, il doit savoir intéresser son public en lui présentant des récits dont les acteurs soient proches de son âge et de ses préoccupations, des enfants «ou les petits des animaux qui ont quelque rapport de ressemblance avec eux»[376]. Enfin, il doit trouver un moyen terme entre la rigueur et la bienveillance.

UNE MORALE IRRÉPROCHABLE

Les leçons du Père Reyre sont variées et nettes et portent sur la plupart des domaines de la morale pratique adaptés à la jeunesse. Voici par exemple la manière dont il conclut une fable sur le danger qu'il peut y avoir à fréquenter de mauvais camarades:

> C'est pour vous, jeunes gens, que j'ai fait ce récit.
> Que cette importante maxime,

Toujours présente à votre esprit,
Dans le choix des amis en tout temps vous dirige.
Le commerce des bons rarement nous corrige,
Mais celui des méchants toujours nous pervertit.[377]

Ailleurs, de façon originale, c'est le juste équilibre entre le travail et les loisirs qui est recommandé, à l'issue d'une narration qui met en présence des «êtres moraux», comme on disait alors:

Quel est le sens de cette fable?
Je vais l'expliquer en deux mots.
Trop travailler ne peut que nuire;
Ne rien faire est encore pire.
Il faut, pour être heureux, savoir joindre à propos
Le repos au travail, le travail au repos.[378]

Cette leçon ne signifie pas que le professeur ne recommande pas l'effort, bien au contraire. Après avoir raconté comment on parvient à apprendre aux serins à siffler un air, il conclut:

On n'apprend rien sans peine et sans application:
Le savoir est le fruit de l'application.[379]

Surtout, Reyre n'oublie pas de préconiser l'obéissance aux enfants, et leur rappelle que si les maîtres sont sévères c'est pour leur bien:

La rigueur d'un maître sévère,
Quand nous sommes enfants, nous choque et nous déplaît.
Mais quand la raison nous éclaire,
Nous voyons qu'elle est un bienfait.[380]

On multiplierait aisément les exemples de ce type de leçons qui témoignent des soucis pédagogiques du fabuliste, et l'on remarquerait que *jamais il ne privilégie la concision aux dépens de la clarté*: il préfère visiblement être un peu long et éviter le risque d'ambiguïté.

La reprise des pièces écrites pour *L'Ecole des jeunes demoiselles* justifie l'abondance des moralités spécifiquement destinées aux élèves du sexe féminin. Cela va des avertissements contre les dangers de la coquetterie à des développements plus ambitieux sur la véritable vertu, en passant par de discrets traits de satire. A l'issue d'une pièce qui met en scène une jeune personne qui a pu croire en écoutant les flatteurs qu'elle était belle et qui est déçue par l'image que lui renvoie son miroir, Reyre constate:

Les femmes rarement peuvent se bien connaître:
On les peint à leurs yeux non pas comme elles sont,
Mais telles qu'elles voudraient être.[381]

Une note explique que l'apologue souhaite mettre en garde les jeunes filles contre les dangers de la louange, mais la pièce témoigne que le fabuliste a une claire conscience du conditionnement social de la femme et qu'il s'emploie à développer chez ses lectrices certaines vertus fondamentales que le jeu mondain dévalorise. C'est que pour lui les véritables qualités ne sont pas celles du corps, mais celles de l'âme, et tout particulièrement la bonté:

> Eût-on la plus rare beauté,
> A plaire on ne doit point s'attendre
> Si l'on n'y joint pas la bonté.[382]

Tout son discours se résume donc à prôner la vertu et l'innocence... Mais cela n'ôte rien à l'intérêt d'un éducateur qui s'incrit dans la lignée du Fénelon de *L'Education des filles*.

Il est un point que Reyre, homme d'Eglise, ne pouvait pas négliger: c'est l'éducation religieuse de son public. Le Père Barbe, avant lui, y avait déjà songé, mais assez timidement. Comme lui[383], l'auteur du *Fabuliste des enfants* pourfend les ennemis de la religion et attaque, dans des textes postérieurs à la Révolution, les Philosophes, qui ont produit du «poison»[384]. L'apologue liminaire de son deuxième livre oppose *La Raison, la Religion et la Philosophie*, et cherche à montrer que cette dernière a corrompu la première en la persuadant que la deuxième l'enchaînait... Conclusion:

> Voulons-nous éviter les malheurs et les crimes
> Où la Philosophie entraîna la Raison?
> Fermons toujours l'oreille à ses fausses maximes,
> N'écoutons que la voix de la Religion.[385]

On l'a compris: *l'édifice pédagogique et moral du Père Reyre, d'une pureté inattaquable, s'articule autour de la conviction profonde de l'ecclésiastique.*

UN POÈTE INÉGAL

Nos citations, déjà, ont souvent montré comment les vertus ou les abstractions fournissaient de nombreux acteurs à Reyre, et l'on sait qu'il est souvent difficile de donner vie à la fable avec de tels personnages. Si l'on ajoute à cela que, versificateur scrupuleux et exact mais sans souplesse, le moraliste n'est guère aidé par le poète, on comprend que le recueil de notre ancien Jésuite ne soit pas prioritairement à considérer sous l'aspect poétique. Mais c'est peut-être encore plus la rançon des intentions que celle du défaut de talent: c'est en tant que professeur de morale et non en tant qu'artiste que Reyre pratique la fable. Cela ressort surtout des nombreuses pièces qu'il emprunte à ses prédécesseurs, pour les adapter à son propos, de La Fontaine à Florian en passant par La Motte ou Richer, et même à ses confrères pédagogues Grozelier ou Barbe... Nous citerons deux exemples de ces réécritures, pour montrer la limite du talent poétique et la netteté des intentions didactiques de l'auteur du *Mentor des enfants*. Dans *La Fourmi et la Mouche*, Reyre refait *La Cigale et la Fourmi*. Vu la célébrité du modèle, il croit nécessaire de se justifier dans une note:

Si j'ai osé traiter ce sujet après l'inimitable La Fontaine, ce n'est pas que j'aie eu la sotte présomption de vouloir en quelque sorte lutter avec lui; mais j'ai cru qu'en développant mieux le sens moral qui résulte de l'action dont il m'a fourni l'idée, j'en rendrais le récit plus utile aux enfants, et j'ai sacrifié mon amour-propre à leur instruction.

On ne saurait être plus explicite sur le défaut des fables du Bonhomme aux yeux d'un pédagogue de profession... Voici la réécriture:

> Une fourmi qui dans son magasin,
> Pour pouvoir en hiver sustenter son ménage,
> Charriait tout le jour du grain,
> Rencontra par hasard une mouche volage,
> Qui, blâmant sottement cette précaution,
> Lui dit: Que fais-tu donc? et quelle est ta folie?
> Nous sommes à présent dans la belle saison,
> Au plaisir elle nous convie;
> Et loin de t'empresser comme moi d'en jouir,
> Tu donnes au travail ce beau temps de la vie!
> Eh! laisse là tes grains, songe à te divertir,
> Et goûte les douceurs que l'été nous présente.
> Le plaisir rend heureux, et le travail tourmente.
> —Votre conseil peut être bon,
> Répondit la fourmi: mais qu'il le soit ou non,
> Ma conduite, je crois, est beaucoup plus prudente.
> L'été ne dure pas toujours,
> Et, le beau temps passé, viennent les mauvais jours.
> Or, si je manque alors de subsistance,
> Vous qui me blâmez tant, viendrez-vous m'en fournir?
> Peut-être, hélas! de faim on vous verra mourir.
> Par mes travaux et par ma prévoyance,
> Contre l'hiver qui doit venir
> Laissez-moi donc me prémunir.
> Pour se mettre à l'abri d'une grande souffrance
> Il faut savoir un peu souffrir.
>
> Si de notre fourmi l'homme avait la prudence,
> Il songerait à l'avenir:
> Et bien loin de donner tout son temps au plaisir,
> Par les travaux de sa jeunesse
> Il se préparerait une heureuse vieillesse.386

On est loin, assurément, de la légèreté fontainienne et de la virtuosité des heptasyllabes du Bonhomme: Reyre, ici comme ailleurs, se contente d'utiliser les trois principaux vers pairs sans en tirer d'effet rythmique particulier. Ses enjambements concernent surtout le verbe introducteur du discours direct, ses césures sont correctes (sauf à inverser de manière un peu lourde le complément de cause dans l'expression *mourir de faim*), ses rimes manquent de qualité comme de variété (surabondance de la rime en -ir). Quant à la narration, elle est très proprement structurée et fort judicieusement conduite à travers le discours direct... Il n'y manque même pas, dans la réplique initiale de la cigale, un trait humoristique à travers une maxime qui exprime une leçon absolument contraire à celle que l'apologue veut véhiculer. Tout cela est soumis à la préparation de la leçon, énoncée par la sage fourmi elle-même à la fin du corps de la fable, qui est déjà fort explicite mais que Reyre trouve judicieux de doubler par une seconde moralité, ainsi qu'il arrive parfois à La Motte de le faire. C'est que le fabuliste-professeur se souvient de la source antique: sa pièce est proche parente de celle de Defrasnay[387] plutôt que de celle de La Fontaine et invite les jeunes gens à travailler pour préparer leur avenir.

Avec *La Carpe et le Carpillon*, c'est Florian[388] que Reyre refait, sans éprouver cette fois le besoin de se justifier:

> Instruite par l'expérience,
> Que dans plus d'une occasion
> La jeunesse se perd faute de connaissance,
> Une carpe disait à son cher carpillon:
> Quand tu verras dans l'eau, du bout d'un long bâton,
> Descendre une longue ficelle,
> Et t'offrir quelque appât friand,
> Garde-toi bien, mon fils, de courir après elle,
> Mais plutôt fuis-la promptement.
> Tout imprudent qui s'en approche,
> A son fer aussitôt s'accroche,
> Et périt misérablement.
> De t'en approcher donc ne fais pas la sottise.
> Le carpillon promit qu'il ne le ferait pas.
> Mais quelques temps après, certaine friandise
> Par ses trop dangereux appas
> Vint allécher sa gourmandise.
> Il vit dans la rivière, au bout d'un hameçon,
> Un morceau qui semblait devoir être fort bon,
> Mais qui cachait le fer dont lui parlait sa mère;
> Et pour pouvoir se satisfaire,
> L'insensé se faisant lui-même illusion:
> Je vois, dit-il, l'appât, la corde et le bâton
> Que ma timide mère a pris soin de me peindre;
> Mais où est donc le fer qu'elle me faisait craindre?
> Je ne l'aperçois pas. Je puis donc sans danger
> Aller tout bonnement manger
> Le morceau friand qui me tente.
> Il le fit tout de suite, et, contre son attente,
> Le pauvre malheureux à l'hameçon se prit.
> Mais avouant sa faute, il dit:
> Le sort que je subis est le juste salaire

Du mépris que j'ai fait des conseils de ma mère,
Pour goûter un plaisir qui m'était interdit.[389]

La versification est ici encore plus prosaïque que dans la pièce précédente: l'enjambement à l'intérieur de la moralité est particulièrement désastreux, la description de la canne à pêche, à force de précision, paraît bien ridicule, comme le sont souvent les tentatives des maîtres pour trop bien expliquer... Reyre, surtout, renonce à la meilleure idée de Florian, qui est de lier sa narration à une inondation qui fait croire aux carpillons qu'ils sont «maîtres du monde». Ici c'est seulement le piège caché dans l'appât qui retient l'attention du fabuliste, puisque la désobéissance produit très exactement le résultat annoncé par la mère, avec une symétrie d'expression appuyée. La moralité finale fait du petit poisson un coupable repentant qui énonce lui-même la leçon en reconnaissant sa faute: on est loin de l'insouciance de Florian, qui ayant évoqué en vers de mètres décroissants la fin tragique de ses carpillons ne rajoute une moralité que pour mieux signifier qu'il n'y a pas à en dire, que la désobéissance est dans la nature des choses. Mais Reyre ne saurait se satisfaire de ce genre de leçon fataliste et ouverte: il est un éducateur, pas un simple observateur des travers de l'humanité. Il veut prévenir et corriger, pas seulement constater. Sa réécriture ne se comprend qu'ainsi. Quant à sa mince réussite poétique, il faut bien lui reconnaître quelques circonstances atténuantes: la fable de Florian est, sans conteste, une des meilleures de cet écrivain, et ce ne sont pas quelques effets rythmiques assez habiles (en particulier au moment où le petit poisson prend l'initiative de désobéir aux consignes maternelles pour se saisir de l'appât «qui le tente») qui peuvent rivaliser avec un tel modèle.

On ne cherchera donc pas l'originalité du Père Reyre dans *son écriture poétique, seulement efficace et correcte*. On ne la trouvera pas non plus dans *ses narrations, claires et didactiques* mais le plus souvent pauvres d'animation par excessif désir de simplicité ou par défaut de personnages suggestifs. On ne la rencontrera pas non plus dans *ses moralités, rigoureuses et nettes* mais sans surprises. C'est seulement dans l'usage nouveau de la fable à l'intérieur d'un discours didactique et moralisateur suivi, c'est-à-dire dans *L'Ami des enfants* ou *L'Ecole des jeunes demoiselles*, qu'on l'appréciera à sa vraie valeur. Les apologues de ce professeur perdent beaucoup à être organisés en recueil conventionnel: leur faiblesse d'écriture et la monotonie de leurs narrations, flagrantes, leur ôtent alors toute séduction.

LES FABLES D'UN PÈRE À SES ENFANTS, ANTOINE VITALLIS

Une centaine de fables, regroupées en quatre livres, constituent la contribution d'Antoine Vitallis (dates inconnues) à l'histoire de l'apologue. Elles sont, avec une brochure de sept pages sur la circulation des assignats, l'unique titre de gloire de cet écrivain mystérieux. Elles eurent un succès certain: la première édition (an III) fut suivie de deux réimpressions (an IV et an V). Il est vraisemblable que leur publication suivit de près la chute de Robespierre.

Le recueil ne manque pas d'originalité: chaque pièce est précédée d'une épigraphe, souvent empruntée à La Fontaine. Les sujets, quant à eux, sont parfois inventés, parfois empruntés à la tradition antique aussi bien qu'aux auteurs étrangers récents. *La majorité des pièces est pédagogique*, ce qui valut au fabuliste l'honneur d'être très tôt cité par les anthologistes, mais d'autres sont violemment critiques à l'égard de Robespierre et de la Terreur.

UN PÉDAGOGUE

Les fables pédagogiques sont, de loin, les plus nombreuses dans le recueil que Vitallis, dès la pièce liminaire du premier livre, destine clairement à ses deux enfants: l'allégorie est fort claire, qui met en scène un groseillier indiscipliné qui ne donne du fruit qu'après l'intervention d'un habile jardinier[390], et que le fabuliste explicite en identifiant l'enfant à l'arbuste et le jardinier à lui-même... Mais déjà l'on aperçoit l'un des travers de notre poète: son explication est longue et bavarde, défaut que l'on retrouvera souvent à l'issue de narrations un peu pauvres et comme écrasées par des moralités trop abondantes. On découvre aussi son goût pour les narrations horticoles: il aime à mettre en scène arbres, plantes et jardiniers...

Les principes de Vitallis sont clairs. Il les exprime dans une pièce programmatique placée sous une citation de Gresset qui en indique avec précision la teneur («Selon l'esprit des gens il faut, pour les mener, les prendre dans leur sens»). Voici *Le Père et le Maître d'école*:

> Un magister, de la commune espèce,
> C'est-à-dire, bien sot, bien vain, bien ignorant,
>   Se plaignait de voir son adresse,
>   Dans l'art d'élever la jeunesse,
>   Mise en défaut par un enfant.
>   Votre fils, disait-il au père,
>   Annonce un mauvais caractère;
>   J'ai beau, du matin jusqu'au soir,
>   Lui donner blanc, quand il veut noir,
> Et me montrer en tout à ses désirs contraire,
> Rien n'y fait, ce qu'il veut, il me le faut vouloir:
> Et ce que je défends, il s'obstine à le faire:
> En vérité, monsieur, j'y perds tout mon savoir.
> Le père, homme de sens, ne put à ces paroles,
>   Se retenir de hausser les épaules;
> Puis, appelant son fils, qui, près de là, jouait,
>   Avec son sabot qu'il fouettait:
>   Çà, lui dit-il, à mon tour la courroie.
>   Et la prenant de la main du marmot
>   Il en assomme le sabot.
>   Le pédant alors, tout en joie,
> De s'écrier: Fouettez donc comme il faut:
> Vous frappez à rebours. —Et vous, monsieur le sot,
>   Repartit le père aussitôt,
>   Faites-vous d'une autre manière?
>   Quand la nature à mon enfant

Inspire d'aller en avant
Pourquoi le pousser en arrière?

Diriger sans contrarier,
C'est le plus sûr à l'égard de l'enfance:
La contrariété produit la résistance;
Qui résiste une fois ne voudra plus plier;
Cet état est sans espérance;
Tout ce qu'on fait pour le changer
Décourage l'enfant, loin de le corriger;
Le découragement entraîne l'ignorance,
Et celle-ci l'ennui de l'existence;
Ce n'est pas le moindre danger.[391]

Il serait difficile de nier que cette fable n'est pas une grande réussite formelle: la narration est banale, l'usage du dialogue n'a rien de saillant, la versification manque de souplesse. Ce qui retient l'attention, c'est l'intéressante indication de ce qui, vraisemblablement, a conduit Vitallis à s'instituer lui-même pédagogue: la défaillance des spécialistes dans leur propre partie. La narration cherche donc à illustrer la démarche des éducateurs, qui va à l'encontre de la nature des jeunes gens et qui les conduit inéluctablement à se cabrer. Elle propose d'autre part, à travers l'image du père qui se saisit du jouet de l'enfant pour s'en amuser à son tour (le sabot est un jouet de bois qu'on fait pirouetter à l'aide d'un fouet), une attitude explicitement contraire, qui épouse les penchants de l'enfant pour mieux les réguler. Surtout, elle comporte, sous la forme d'une faute volontaire du père qui fouette le sabot à l'envers, un piège tendu au magister qui ne peut s'empêcher de corriger ce geste défectueux et s'attire alors la réponse qui prélude à la moralité et qui stigmatise l'erreur de son attitude d'éducateur. La leçon est développée longuement, sous forme d'un raisonnement par accumulation assez maladroit, mais le sens est parfaitement clair, et la prise de position originale.

L'essentiel des sujets pédagogiques du recueil s'y conforment relativement bien, et prouvent que Vitallis, comme son contemporain Florian, estime avec fatalisme qu'on ne peut guère influer sur la destinée des hommes. Dans *Les deux Moucherons*, un éducateur, qui croit avoir garanti son élève de toutes les embûches de la vie, n'a en somme oublié que cela, que synthétise une citation latine d'Horace en épigraphe (On a beau être prudent, on ne l'est jamais assez):

Un bon père moucheron
Vieux, au moins, d'une semaine,
A son fils, naissant à peine,
Fit un jour cette leçon:
Garde-toi de l'hirondelle
Qui nous poursuit sans repos;
D'*Arachné*, non moins cruelle,
Evite bien les réseaux;
N'approche jamais des eaux
Où la carpe, en sentinelle,

Nous guette dans les roseaux.
A ces mots on se sépare:
Le père bien convaincu
D'avoir tout dit, tout prévu
Pour que son fils ne s'égare,
Et le fils ayant promis,
En garçon prudent et sage,
De ne se mettre en voyage
Que lorsque ses ennemis
Seraient tous bien endormis.
A peine la nuit vint-elle
Que le jeune moucheron
Prit l'essor, et fut, dit-on,
Se brûler à la chandelle.

Les pères ont beau prêcher
Et les enfants ont beau faire:
Le mal nous vient d'ordinaire
Par où l'on croit l'empêcher.
Route droite ou détournée,
Toujours au but nous conduit;
On trouve sa destinée
Alors même qu'on la fuit.[392]

La fable n'est pas d'une particulière qualité poétique, malgré le choix original de l'heptasyllabe (le vers de «La Cigale et la Fourmi»). La narration est simple, mais dans son principe originale: un pédagogue ordinaire aurait averti le jeune moucheron des dangers de la chandelle, l'enfant aurait désobéi et se serait brûlé les ailes... Le père Reyre a d'ailleurs traité le sujet ainsi[393]. Vitallis, lui, met l'accent sur l'avertissement oublié, et c'est pour avoir trop bien obéi à son père que l'insecte meurt carbonisé... Est-ce à dire que toute pédagogie soit vouée à l'échec? Non pas: mais il faut comprendre qu'une éducation, aussi parfaite soit-elle, ne met pas à l'abri des incidents inscrits dans la nature des choses: c'est sans doute pour cela qu'un maître prudent et sage doit se contenter de canaliser les penchants de l'enfant, plutôt que de les contrarier par des multiples interdits. Dans ce cas, il eût mieux valu que le père veillât sur son fils au bon moment, plutôt que de l'avoir garanti par des discours théoriques qui se révèlent inutiles.

En somme, quelles que soient les faiblesses de ses sujets et les platitudes de son écriture, en dépit même de la maladresse de son discours moralisateur souvent contourné et trop abondant, *Vitallis n'est pas un pédagogue tout à fait ordinaire*: c'est peut-être, après tout, parce qu'il ne fait pas métier de l'éducation et qu'il tire ses leçons de l'expérience familiale, essentiellement différente évidemment de celle du professeur face à ses élèves.

UN POLÉMISTE

On est surpris, dans le contexte d'un recueil essentiellement pédagogique, de rencontrer des fables totalement différentes des autres, qui révèlent *un écrivain doué d'un réel talent de polémiste.* Visiblement, ces pièces ont été écrites fort peu de temps[394] avant la publication de l'ouvrage, à un moment où il ne faisait assurément pas bon oser tenir tête à Robespierre et à sa clique: eussent-elles été publiées sans le 9 Thermidor? Probablement pas. Vitallis n'hésite pas à défendre, dans *Les Frelons et les Abeilles*, des idées absolument réactionnaires qui remettent en cause le dogme républicain de l'égalité:

> Les frelons un jour s'assemblèrent,
> Et le plus fou de la bande leur dit:
> C'est pour vivre, sans contredit,
> Que les destins nous créèrent:
> Ceux d'entre nous cependant
> Qui résistent à la froidure
> Meurent de faim le plus souvent,
> S'ils n'attrapent à l'aventure
> Quelques bribes de miel. Certes, dame Nature
> Ne traite pas son monde également!
> Les abeilles ont tout: bon gîte et nourriture,
> Tandis que nous manquons de tout absolument.
> Les frelons, à ces mots, d'une voix unanime,
> Convinrent que ruches et miel,
> Etant un doux présent du ciel,
> S'en emparer, était un acte légitime.
> Ce projet fut exécuté:
> Les trésors de la ruche amassés avec peine,
> La cire du printemps et le miel de l'été,
> Tout fut pillé, détruit, mangé dans la semaine.
> L'hiver survint: il gela fort:
> Plus d'abri; plus de miel; plus d'aide à l'infortune;
> Abeilles et frelons eurent le même sort,
> Et nul n'y gagna que la mort
> Qui fit deux récoltes pour une.
> Il est de ces frelons en un certain pays
> Pour qui cette leçon peut-être sera bonne:
> Comment, en prenant tout, veulent-ils qu'on leur donne?
> Hélas! quand ils auront tout pris,
> Les riches seront gueux, les grands seront petits;
> Ils seront tous *égaux* en demandant l'aumône,
> Et le froid ni la faim n'épargneront personne.
> Ce n'est point là l'*égalité*
> Que la philosophie avoue.
> Est-ce ma faute à moi si votre nullité,
> Ou la fortune qui se joue
> De l'homme et de sa vanité,
> Vous met tout au bas de la roue,
> Tandis que mon travail et mon activité
> M'élèvent à la sommité?[395]

Assurément, dans cette fable encore, l'éclaircissement de l'allégorie demeure trop long. Mais le sujet, visiblement, donne à Vitallis des qualités que ses pièces pédagogiques ne pouvaient pas laisser espérer. La narration est habile, avec une présentation des frelons qui représenteront les républicains judicieusement orientée de manière négative sur le ton de la polémique (celui qui soulève les masses est *fou*...) et un discours de la part du meneur où les emprunts à la phraséologie extrêmiste sont discrets mais perceptibles (la révolte est *légitime*). L'évocation, à la fin du corps de l'apologue, de l'apocalyptique résultat du pillage des frelons, ne manque assurément pas de vigueur. De la vigueur, on en retrouve à la fin de la moralité, où le je du narrateur n'hésite pas à se mettre rhétoriquement en scène pour mieux scander le propos.

L'apocalypse de la Terreur inspire au fabuliste des pages émouvantes, dans une pièce longue et complexe qui narre comment un colombier est la proie d'une épervier sanguinaire. Le maître croit protéger ses pigeons en les empêchant de sortir, mais le rapace s'avise qu'une taupe s'est ouvert un chemin sous les grilles et y introduit les rats, ses complices. Les rongeurs dévorent tout le grain, contraignant les oiseaux à quitter leur refuge pour subir la violence de l'épervier. Le maître ne parvient à ramener l'ordre qu'en sacrifiant taupes, rats et pigeons pour atteindre le rapace cruel[396]. Sans chercher, cette fois, à éclaircir l'allégorie, Vitallis s'indigne de belle manière dans sa moralité:

> *Innocents* que l'on sacrifie,
> Sans doute vous serez vengés;
> Vos *assassins* seront jugés;
> Mais leur trépas vous rendra-t-il la vie?
> Vous rendra-t-il à vos parents?
> Vous rendra-t-il à la patrie?
> Las! des maux que font les méchants,
> Les traces restent bien longtemps!

L'éloquence est incontestable, motivée par une évidente sincérité. Ailleurs, fort habilement, pour illustrer l'idée que l'abolition de la monarchie aboutit à multiplier les tyrans sous prétexte de l'élimination d'un seul, le fabuliste refait le sujet ésopique, déjà traité par La Fontaine, des «Grenouilles qui demandent un roi». *Le Brochet et les Goujons* [397], c'est le titre de la pièce, raconte comment les petits poissons se débarrassèrent de leur tyran sanguinaire pour sombrer dans l'anarchie la plus totale... Jupiter, appelé à la rescousse, les abandonne à leur désordre en leur rappelant, dans la droite ligne des doctrines de Hobbes, que la loi du plus fort est dans la nature et qu'elle est garante de l'ordre et de la bonne marche des sociétés.

Mais la plus grande réussite de Vitallis dans la polémique contre-révolutionnaire est *La République du Tigre*, fable dont la cible est à l'évidence Robespierre:

> Un tigre furieux, bien altéré de sang,
> Du roi lion parvint à se défaire,
> Et puis encor de l'éléphant,

Du léopard, de la panthère:
Tout ce monde-là ne vaut rien,
Disait-il, pour ma république,
Bon pour un état monarchique,
Dont sa force fait le soutien!
Mais ici, le plus faible est ce qui me convient.
Quant à l'ours, (le sournois est là qui me contemple)
Il faut aussi l'expédier;
Joignons-y le mouton, le porc et le sanglier;
Leur embonpoint est de mauvais exemple.
Je n'aime pas le chat, il est trop familier;
Le chien trop bon ami... cette espèce me gêne.
Pour le boeuf, le cheval, le mulet et le renne,
Grands travailleurs de leur métier,
Je n'en veux pas... A quoi bon tant de peine?
On vit de rien à la républicaine!
D'ailleurs on prend: c'est plus tôt fait,
Tout n'est-il pas commun? le grand point, on le sait,
Est d'envoyer *là-bas* toute bouche inutile:
Il est mille moyens pour cela... *qu'on connaît...*
Rien ne me sera plus facile...
Poursuivons l'examen de ce qui me déplaît:
Le renard est trop fin, le singe trop habile;
Ce n'est point encor là mon fait;
Le cerf est si craintif! il m'embarrasserait;
Et que faire de cette clique
De doucereux et de savants?
Ce n'est qu'une peste publique:
Il ne me faut que de ces gens
Ou bien *bêtes*, ou bien *méchants*...
Comme le loup et la bourrique.
Ce tigre était grand politique,
On le voit bien! mais le chien qui veillait,
L'oreille au guet,
Peu touché de sa rhétorique,
Aidé de ses amis, vous l'étrangle tout net
Au beau milieu de son projet.

Ici finit la chronique
Où j'ai déterré ce fait:
Livre, *de la république*,
Chapitre, *du pot au lait*.[398]

La fable dépeint, sous l'habit du tigre, Robespierre éliminant un à un les
«ennemis de la république», les «aristocrates», comme on disait en ces temps
troublés. Le portrait est d'une acuité rendue féroce par la lucidité de l'analyse, et
chaque trait porte, qui stigmatise la dérive despotique du gouvernement de salut

public. L'incorruptible devient un tyran entouré seulement de loups et de bourriques, qui finit lamentablement étranglé par un chien. L'apologue est-il antérieur à la chute de Robespierre? C'est impossible à déterminer. Quoi qu'il en soit, la virulence de la charge est extrême, et la conclusion la renforce en signifiant que le destin d'un tel régime est forcément l'échec.

Le recueil de Vitallis est donc surprenant: le pédagogue, malgré une réelle originalité due au désir, précisément, d'écrire des leçons qui ne soient pas celles des professeurs (supposés ne rien comprendre à l'enfance), déçoit par la pauvreté de ses récits et le bavardage embarrassé de ses leçons, mais le polémiste contre-révolutionnaire révèle un talent vigoureux appuyé sur un engagement convaincu[399].

MME DE GENLIS, PÉDAGOGUE ET BOTANISTE

Est-ce pour imiter Mme de Villedieu que Mme de Genlis (1746–1830) ne composa que dix-huit fables? Le mince recueil, qui s'inscrivait au départ dans un projet plus vaste[400], parut en 1799 sous le titre d'*Herbier moral*. Ce n'est qu'une étape, mineure au demeurant, dans la carrière littéraire et pédagogique de la comtesse, à laquelle on doit des romans (*Adèle et Théodore*, 1782; *Les Mères rivales*, 1802; *La Duchesse de La Vallière*, 1804; *Alphonsine ou la tendresse maternelle*, 1806; *Le Siège de La Rochelle*, 1808), quantité de contes et de nouvelles (*Mlle de Clermont*, 1802), et un *Théâtre d'éducation*, qui pourrait bien être la partie la plus vivante de son oeuvre immense, couronnée par les *Mémoires* (1825), qui en sont la partie la moins oubliée.

Mme de Genlis fut pédagogue de profession, précisément préceptrice des enfants du duc d'Orléans, avant la Révolution. Dans son *Herbier*, elle se propose, en évitant soigneusement les personnages animaliers, qui conduisent souvent La Fontaine à présenter «des tableaux révoltants» par leur violence et leur cruauté, «des images atroces et dégoûtantes»[401], de puiser ses apologues dans le règne végétal[402]:

> Il me semble que depuis La Fontaine, on n'a pas assez profité pour ce genre des connaissances répandues en histoire naturelle et en botanique.[403]

Ainsi seront exclus les sujets litigieux, sans pour autant qu'il soit difficile de faire des fables: en effet, les plantes ont des «caractères distinctifs» qui rendent très plausible «le langage» qu'on souhaite leur prêter:

> J'ai tâché de faire parler mes plantes conformément à leur nature réelle ou poétique, et j'ai voulu surtout que chaque fable eût un résultat véritablement moral.[404]

Telles sont les ambitions, limitées, de son mince recueil: elle n'a pas la fatuité de se croire douée pour la poésie et laisse à l'appréciation de son lecteur la mesure de son talent en ce genre.

La lecture de l'*Herbier moral*, en effet, ne nous révèle pas un grand poète, mais *un versificateur appliqué et soigneux*. Le pédagogue, quant à lui, ne peut pas toujours cacher qu'il a connu les années difficiles de l'émigration et qu'il porte un regard critique sur la Révolution[405], mais il se restreint en général aux sujets de sa spécialité, qu'il traite *de manière un peu bavarde mais assez personnelle*. A titre d'exemple, on citera *La Rose blanche antée sur le Houx*, apologue qui cherche à avertir les parents de consulter les penchants de leurs enfants avant de leur imposer le mariage:

> Sur le houx sombre et piquant,
> Est-ce toi que je découvre,
> Et qui péniblement entrouvre
> Un calice languissant?
> Toi jadis l'ornement des corbeilles de Flore,
> Toi rivale du lys jaloux de ta blancheur,
> Qu'est devenu l'éclat de ta douce fraîcheur?
> Dis-moi quel destin que j'ignore,
> Sur cet arbre étranger te fixe tristement;
> Dis-moi quel malheur si pressant
> Te reverdit et décolore
> De ton disque argenté l'émail éblouissant.
> Ainsi parlait une rose attendrie,
> A sa soeur pour toujours unie
> Au triste houx, dont l'aspect repoussant
> Effraie Iris, Aminte, et même le passant.
> —Hélas! répond la fleur infortunée,
> Pour le bonheur sans doute j'étais née,
> Mais l'avarice a causé mon tourment,
> Et sans consulter mon penchant,
> Un cruel jardinier, trompant mon espérance,
> Forma la funeste alliance
> Qui me lie et m'enchaîne à cet arbre odieux!
> Malgré mon destin rigoureux,
> Je ne maudirai point l'auteur de ma souffrance;
> Je me souviens encor qu'aux jours de mon enfance
> Il prodigua des soins touchants et généreux.
> Mais je désire au moins que mon sort déplorable
> Soit une leçon profitable
> Pour les jardiniers orgueilleux,
> Qui puisse réprimer en eux,
> D'une cupidité coupable,
> Les vains désirs ambitieux.
>
> Pères, parents, c'est à vous que s'adresse
> De ce discours le véritable sens;
> Sachez le méditer. Toujours pour vos enfants,
> Pour leur hymen consultez la tendresse,
> Assortissez et les moeurs et les goûts,
> Et n'unissez jamais la rose avec le houx.[406]

Le soin apporté par Mme de Genlis à la versification est manifeste: le mètre est varié et l'on relève, outre d'assez nombreux décasyllabes, quelques heptasyllabes au début; le rythme est assez élaboré avec un usage fréquent de l'enjambement. La narration, avec son début au discours direct *ex abrupto*, n'est malheureusement pas très adroite: l'abus des tournures expressément poétiques (épithètes, périphrases) dans l'intervention initiale, qui se veut sans doute émouvante et sensible, paraît assez peu naturel. De même, quand le fabuliste intervient pour l'exposition retardée, le chevillage est flagrant. La répartie de la malheureuse rose mariée contre son gré au houx «repoussant» souffre du même défaut que la première réplique: elle manque de naturel. Surtout, elle ne comporte guère d'indications qui puissent nous orienter vers le décryptage du sens, qui a trop besoin d'être éclairci dans la section de moralité. La leçon amène à une relecture du corps de l'apologue qui en fait percevoir la maladresse: pourquoi avoir tant insisté sur l'«avarice» et la «cupidité» du jardinier si les parents concernés par l'avertissement ne sont pas explicitement de ceux qui marient leurs enfants par intérêt? Pourquoi, encore, avoir terminé la répartie de la rose mésalliée par une protestation de respect à l'égard des parents coupables alors qu'un mouvement vif de révolte eût été plus vraisemblable? L'idée de la fable est originale, mais sa réalisation est très décevante: la cohérence n'est pas bonne, l'application poétique est trop voyante, la narration quoique sommaire n'est pas bien centrée... au point qu'une donnée de base simpliste semble traitée de manière bavarde.

On en retiendra que *Mme de Genlis, malgré une réelle personnalité de pédagogue, n'est pas à l'aise dans le genre bien particulier de l'apologue*. La langue des vers ne lui est par naturelle, même si d'ailleurs on lui doit quelques pièces très courtes[407] assez heureuses. Elle dut en prendre conscience, puisqu'elle n'alla pas plus loin que les dix-huit fables de l'*Herbier moral*.

LE CAPITAINE HAUMONT, MILITAIRE RECONVERTI EN PÉDAGOGUE

Cent trente cinq fables regroupées en huit livres constituent la contribution de Jean-François Haumont à l'histoire de l'apologue et son seul titre de gloire littéraire. Son recueil de *Fables*, publié en 1800, comporte une dédicace enthousiaste au «Général Premier Consul» et une préface, en tête du premier livre, qui nous apprend que l'auteur a fait carrière dans la Marine avant de devoir se retirer aux Invalides couvert de graves blessures qui témoignent qu'il a «payé à son pays le tribut que tout bon citoyen lui doit»[408]: il avait, dit-il, plus de cinquante ans lorsqu'il a songé à réunir ses fables, dont il semble qu'un certain nombre aient été rédigées avant la Révolution. Le livre est destiné «aux jeunes personnes des deux sexes», et Haumont a souhaité se mettre à leur portée:

> J'ai toujours remarqué que les enfants et les adolescents écoutent avec intérêt le récit des fables, pourvu qu'elles ne soient pas hors de leur portée. Cette considération m'a fait appliquer à mettre dans les miennes la simplicité du sujet, du style, avec la clarté et la précision dont j'ai été capable.[409]

C'est donc leur suffrage qu'il brigue. Il le mérite, généralement. *Ses narrations, en dépit d'une trop grande prolixité, sont souvent vivantes et naïves*, utilisant avec prédilection le personnel animalier traditionnel plutôt que les froides abstractions, jouant avec un certain talent sur la variété des mètres et des rythmes, pour aboutir à *des leçons bien frappées* et exemptes du défaut, courant chez les pédagogues, du développement bavard: on en trouvera la preuve dans les fréquentes citations qu'en fait l'auteur du *Citateur des fabulistes*[410]. Voici quelques exemples de ces moralités faciles à mémoriser, qui donnent une assez bonne idée de la variété des thèmes choisis par le moraliste:

Heureux qui voit ses torts! L'adversité rend sage.
Point d'orgueil; ne traitons personne avec mépris,
Et dans tous les états faisons-nous des amis.[411]

La force veut soumettre, et feint de protéger.
La vertu, la candeur, savent persuader.[412]

Pour assurer votre existence,
Et pour éviter le malheur,
Défiez-vous de force et de grandeur,
Comptez plutôt sur la prudence.[413]

Défions-nous des gens aux grands airs d'importance:
Leurs cerveaux, le plus souvent,
Ne renferment que du vent.[414]

Songer à ses amis dans un péril extrême,
C'est fort bien, mais il faut s'en garantir soi-même.[415]

Le caractère dominant de ces formulations, c'est leur aspect pratique: rarement, chez Haumont, le précepte n'est que théorique... Le vieux soldat est réaliste: *son expérience n'est pas livresque, elle est concrète.*

Nous avons dit plus haut[416] qu'Haumont avait emprunté certains sujets à l'Italien Roberti, mais sur l'ensemble de son recueil, les pièces inventées semblent l'emporter de beaucoup sur les pièces imitées: on a affaire *plutôt à un poète nourri de souvenirs ponctuels qu'à un investigateur systématique des fonds antérieurs*, assurément à un artiste capable de déguiser ses emprunts en s'écartant suffisamment de ses éventuels modèles pour paraître ne rien leur devoir d'essentiel. Et même lorsqu'il n'est pas très éloigné de ses sources, il parvient à s'approprier les sujets de façon convaincante. C'est le cas pour *Les deux Carpes*, qui entretient d'étroites relations avec «La Carpe et les Carpillons», de Florian[417]:

Jadis, une carpe très belle,
Se prit à l'appât d'un pêcheur.
Cependant, par un grand bonheur,
Prête d'entrer dans la nacelle,
Elle glisse, elle échappe aux mains de son vainqueur,
Se sauve au fond de la rivière,

> Promettant bien de finir sa carrière
> Sans toucher à l'appât trompeur
> Qui pensa faire son malheur.
> Un jour qu'elle contait sa funeste aventure
> A sa plus jeune soeur, en montrant la blessure
> Qu'elle reçut près du menton
> Du traître et perfide hameçon,
> Cette soeur répondit: Vous plaisantez, ma chère!
> Vous, suspendue en l'air, par le menton?
> Ce conte est de votre façon;
> La chose est impossible, et n'est qu'une chimère.
> —Comme il vous plaira, mon enfant:
> Si le cruel m'offre encor son présent,
> Je me garderai bien d'y tâter davantage.
> Mais que vois-je? tenez, je gage
> Que c'est toujours ce mets qui me parut si bon,
> Que le méchant m'offrait au bout de son bâton.
> En effet, le pêcheur avait jeté sa ligne.
> —Que ce morceau paraît charmant!
> Dit la cadette; assurément,
> De notre mère il serait digne.
> —Gardez-vous d'y toucher, ma soeur.
> —Pourquoi donc? moi, je n'ai pas peur:
> Non, ma soeur, vous avez beau dire,
> Je ne crois pas du tout votre conte pour rire;
> Je ne manquerai pas le régal excellent
> Que le hasard m'offre dans ce moment.
> Puis, n'écoutant plus rien, cette jeune obstinée
> S'élance, est prise, meurt, subit sa destinée.
> Abusant de sa liberté,
> La trop sémillante jeunesse
> Croit toujours voir l'austérité
> Dans les conseils de la sagesse.[418]

On pourrait considérer que cette fable est une tentative réussie pour mettre l'original de Florian à la portée des enfants... Haumont, en effet, loin de négliger comme le poète languedocien le sens moral de l'apologue, l'explicite de façon claire à la fin de sa narration. Surtout, il trouve le moyen, en exposant le sujet, de donner du poids à l'expérience de l'aînée des deux carpes en lui prêtant une mésaventure dont elle a su tirer la leçon: la donneuse de conseils n'est donc pas une vieille «radoteuse», comme chez Florian, mais une personne de bon sens qui sait de quoi elle parle. Le fabuliste, avec habileté et humour, met ce premier personnage en situation de donner une bonne leçon à sa cadette qui refuse de la croire sur parole: leur échange est vif et amusant. Sa conclusion, attendue, même si elle n'a pas l'habileté rythmique de celle de Florian, qui utilise à cet endroit des mètres progressivement raccourcis, ne manque pas de vigueur. La pièce est versifiée avec facilité, un rien de négligence: on ne sent pas l'effort, et l'on se dit qu'à défaut d'un grand génie le poète a un vrai talent, même s'il abuse un peu des rimes suivies.

Parmi les pédagogues qui fleurissent dans la seconde partie de la période des Lumières, c'est donc ce capitaine-invalide qui donne à lire le recueil globalement le plus séduisant, par la constante adéquation entre des récits vivants, versifiés avec une certaine aisance mais sans recherche, et des moralités saines. C'est sur ce point précis de l'écriture que ses contemporains présentent le plus de défauts: Reyre, auquel on ne peut nier l'originalité de sa conception du rôle même de la fable au service d'un discours didactique qu'elle étaye et illustre, n'est jamais poète. Mme de Genlis, malgré le choix original d'acteurs végétaux, n'a pas non plus de talent à faire valoir en ce domaine. Vitallis, qui se révèle capable de beaux mouvements quand il s'agit de polémiquer contre les Révolutionnaires, n'imagine que des narrations froides et figées dans ses apologues pédagogiques, qui sont l'essentiel de son recueil. Aucun des trois ne parvient à trouver un équilibre entre ses objectifs didactiques et les exigences de la fable poétique. Haumont, sans avoir produit de véritable chef-d'oeuvre, y arrive parfois, un peu comme le Père Barbe dans les années 1760: c'est en somme un assez beau titre de gloire pour un écrivain amateur totalement oublié.

CHAPITRE X
LES FABULISTES NARRATIFS

A une époque où la question de la poétique de l'apologue passe au second plan, il n'est guère étonnant que certains auteurs, s'en tenant cavalièrement à quelques principes simples empruntés à La Fontaine, qui sert d'excuse commode au refus de toute théorisation, aient décidé de faire passer le conte avant le précepte. Nous avons choisi, pour illustrer cette catégorie de fabulistes, trois exemples qui montrent, entre autres choses, l'extrême difficulté à classer des écrivains qui produisent des fables sans réfléchir sur le genre: le premier est celui de l'abbé Le Monnier, qui par sa profession aurait dû entrer dans la série des pédagogues, qui l'est en effet par certains aspects, mais qui laisse ses narrations s'éparpiller comme des contes; le second est celui de Boisard, qui semble souvent se soucier fort peu de la moralité de ses récits, pourtant en général assez brefs; le troisième est celui de Du Tremblay, qui s'enorgueillit d'avoir été un lointain parent de La Fontaine.

L'ABBÉ LE MONNIER

Quarante quatre fables, mais parfois très longues, constituent la contribution de Guillaume-Antoine Le Monnier (1721–1797) à l'histoire de l'apologue. Cet ecclésiastique fit une carrière pastorale variée: il fut un temps chapelain de la Sainte-Chapelle, puis responsable d'une cure dans sa Normandie natale, enfin attaché à la Bibliothèque du Panthéon. Savant latiniste, il traduisit les comédies de Térence et les *Satires* de Perse (1771): ce dernier ouvrage retint l'attention de Diderot. On lui doit encore une comédie.

Ses *Fables, contes et épîtres* parurent en 1773. Le recueil est précédé d'un discours d'une vingtaine de pages qui, pour l'essentiel, cherche à démontrer l'inutilité de toute poétique de la fable en tournant en ridicule ceux qui ont essayé d'en élaborer une[419]. Le Monnier y témoigne aussi d'une révérence très cavalière à l'égard de La Fontaine, «modèle» étouffant pour les écrivains[420] qu'il critique, comme tous les pédagogues, sur l'imparfaite moralité de ses apologues. Il y indique enfin que *ses fables ont été écrites pour le plaisir à destination des enfants, sans souci du style ni de l'organisation*, et prend les devants pour prévenir les critiques qui ne manqueront pas de lui reprocher ses négligences et ses incorrections. En somme, il s'y affirme pédagogue mais libre de toute règle.

C'est cette liberté qui retient l'attention à la lecture: les fables de Le Monnier ressemblent peu à celles de ses contemporains et rappellent plutôt *les contes familiers ou les fabliaux populaires médiévaux*: elles sont largement développées, narrées avec une facilité relâchée et un évident dédain pour les considérations formelles. Elles empruntent leurs sujets, peu conventionnels, à des anecdotes dont le fabuliste prétend avoir été le témoin: *ce sont des «choses vues», pas des apologues au sens habituel du terme*. Voici, à titre d'exemple, une pièce qui transporte le lecteur en Normandie un jour de foire. Le fabuliste s'est glissé dans la foule et a assisté à l'embauche des filles de ferme... C'est *La Foire de Briquebec*:

> Le bourg de Briquebec est un assez gros bourg
> Peu distant de Vallogne, un peu plus de Cherbourg.
> Dans ce bourg, tous les ans à la fête Sainte Anne,
> Il se tient une foire, où filles et garçons,
> Le bouquet au côté, viennent des environs
> Se louer pour un an. On y voit sur son âne
> Arriver le fermier, les nobles à cheval,
> Et les curés aussi. Chacun vient le moins mal
> Qu'il peut. Tous ont dessein de faire bonne emplette,
> L'un d'un maître valet, l'autre d'une fillette.
> Il s'y rencontre encore, et ce n'est pas tant mieux,
> Nombre de freluquets faisant les petits-maîtres
> Comme on l'est au pays; en frac, en fines guêtres
> De coutil blanc; leur canne est un bâton noueux.
> Boire, mentir, jurer, lorgner toutes les filles,
> Baiser en ricanant celles qui sont gentilles;
> Si l'oncle ou le cousin en semblent mécontents,
> Les assommer: voilà les plus doux passe-temps
> De ces petits messieurs. Avec de telles gens
> Un homme un peu sensé jamais ne se faufile.
>   Aussi je leur tournai le dos,
>   Et je trouvai plus à propos
>   D'aller me fourrer dans la file
>   Des curés et des bons fermiers.
> Ils vont de rang en rang pour chercher leur affaire:
> Combien le bouquet? —Tant. —Vous me paraissez chère.
> —Mais aussi je suis forte. —Et que savez-vous faire?
> —Je sais traire une vache, épandre les fumiers,
> Bêcher, faner, gerber, et tout le gros ouvrage
>   D'une ferme. —Quel âge?
>   —J'aurai, viennent les Rois,
>   Vingt ans, pas davantage.
> (D'autres disaient dix-huit, ou vingt-deux, ou vingt-trois,
> Plus ou moins, c'est selon). —Etes-vous fille sage?
> —Demandez à ma tante. —Elle? c'est un démon;
>   Malheur à tout pauvre garçon
>   Qui pour la chiffonner s'approche;
>   Il est plus sûr d'une taloche
> Que d'un baiser. —C'est bon. Voyons les mains. —Tenez,
>   Voyez, tâtez, examinez.
>   On les tâte, on les examine
>   Avec plus de soin que la mine.
> Quelques jeunes curés y regardaient pourtant,
> Mais très modestement, et sans faire semblant

D'y regarder. La main est le point important,
     C'est à celui-là qu'on s'attache.
A part moi je me dis: Il faudra que je sache
La cause de ce fait qui me semble étonnant.
A l'un des vieux fermiers en riant je demande
     Si parmi la race normande
     Le mérite est au bout des doigts.
     A ce discours, le villageois,
     D'un ton malignement sournois,
Me répond: Vous venez, comme je puis comprendre,
     Du bon Paris en Badaudois;
C'est là qu'on est savant! mais je vais vous apprendre
Ce qu'à Paris jamais vous ne pourriez savoir:
     Quand je viens louer une fille,
C'est afin qu'elle m'aide à bien faire valoir.
     Belle, laide, ou gentille,
A votre avis, Monsieur, que cela me fait-il?
     La beauté n'est pas un outil
     Nécessaire dans mon ménage.
     Ce sont les mains qui font l'ouvrage,
     Aussi je regarde à la main.
     Quand elle est dure et bien calleuse,
          C'est un signe certain
Que celle qui la porte est bonne travailleuse
Si jamais vous prenez ou servante ou garçon,
     Souvenez-vous de ma leçon.
—Grand merci, mais jamais je n'aurai domestique
Aucun, je me sers seul. —Tant mieux, c'est un bonheur.
Avez-vous des amis? —Beaucoup, et je m'en pique.
—Et bien, pour les connaître employez ma rubrique.
—Quoi, leur tâter les mains? —Oh que non, c'est le coeur
Qu'il faut examiner pour savoir si la pâte
En est bonne. —Fort bien; mais dites-moi comment.
—Confiez un secret, empruntez de l'argent,
     C'est par ces endroits qu'on les tâte.[421]

De cet étonnant récit, on voit bien les qualités: il est extrêmement vivant, parce que le narrateur y intervient en tant que témoin comme en tant que personnage et qu'il cherche à restituer avec le maximum d'exactitude les paroles entendues et prononcées. Il est aussi très pittoresque dans la longue description de la kyrielle des paysans qui fréquentent la foire, judicieusement caractérisés par des détails qui les croquent. Bref, il a tout d'une anecdote vécue et fidèlement rapportée, avec un grand sens de l'observation et une pointe d'humour. Au revers, les défauts ne sont pas moins apparents: malgré une abondance d'effets rythmiques (rejets, enjambements, césures défectueuses), le récit est prosaïque. Par ailleurs, il est très déséquilibré: Le Monnier, en une longue théorie d'alexandrins mirlitonesques, nous donne à voir ses paysans de Normandie, puis il se glisse parmi la foule et rapporte les conversations entre les fermiers et les filles qui cherchent à se placer. Il lui faut plus de la moitié de sa fable pour en arriver au détail qui portera le sens moral, c'est-à-dire à l'examen des mains. Celui-ci, en effet surprenant, donne lieu à un développement dialogué vivant, mais interminable avant que la parole ne soit donnée à un propriétaire qui explique cette curieuse pratique. L'explication, apparemment, constitue une première moralité «pratique»: avant d'engager un domestique, vérifiez qu'il a de l'ardeur au travail! Mais le bon abbé se rend bien compte qu'une telle leçon n'est pas de celles qui conviennent à la fable, qui exige des préceptes moins particuliers et susceptibles de convenir à des lecteurs qui ne sont pas tous des propriétaires terriens normands... C'est le narrateur qui, en remarquant qu'il n'a pas besoin de domestique, amènera, assez artificiellement, le fermier à proposer une analogie entre le choix des filles de ferme et celui des amis, l'organe à examiner n'étant plus désormais la main mais le coeur... Le moins qu'on puisse dire est que, si cette moralité est intrinsèquement incontestable, la manière de l'amener est plutôt biscornue. Il semble donc y avoir une *contradiction insoluble entre la tendance naturelle de Le Monnier à privilégier la «chose vue» et son désir d'en tirer tout de même quelque chose qui ressemble à une fable* par la présence d'une leçon générale. Mais c'est la narration qui intéresse par sa spontanéité un peu débraillée, alors que la moralité ne parvient pas à convaincre car elle est rapportée...

Le bon abbé est donc *un conteur populaire avant d'être, au sens strict, un fabuliste.* On remarquera que son refus de toute poétique pour l'apologue a bien des chances de lui avoir été dicté par la conscience que sa pratique était absolument atypique.

L'INTARISSABLE BOISARD

Personne au monde, vraisemblablement, n'a autant écrit de fables que Jean-Jacques-François-Marin Boisard (1744–1833), puisque son recueil définitif en comprend mille et une. Ce Normand, monté à Paris pour y être secrétaire des commandements du comte de Provence (le futur Louis XVIII) avait déjà donné quelques pièces à l'*Almanach des Muses* lorsque parut en 1773 sa première récolte de fables: plus d'une centaine en quatre livres. En 1777, une nouvelle édition portait le nombre des apologues à deux cent cinquante, regroupés en huit livres. La présentation et l'illustration étaient de qualité, et le succès fut grand, attesté par une réimpression en 1779. La Révolution ramena Boisard à sa Normandie natale: il mit à profit ses loisirs pour augmenter considérablement son recueil. En 1803 paraissaient les *Fables faisant suite aux deux volumes publiés en 1773 et 1777*; en 1804, les *Fables faisant suite au volume publié en l'an XI*; en 1805, les *Fables faisant suite aux deux volumes publiés en 1803 et 1804*... Il ne restait plus qu'à regrouper l'ensemble, ce qui fut fait en 1806 sous le titre, justifié, de *Mille-et-une fables.* Le fabuliste vécut encore plus de vingt-cinq ans et eut la joie de voir son neveu Jean-François lui emboîter le pas sur le sentier de l'apologue: il est cependant suffisamment riche lui-même pour qu'on ne lui attribue pas les deux volumes[421bis] dûs à ce parent, peintre de sa profession...

Boisard n'est pas qu'un écrivain intarissable, il est aussi *un vrai poète, un homme d'esprit et de culture, un narrateur très habile.* Son extraordinaire prolixité, compensée cependant par la longueur en général raisonnable de ses fables, fait qu'immanquablement certaines pièces sont moins réussies que d'autres, mais *la qualité générale de sa production est exceptionnelle,* surtout dans les recueils de 1773 et 1777. Il prend son inspiration là où il la trouve, avec une prédilection marquée pour les auteurs allemands mais une bonne connaissance du fonds antique. Avec une constance significative, il évite d'exprimer aucune moralité à l'issue de ses narrations vives et humoristiques alternativement et sérieuses.

UN HOMME D'ESPRIT ET DE CULTURE

Toutes les sources semblent avoir été pratiquées par Boisard, depuis Esope jusqu'à Lichtwer. Il est, notamment, l'un des premiers à avoir emprunté des sujets au grand fabuliste en langue latine de son époque, le père Desbillons[422]. C'est le cas du *Loup pénitent,* pièce pour laquelle le très érudit Jésuite ne donne aucune référence et que l'on peut donc considérer comme inventée par lui[423], malgré la ressemblance avec «Le Loup devenu berger» de La Fontaine, qui provient de Verdizotti[424]:

> Un loup qui fut dans son printemps
> Le fléau des troupeaux, la terreur des bergères,
>   Accablé sous le poids des ans,
>   Mourait de faim, pour comble de misères.
> Pressé par le besoin, le désolé glouton
> Aborde en sanglotant un berger du canton.
> Faisons la paix, dit-il; prêt à quitter la vie,
> J'ai songé mûrement à ma conversion.
>   Dans l'âge, hélas! de la folie,
> De tes jolies moutons j'ai passé mon envie.
> Sans vouloir m'excuser sur mon intention,
>   J'ai désolé ta bergerie:
> Mais je vais la défendre, envers et contre tous;
>   Je vais hurler contre les loups.
> Je serais bien tenté d'aller me faire ermite;
> Mais dans la solitude on n'est utile à rien;
> Pour réparer le mal, il faut faire du bien.
>   Le berger reprit: Hypocrite!
>   Tu vécus en loup si longtemps,
> Et tu te fais berger quand tu n'as plus de dents!...
>   Meurs en loup; voilà ton salaire,
> Dit-il, en l'assommant; le retour des méchants
>   N'est qu'impuissance de mal faire.[425]

Du sujet de Desbillons, qui montre un loup qui se convertit mais qui ne peut résister à la tentation de croquer des brebis lorsqu'elles se présentent, Boisard ne garde que le thème de la conversion. Il introduit dans le récit un berger, s'autorisant ainsi l'usage du dialogue (qu'il affectionne particulièrement) et, surtout, s'offrant la possibilité d'esquisser une leçon sans avoir recours à l'énonciation d'une moralité en sa qualité de fabuliste. Cet enseignement, d'ailleurs, est l'envers de celui du savant Jésuite, qui exprimait à sa manière le proverbe bien connu «l'occasion fait le larron», puisque Boisard choisit au contraire d'écrire que c'est l'absence d'occasion qui fait le pénitent... Le récit est rapide, alerte, humoristiquement léger grâce à quelques allusions (le diable qui se fait ermite, les bergères...), agréablement versifié. On remarque de plus que l'apologue n'est pas au sens strict parfaitement moral, ce qui est précisément le cas bien des fois chez La Fontaine: c'est sur une présomption de culpabilité et de récidive que le berger assomme le loup.

La même liberté et la même finesse se remarquent lorsque Boisard s'inspire des sources allemandes. C'est le cas dans *Le Cerf et la Flèche*, qui reprend un sujet de Lichtwer, d'ailleurs traduit par Imbert[426], intitulé «Le Fusil et le Lièvre». Chez le fabuliste étranger, le lièvre aperçoit un chasseur endormi qui a abandonné auprès de lui son fusil et le raille de son impuissance: l'animal représente un petit délinquant, comme on dirait aujourd'hui, qui fronde la loi lorsqu'il est sûr de ne pas se faire prendre, et la moralité invite les magistrats à ne jamais relâcher leur vigilance[427] Boisard change les personnages et pervertit la leçon, puisque chez lui le détenteur de l'arme mortelle, désormais une flèche, ne représente pas l'ordre et la loi, mais le brigandage et la méchanceté:

> Couché près de son arc, au milieu des forêts,
>   Un sauvage dormait à l'ombre,
>   Parmi des victimes sans nombre
> Qu'au lever de l'aurore il perça de ses traits.
> Un cerf, apercevant cette sanglante image,
> Fut saisi d'épouvante et recula d'horreur;
> Mais ayant vu sur l'herbe étendu le chasseur,
> Il osa s'avancer jusqu'au champ de carnage:
> Quoi! lui dit une flèche, encor teinte de sang,
> Malheureux, peux-tu bien affronter ma présence?
> Oses-tu m'approcher avec tant d'assurance,
>   Moi, qui peux te percer le flanc?
> Le cerf lui répondit: Vil instrument des crimes,
> Je sais trop que par toi l'homme atteint ses victimes;
> Dans les mains des brigands ton pouvoir est affreux;
> Mais quand le méchant dort... tu n'es pas dangereux.[428]

La fable est beaucoup plus concise et beaucoup plus vive que son modèle et l'on voit bien qu'elle est entièrement construite en fonction de sa conclusion, qui a toute l'allure d'un mot d'esprit. La manière paradoxale dont Boisard s'écarte du sujet allemand ôte à l'apologue son caractère doctoral: au lieu d'imposer une leçon, il donne à penser, ce qui prouve que le fabuliste normand avait assez bien compris de l'intérieur la leçon de La Fontaine... On dirait volontiers qu'*il fontainise tout ce qu'il touche*, et jusqu'au Bonhomme lui-même, dont il se permet de reprendre parfois les sujets pour les corriger.

C'est ce qui arrive à *La Cigale et la Fourmi*, que Boisard refait avec un sens du paradoxe humoristique très bien venu. La fable de La Fontaine ne comportait pas de moralité explicite; son parodiste, qui n'en met généralement à aucun de ses apologues, se fait une joie cette fois-ci d'en indiquer une, et des plus nettes, qui contredit littéralement le sens généralement attribué à la narration par les pédagogues et la tradition. Ce faisant, qui pourrait nier qu'il ne soit fidèle à l'esprit du Bonhomme? Voici *La Cigale et la Fourmi* revue et corrigée par le spirituel Boisard:

> Chante, chante, ma belle amie,
> Etourdis-toi; voltige avec légèreté;
> Profite bien de ton été,
> Et vite hâte-toi de jouir de la vie;
> L'hiver approche... Ainsi parlait un jour
> La fourmi thésauriseuse
> A la cigale, à son gré trop joyeuse.
> —Avez-vous dit, radoteuse m'amour,
> Lui répliqua la chanteuse,
> L'hiver approche? Hé bien, nous mourrons toutes deux:
> Vos greniers seront pleins, et les miens seront vides;
> Or donc, en maudissant les dieux,
> Vous quitterez bientôt vos épargnes sordides...
> Moi, je veux en chantant aller voir mes aïeux.
> Aussi je n'ai jamais retenu qu'un adage:
> *Amasser est d'un fol, et jouir est d'un sage.*[429]

C'est la fourmi, ici, qui attaque *ex abrupto* l'insouciante cigale: une fourmi qui connaît son Esope et son La Fontaine, et qui sait que la chanteuse ne passera pas l'hiver! Le fabuliste se fait extrêmement discret: il se contente de relier, dans son exposition retardée, les répliques des deux personnages et laisse à la cigale, qui connaît aussi bien ses classiques que la fourmi, le soin de répondre, ce qu'elle fait sur un ton mi-railleur mi-sérieux avant de prononcer sa règle de conduite épicurienne au vers conclusif.

On voit bien quel traitement Boisard fait subir à ses prédécesseurs: il les détourne, il les allège, il les rend plus piquants s'il se peut. Dans la mesure où le genre est tout entier fondé sur la réécriture, assurément il mérite une place de choix, puisqu'*il allie la culture à l'esprit avec beaucoup d'humour.*

UN NARRATEUR HABILE

Le goût et le talent de Boisard le portent naturellement à préférer la fable courte, plus apte à donner de la force à un bon mot que les narrations étendues, plus apte en somme à produire ce *conte épigrammatique* que devient sous sa plume l'apologue. Il ne recule pas cependant, parfois, devant des récits d'un peu d'étendue et y témoigne d'une grande aisance. *Le Renard mourant*, adaptation d'un sujet de l'Anglais Gay[430], sur le thème du «mauvais naturel qui ne se peut corriger», suit d'assez près le modèle, d'ailleurs excellent, en lui ôtant toutefois sa fâcheuse tendance à la lourdeur caricaturale:

Un vieux renard gisant au fond de sa tanière
Attendait son heure dernière.
Rangés près de son lit, non sans émotion,
Les renards ses enfants et sa famille entière,
Qui venaient recevoir sa bénédiction,
Attendaient qu'il fermât doucement la paupière.
Le moribond sur son séant
Se soulève avec peine et dit en gémissant:
O mes enfants, fuyez les gains illégitimes!
Voici l'heure où l'on sent tout le poids de ses crimes,
L'heure terrible!... Où suis-je? et qu'est-ce que je vois?
Les gens que j'ai mangés n'entrent-ils pas chez moi?
Que me veut ce dindon? et que me veut cette oie?
Et ces canards sanglants, faut-il que je les voie?
Et cette poule dont les cris
Me redemandent ses petits,
La voyez-vous?... Mon père, hélas! c'est un vertige,
Dirent les assistants; ces mets si délicats
Que vous voyez si bien, nous ne les voyons pas;
Vous avez le transport, c'est ce qui nous afflige;
L'appétit nous domine, et nous nous préparions...
—A les manger peut-être Ah! malheureux gloutons,
Race cruelle et carnassière,
Vous ferez une prompte et misérable fin!
Moi, j'ai vécu longtemps, mais de quelle manière!
Mieux valait-il mourir de faim.
J'ai vécu, mais haï de la nature entière,
Dans l'ombre de la nuit, maudissant la lumière;
J'ai vécu parmi les hasards,
Des chasseurs et des chiens pressé de toutes parts.
Deux doigts de cette patte ont péri dans la neige;
Je n'y vois que d'un oeil, et dans un maudit piège
De ma queue un beau soir je laissai les trois quarts.
Sur ce point (croyez-moi, malgré tous mes écarts)
La morale est d'accord avec la politique;
C'est un pesant fardeau que la haine publique!
Suivez le sentier de l'honneur,
C'est le vrai chemin du bonheur...
Je vous laisse une renommée
Bien triste, et ma tendresse en est fort alarmée...
Travaillez au plus vite à réparer cela;
Car, je vous le répète, on n'est rien que par là.
—Mon père, dit l'aîné, la morale est fort bonne;
Mais enfin la famille est tant soit peu gloutonne.
L'exemple domestique est bien contagieux;
Vous même avez vécu comme ont fait nos aïeux.
Si notre renommée en chemin s'est perdue,

De recourir après c'est peine superflue.
Quand certains préjugés s'emparent des cerveaux,
Qu'y faire? Les renards deviendraient des agneaux,
Qu'ils resteraient toujours les garants du dommage
Qui se fera jamais dans tout le voisinage;
      Et pour peu qu'il meure un poussin,
Un renard en sera réputé l'assassin.
-Paix, mon fils. -Mais, mon père. -Eh paix, je crois entendre...
J'entends chanter un coq, je ne me trompe pas;
Mais point d'emportement... je suis si faible, hélas!...
Comme je vous disais... et s'il était bien tendre...
Sans doute, mes enfants, ce sera le dernier...
Mais plumez-le... surtout... sans le faire crier.[431]

Boisard, incontestablement, est supérieur à son modèle anglais. Gay, en effet, ne tire pas grand chose, au début du discours du renard agonisant, de l'hallucination que le poète normand nourrit des souvenirs de la folie d'Oreste, dans *Andromaque*. Quand ensuite le mourant s'engage dans son sermon sur la réforme, le fabuliste anglais énumère seulement les dangers que l'on court à vivre de rapines, alors que Boisard, avec un sens aigu du pittoresque, multiplie les détails humorisques et dépeint les blessures de guerre reçues par le vieux renard. Ce faisant, le Français donne de la vivacité et de la gaîté à sa narration là où le Britannique développait froidement un discours didactique. De même, dans la réponse de l'aîné des enfants, Boisard introduit quelques traits spirituels qui animent sa fable: on ne peut s'empêcher de sourire quand le personnage met sur le compte du préjugé la mauvaise réputation des renards, ce qui est pour le moins paradoxal! Mais c'est la conclusion du récit qui est particulièrement brillante: chez Gay, le moribond, qui vient de consentir à l'argumentation de son fils et d'accepter que les choses restent telles qu'elles ont toujours été, entend le cri des poules et éprouve un regain d'appétit... Chez Boisard, le coq chante (et l'on sait quel rôle ce chant joue dans l'épisode évangélique du reniement de l'apôtre Pierre) au moment où le mourant semble près de rendre son âme (les soupirs se multiplient), et le vieux renard semble avoir commencé un discours où il va répéter ses injonctions à se convertir quand il retourne brutalement à sa vraie nature. Le poète normand, en somme, fait d'une narration intéressante mais assez sèche un véritable conte, plein de traits et d'humour, enrichi de suggestions parodiques, d'images pittoresques et de surprises bien amenées. *Il sait raconter.*

UN VRAI POÈTE

Les qualités de culture et d'esprit, l'habileté du narrateur ne seraient rien sans *une réelle aptitude à versifier la fable avec souplesse et variété.* Boisard la possède certainement: non seulement il n'a pas, sur le plan de l'écriture poétique, de défaut majeur, mais il lui arrive assez souvent de rencontrer avec bonheur les rythmes et les expressions susceptibles de faire briller son talent de conteur. Cela est vrai dans une pièce longue et relativement ambitieuse comme «Le Renard mourant», que nous venons d'analyser, mais aussi dans des pièces plus modestes et plus banales en apparence. Parmi les sujets ésopiques traités par notre poète, il en est un, laissé de côté par La Fontaine comme par Richer, qui montre comment Boisard parvient assez bien à retrouver les grâces et les mouvements du Bonhomme. C'est *Le Voyageur et le Platane*[432]:

> Dans le temps de la canicule,
> Dans ce temps où le soleil brûle
> Le poisson dans le sein des mers
> Ainsi que l'oiseau dans les airs,
> Et vers l'heure où cet astre plane
> Dans le plus haut des cieux et darde tous ses traits,
> Un voyageur, sous un platane
> S'assit pour respirer le frais.
> A la faveur de l'ombre hospitalière,
> Au souffle du zéphyr, dans les bras du sommeil,
> Il se refit bientôt des ardeurs du soleil.
> A peine cependant il ouvre la paupière,
> Que l'ingrat sur son bienfaiteur
> Fixant un oeil inquisiteur:
> Pour occuper, dit-il, une aussi belle place
> Je voudrais bien savoir ce que cela produit:
> Qu'en tire-t-on, quoi que l'on fasse?
> De la broussaille et point de fruit.
> L'arbre lui répondit: J'ai fort peu de mérites;
> Mais n'en avoir aucun serait bien malheureux:
> Ote-les moi tous, si tu veux;
> Mais laisse-moi, du moins... celui dont tu profites.[433]

Boisard, ici, suit à la lettre la démarche fontainienne: il amplifie l'exposition de son sujet en l'ornant des grâces de la poésie, mais sans la maladresse scolaire de l'abbé Aubert[434]. Tout le début de la pièce, avant le réveil du voyageur, avec un rythme souple qui joue sur les enjambements sans ostentation, utilise au mieux les procédés et les clichés poétiques. Lorsque le dormeur sort du sommeil, le discours direct est introduit avec habileté, avec le verbe introducteur judicieusement repoussé en incise à l'intérieur des paroles prononcées par le voyageur. Dans la réponse de l'arbre, on retrouve la marque personnelle de Boisard qui utilise la concession rhétorique pour amener la pointe finale. Bien entendu, il n'indique pas de moralité, nous laissant le soin de suppléer à l'absence de leçon explicite. De bonne foi, l'on peut dire que si l'on ne connaissait pas l'auteur de cette fable, on pourrait sans risque l'attribuer au La Fontaine des premiers livres: même simplicité, même souplesse, même vivacité, même ouverture finale. *Du grand art qui ne cherche pas à se montrer, en somme la marque d'un habile poète*.

Boisard ne manque donc pas de réussite: il est, à notre sens, le plus proche de l'esprit de La Fontaine au Siècle des Lumières et ne mérite en aucun cas l'oubli où il est tombé ni le mépris que ses contemporains affichèrent pour lui, que le jugement tardif de Jauffret, en 1827, reprend avec des nuances:

Le recueil de Boisard offre une longue série d'apologues énigmatiques, et le lecteur est d'autant plus porté à se plaindre de cette obscurité, que l'auteur est élégant, correct, harmonieux, et qu'il ne dépendait que de lui de se faire lire avec plus d'intérêt.[435]

L'érudit critique et fabuliste ne pardonne évidemment pas à Boisard d'avoir le plus souvent omis d'expliciter le sens moral de ses narrations, malgré les qualités de style qu'il lui reconnaît. Quelques années auparavant, le pédagogue (et fabuliste occasionnel) Pierre Blanchard, émettait un jugement plus favorable mais curieusement contradictoire avec celui de Jauffret:

Les fables de Boisard, très peu connues, sont loin d'être les moins bonnes que nous ayons dans notre langue. L'auteur a de l'esprit, de la facilité et une tournure qui plaît. Il n'a rien de la simplicité de La Fontaine, mais rien non plus de l'affectation de La Motte; s'il vise un peu à l'épigramme, il n'en paraît pas moins agréable: c'est un genre à part. Ce que l'on désirerait, c'est que ses vers fussent un peu plus travaillés: il a des phrases tout à fait inintelligibles.[436]

Sans doute, en unissant les aspects positifs de ces deux jugements, parvient-on à avoir une juste idée du talent de Boisard...

UN LOINTAIN PARENT DE LA FONTAINE, DU TREMBLAY

Environ cent trente fables, regroupées en six livres, constituent la contribution d'Antoine-Pierre Du Tremblay de Rubelles (1745–1817) à l'histoire de l'apologue. Ce lointain parent de La Fontaine, dont la famille était alliée à celle de l'épouse délaissée du Bonhomme, avait commencé sous l'Ancien Régime une carrière de parlementaire à la chambre des Comptes et occupait honnêtement ses loisirs à des recherches juridiques, restées inédites. La Révolution fit de lui un commissaire à la Trésorerie, et le Consulat et l'Empire un haut fonctionnaire des finances, avant que la Restauration ne couronne ses compétences par le poste de directeur de la Caisse d'Amortissement. Son activité littéraire fut discrète: quelques vaudevilles et ses fables, publiées par modestie sous le titre d'*Apologues* (de façon à éviter la comparaison avec La Fontaine) en 1806. Ce recueil connut un succès évident dont témoignent quatre rééditions avant 1822, date où la famille de Du Tremblay en donna une qui constitue un très pieux hommage à un écrivain qui, pour avoir été effacé, n'en est pas cependant négligeable.

L'épître dédicatoire de l'ouvrage[437] affiche des intentions ouvertement pédagogiques: le livre est destiné aux petits-enfants du fabuliste qui s'adresse à eux autant en ami qu'en aïeul... Ce n'est pas cependant l'aspect didactique qui retient l'attention du lecteur, mais le caractère de *contes familiers* qu'ont la plupart des pièces de Du Tremblay: les fables, assurément, ont chacune leur moralité, brève et irréprochable, mais *les narrations ont une vie et une bonhommie assez remarquables*, du moins si on les compare à celles du Père Reyre ou de Vitallis, pédagogues bien plus froids que le lointain parent de La Fontaine, en particulier lorsqu'elles sont un peu développées.

C'est qu'en effet, Du Tremblay, peut-être par modestie, peut-être en raison d'une inspiration un peu courte, succombe trop souvent à la tentation de la concision un peu bêtifiante, anticipant ainsi sur l'évolution prochaine, pendant tout le XIX° siècle, de la fable pédagogique, qui culminera avec Louis Ratisbonne[438] et gagnant ainsi une place, décevante et méritée, dans le choix des anthologistes... Mais, par chance, il lui arrive aussi de développer ses récits et de révéler un réel talent de conteur, même si son souffle est un peu court.

Le parent de La Fontaine ne pouvait faire moins que de lui devoir un peu de son inspiration. L'apologue des *Deux Moineaux* s'inspire discrètement des «Deux pigeons», empruntés par le Bonhomme à Pilpay:

> Ne laissons jamais l'herbe naître
> Sur le chemin de l'amitié;
> Une femme[439] l'a dit, son coeur fut de moitié.
> Ah! qu'elle était bonne à connaître!

> Deux moineaux, bons amis, dans un doux sentiment
> Avaient passé tout leur jeune âge.
> Vint du temps des amours le terrible passage.
> Rivaux, on se craignit, et plus d'épanchement.
> De nos deux amis, le moins sage
> Rompt le premier le noeud flatteur:
> Trompé, tout à tour, et trompeur,
> Il promène un amour volage;
> Il s'épuise par son ardeur,
> Et des ans hâte le ravage;
> Alors il conçoit son erreur.
> Du chagrin renaît la tendresse:
> L'amitié doit siéger auprès de la douleur.
> Pour retrouver l'ami de sa jeunesse,
> Notre oiseau devint voyageur.
> Un matin l'aube à peine éclairait le branchage,
> Il aperçoit sous le même feuillage
> Autre moineau sombre et rêveur.
> Quand on a de la peine, on n'est pas grand jaseur:
> Il se tait. Le voisin part pour une autre plage.
> On ne le voyait plus, quand le porte-malheur,
> Un hibou, s'élançant de son toit solitaire,
> De notre infortuné vint combler la misère.
> Ah! lui dit-il, quelle froideur!
> Vous avez pu revoir avec indifférence,
> Le compagnon de votre enfance!
> A ce mot, le pauvret sent palpiter son coeur.
> Il recherche les traits, et voit la ressemblance.
> Inutiles regrets... Il est loin... où courir?
> Etre deux fois heureux était folle espérance,
> De douleur il fallut mourir.

Ayons un peu plus de sagesse,
Ménageons l'amitié, même dans nos beaux jours:
Quand le temps détruit les amours,
Elle mûrit pour la vieillesse.[440]

Voici, assurément, un parfait exemple de conte sentimental, qui n'oublie pourtant pas les règles de la fable, puisqu'il comporte un prologue qui en oriente la lecture et une moralité tout à fait explicite. Le récit, simple et bien conduit, choisit judicieusement de s'arrêter sur l'épisode des retrouvailles manquées, dont l'échec est relevé par un hibou railleur. La conclusion, sobre mais émouvante, est d'un effet réussi. Du Tremblay maîtrise assez bien la technique de la fable: son habileté ressort surtout de l'usage intéressant du vers court, au moment où le moineau inconstant épuise (allusivement) les plaisirs fugitifs des infidélités. Il est capable, aussi, de relancer sa narration par des vers sentencieux bien venus, accompagnés s'il le faut d'un effet rythmique (rejet) très pertinent: «Quand on a de la peine, on n'est pas grand jaseur:/ Il se tait.» Bref, il a de la variété et de la sensibilité, *de la technique et du sentiment*.

Avec lui, en effet, la fable, plus encore qu'avec Florian (qui marque probablement le début de cette tendance), s'oriente *vers le conte sentimental*. On pourrait parler de sentimentalisme familier, comme le montre assez bien *Le Chien de chasse et le Chien de berger*, apologue entièrement dialogué:

Bonjour! frère. —Bonjour! —Comment vont les affaires?
—Mais assez bien; le loup trouble peu nos guérets.
—Et la chasse? —Autrefois elle avait plus d'attraits:
Le gibier se défend, on n'en rencontre guères.
—Le maître? es-tu content? —Oui, je suis assez bien;
S'il ne me battait pas un peu par fantaisie,
    Je mènerais une assez douce vie.
    —Te nourrit-il? —Le plus souvent d'un rien;
Il a presque toujours un appétit de diable;
Il mange tout... Mais l'os est pour le pauvre chien.
Je suis sobre, et j'attends un mets plus agréable.
Sais-tu ce qui me rend près de lui malheureux?
    C'est de le voir une franche machine:
Oui, j'ai beau lui parler de la langue et des yeux,
    C'est un hasard s'il me devine.

    —Je le crois bien; j'en dis autant que toi,
    Mais j'ai de plus un autre chagrin, moi.
        Mon maître a de l'intelligence;
        Je l'aime; il guida mon enfance,
    Aussi pour lui je donnerais ma peau.
    Il a très grand soin du troupeau:
Il gouvernerait bien, mais il a des caprices.
    Je suis honteux de voir ses injustices.
Il vexe celui-ci, ménage celui-là.

—A la maison, je vois aussi cela:
Deux femmes au logis: l'une et l'autre est maîtresse;
Mon maître leur devrait même part de tendresse;
Pour la belle aux doux yeux il a des soins sans fin:
    Il faut toujours que je la flatte,
    Que je lui présente la patte:
Pour elle est le plaisir, pour l'autre le chagrin.
Aussi, moi quelquefois je la lèche en cachette.

—Cet homme fait le fier, pourtant! Comme il nous traite!
    Oh! c'est révoltant!... Pour chacun
    Si le ciel était équitable,
    A cet être déraisonnable,
    Il ôterait un pouvoir détestable,
    Car il n'a pas le sens commun.

—Et puis il est méchant... Une amitié fidèle
A fini l'autre jour d'une façon cruelle:
Un camarade... —Eh bien! —Oh! cela n'est pas beau.
Sur un léger glaçon, avec sa lourde masse,
    Son maître voulait passer l'eau.
    (Croirait-on l'homme aussi fou du cerveau?)
Le glaçon ploie, enfonce; il périt sous la glace:
Notre bon camarade avait vu le malheur:
Dans son chagrin profond, caresse ni menace
    N'ont pu surmonter sa douleur:
Il avait fait serment de mourir sur la place.

—Eh bien! —Ils l'ont tué pour prix de son bon coeur.
—C'est vrai? —Le fait est sûr. —Oh! c'est par jalousie,
Aimer ainsi chez eux ne s'est vu de la vie:
Cela leur faisait honte, ils n'ont pu le souffrir.
—Ils se sont excusés de l'avoir fait périr.
Ils craignaient, disaient-ils, qu'il ne mourût de rage.
Un coeur tendre!... Il gémit et ne fait point de mal.
—Quelle horreur! Voilà l'homme... Un méchant animal;
Et nous en détacher serait, ma foi, fort sage.

—Tu dis vrai; ton courroux devrait nous enflammer.
Oh! oui; mais notre coeur a le besoin d'aimer.[441]

L'on concédera volontiers que la fable est un peu longue et qu'elle comporte quelques maladresses d'expression, rares au demeurant. Dans l'ensemble, la conversation familière des deux chiens est bien conduite, avec cette progression bien menée des répliques courtes aux tirades puis de nouveau aux répliques courtes qui permet l'alternance de tableaux où l'on dépeint l'étrange comportement du maître et des remarques ou questions brèves. Du Tremblay, avec une naïveté intéressante, rend fort bien l'étonnement des animaux devant l'incohé-rence de la conduite de l'homme, soit qu'il se veuille gentîment satirique, soit qu'il évoque une situation touchante avec une sobriété bien venue. La con-clusion du dialogue, d'une brièveté qui porte et qui laisse la leçon en suspens, est fort bien frappée: nos animaux sentimentaux ne peuvent s'empêcher d'être attachés à leur maître, aimer est un besoin du coeur. Sans nul doute le fabuliste a-t-il voulu nous amener à penser, ce qui ne manque pas de sens, que nos amitiés ou nos amours se lient plutôt en dépit des défaillances d'autrui qu'en raison de leurs qualités... Sa fable, en réalité, n'est pas vraiment une fable, mais un conte sentimental et familier: il y a quelque chose de l'abbé Le Monnier chez Du Tremblay, mais d'un Le Monnier plus distingué, qui confondrait moins, selon la terminologie du temps, le familier et le vulgaire.

Le courant des fabulistes narratifs est donc divers et plein d'intérêt: Boisard, aussi bon poète que conteur, écrivain cultivé et spirituel, le domine incon-testablement. L'abbé Le Monnier déçoit par son débraillé et sa prolixité désor-donnée, malgré son talent à donner vie à des anecdotes bien observées. Du Tremblay fait dériver la fable vers le conte sentimental avec un certain bonheur.

CHAPITRE XI
LES NOUVEAUX PHILOSOPHES

S'il faut chercher dans la seconde période des Lumières une descendance à La Motte, c'est probablement du côté des fabulistes politiques qu'on la trouvera: deux noms, ceux de Dorat et d'Imbert, dont les recueils sont à peu près contemporains et coïncident à la fois avec le moment du triomphe des idées philosophiques[442] et le commencement de la «fureur des fables», illustrent parfaitement ce courant. Non pas que ces poètes partagent les préoccupations théoriques du fondateur de l'apologue nouveau ou prolongent dogmatiquement sa réflexion sur le genre, mais ils en ont une pratique souvent analogue: chez eux la fable est intellectuelle, porteuse d'un message en prise directe avec les idées nouvelles du temps... Sans renoncer à son caractère moral universel, elle se centre plus précisément sur la problématique contemporaine dominante, qui est celle de la société et de la politique. Elle n'en est pas encore à devenir une arme polémique, comme ce sera le cas ponctuellement avec Vitallis[443] et plus généralement avec Ginguené[444], mais elle souhaite apporter les lumières de ses allégories à un débat dans lequel ses auteurs prennent parti de façon engagée et progressiste.

LE VIGOUREUX ENGAGEMENT D'UN POÈTE «LÉGER», DORAT

Toujours considéré avec un rien de mépris comme un auteur secondaire et un poète uniquement léger, Claude-Joseph Dorat (1734–1780) a légué à l'histoire de l'apologue une centaine de fables. Ce Parisien, il est vrai, fut d'une redoutable prolixité: ses poésies légères et galantes, souvent négligées, donnent de lui une image très déformante, malgré la réussite de ses *Héroïdes*, l'ampleur de sa version versifiée des *Lettres portugaises* (*Lettres d'une chanoinesse*) ou même le charme de son poème des *Baisers*. On oublie trop aisément qu'il fut un grand dramaturge, auteur d'une série de comédies (dont *La Feinte par amour* et *Le Célibataire*) et de tragédies cornéliennes de sujet et raciniennes de versification (dont *Adélaïde de Hongrie* et *Régulus*) aussi bien que d'un vaste poème didactique sur *La Déclamation théâtrale*, qui nous renseigne très utilement sur les pratiques des comédiens du temps. On veut encore ignorer qu'en une période où le roman épistolaire connut son apogée on lui doit deux des meilleurs ouvrages dans le genre (*Les Sacrifices de l'amour* et *Les Malheurs de l'inconstance*). On reproduit en somme à l'infini le jugement partisan des argus littéraires de l'époque, qui n'aimèrent pas Dorat parce qu'il avait l'esprit libre, parce que Fréron, l'ennemi favori des Philosophes, le soutenait, parce qu'il abusait de sa facilité et séduisait trop le public. Le paradoxe est que, exactement comme Fréron, Dorat, vite rangé parmi les ennemis des idées nouvelles, les partage pour l'essentiel... Ce qu'il raille, c'est l'esprit de parti, c'est la «tyrannie philosophique» (voir la comédie des *Prôneurs*): impardonnable, en effet.

Supérieurement doué pour l'écriture poétique, admirable constructeur d'intrigues, peintre souvent inspiré de tableaux touchants et pathétiques, Dorat ne pouvait pas ne pas réussir dans la fable. Après quelques essais dans l'*Almanach des Muses*, dont il fut un grand pourvoyeur, l'écrivain donna son recueil de *Fables ou allégories philosophiques* en 1772: l'ouvrage est somptueusement présenté, avec gravures, bandeaux et culs-de-lampe. Remanié et augmenté, il connut, sous le titre de *Fables nouvelles*, une deuxième édition l'année suivante, puis une troisième en 1774. Les fables traditionnelles, à moralité générale, y alternent avec les pièces politiques; le brillant l'y discute à l'émotion. Le fabuliste, dans ses «réflexions préliminaires», revendique son double propos, définissant l'apologue comme «un voile dont la vérité se sert pour apprivoiser l'amour-propre, et aborder la tyrannie»[445]. Il adresse de signalés éloges à La Fontaine, mais témoigne d'une grande admiration pour les discours de La Motte, à propos duquel il reproduit (sans le dire) le jugement de l'abbé Joannet[446]. Il reconnaît ses dettes envers ses prédécesseurs, notamment envers les Allemands, qu'il juge assez objectivement[447] tout en reprochant à Lessing la prolixité de ses dissertations autant que la sécheresse de ses apologues.

LA TRADITION
Dans la pièce liminaire du recueil, imitée de Lichtwer, la vérité prend les habits de la fable pour être admise parmi les hommes[448]: on retrouvera cette allégorie significative, déjà rencontrée chez le Père Barbe, chez Florian, dans la même position stratégique, et ce n'est après tout qu'une formulation habile de la définition traditionnelle de l'apologue, qui prend un masque pour corriger les travers de l'humanité. Bien des fables, aussi, chez Dorat, s'inscrivent dans la tradition et prônent la réserve, la mesure ou la modestie. Dans le genre, *L'Escargot et la Cigale* est une bonne réussite:

> Vers l'ombre épaisse d'un buisson,
> Un escargot se traînait avec peine,
> Portant avec lui sa maison.
> Le buisson qu'il regagne est voisin de la plaine;
> Mais, quand on est chargé, tout chemin paraît long.
> Le voyageur s'en plaint, la chaleur est extrême.
> Ses cornes de sortir, puis de se renfoncer;
> Il s'arrête au lieu d'avancer;
> L'aiguille d'un cadran marche à peu près de même.
> Pendant une pause il entend
> Auprès de lui chanter une cigale:
> Bon, s'écria-t-il à l'instant,
> D'une aubade l'on me régale!
> Je suis bien en train de concerts;
> Mais combien j'envierais le sort de la chanteuse!
> Que ses loisirs sont doux, que sa vie est heureuse!
> C'est pour elle à coup sûr qu'est fait cet univers:
> Sous un lourd édifice elle n'est point courbée;
> En un clin d'oeil elle saute à vingt pas:
> Moi, pauvre hère, je suis las
> Après une seule enjambée...

—Trop heureux escargot, disait l'autre à son tour,
De son destin encor plus mécontente,
Tu ne crains sous tes toits, sous ta maison rampante,
Ni la fraîcheur des nuits, ni la chaleur du jour.
Que près du tien mon sort est ridicule!
Tandis qu'en bon bourgeois tu vis dans ta cellule,
Je suis en butte aux bourasques de l'air.
Je grille dans la canicule,
Et meurs de froid pendant l'hiver.

Notre condition en vaut souvent une autre;
Le ciel fit pour le mieux; nous plaignons-nous de lui?
C'est lorsque dans l'état d'autrui
Nous ne voyons que ce qui manque au nôtre.[449]

La tradition ici ne ressort pas que de la moralité, elle se lit aussi dans le mimétisme fontainien de l'expression, qui recourt indiscrètement à l'infinitif de narration ou se souvient clairement du Bonhomme («Le Chêne et le Roseau»). Mais le talent sauve la pièce de la banalité: la narration sait utiliser à bon escient les maximes et réflexions; le fabuliste joue avec habileté sur les temps verbaux, avec une certaine originalité même dans l'emploi de l'imparfait pour introduire le discours de la cigale; le ton est personnel comme le choix de certaines analogies (suggérer la lenteur de l'escargot par la comparaison avec la marche des aiguilles est pour le moins hardi); la rime est brillante et le rythme élaboré. Sous la banalité du sujet perce une nature de poète.

Les mêmes qualités se rencontrent dans beaucoup d'autres pièces, souvent assez concises: même s'il se fût contenté d'enrichir la tradition de quelques fables de plus, Dorat n'eût pas été indigne...

LA VIGUEUR DE L'ENGAGEMENT

Mais il s'élève souvent au-dessus de lui-même, quand il fait de l'apologue un discours engagé contre l'injustice ou la tyrannie. Non pas que cette thématique soit intrinsèquement originale: elle n'est jamais que l'héritage de la pensée politique dominante des Lumières, depuis Montesquieu, et nous l'avons rencontrée exprimée en fables aussi bien chez La Motte que chez l'abbé Aubert, mais jamais avec autant d'ampleur que chez Dorat (et chez Imbert). De marginale, elle est devenue obsédante, et son expression a pris de plus en plus de vigueur. *La Rancune de l'Ours*, par exemple, analyse à sa manière l'inéluctable chute des despotes:

Dans les montagnes de Norvège,
Certain lourdaud prit un jeune ours,
Bien vêtu, bien fourré, mais mourant sous la neige
S'il n'avait eu de prompts secours.
Tremblant de peur, son nouveau maître,
Pour commencer à se faire connaître,
De cent liens charge le jouvenceau,

Dans un cercle d'acier lui serre la luette,
Lui rogne un peu les dents pour sûreté complète,
　　Et lui garotte le museau.
　Après cela, vers Paris il chemine:
　　Sans que je le dise, on devine
Qu'il veut à son captif donner quelques talents.
　C'est à danser qu'il le destine:
　Car la danse aujourd'hui domine
　Parmi les arts les plus brillants.
　Sur ses deux piliers de derrière,
　D'abord on cherche à le hisser:
Si Brunet est rétif, le nerf de boeuf opère
　　Et l'invite à se redresser.
　Bientôt il fait la révérence,
　Puis des pliés, puis les beaux bras:
　Un violon règle ses pas,
　Et voilà mon ours en cadence.

　L'homme, augurant de ses succès,
　　Le fait entrer en diligence
　　Dans une troupe de barbets
　Pour tous les rôles d'importance.
　Précédé de chiens en panier,
Et portant sur son dos un singe qui grimace,
　Il promène sa lourde masse,
　　Avec la charge d'égayer
　　Une imbécile populace.
Brunet, au fond du coeur, était las du métier:
　　Il ne dit mot, il patiente;
Mais dieu sait, en secret, quel dépit le tourmente.
　Une nuit, son argus se trouvant pris de vin,
　　Avait laissé sa loge ouverte:
　　Il brise sa longe, il déserte,
　Gravit un mur, et se fraie un chemin;
　Il gagne un bois. Le temps le démuselle;
　Il se défait même de son collier;
　　Mais sa rancune est immortelle,
Et l'affront qu'il reçut, il ne peut l'oublier.
　　Par le bois qui lui sert d'asile,
Passe, après quelque temps, son grave instituteur.
Ah! beau sire, c'est toi! pour moi quelle douceur
　　De te voir danss mon domicile!
　Reconnais-tu Brunet ton serviteur?
　Puis l'étouffant à force de caresses:
Souviens-toi, lui dit-il, de tes belles promesses,
　Et du pauvre ours dont tu fis un danseur.

> Il n'est rien que n'exige, il n'est rien que ne brave
> Un despote insolent, par sa force aveuglé;
> Mais brisez les fers de l'esclave,
> Et le despote est immolé.[450]

La fable, entièrement conçue en fonction de sa moralité politique, est assurément un peu systématiquement allégorique, mais cela ne nuit pas aux qualités intrinsèques du récit si on le relit à la lumière de sa clef: le montreur d'ours, dès le départ, est dépeint sarcastiquement comme effrayé par sa capture et prenant mille violentes précautions pour mettre l'animal hors d'état de lui nuire, ainsi qu'un despote qui règne par la force et l'injustice par crainte d'un soulèvement populaire. Dorat note même très habilement que le tyran doit interdire la liberté d'expression: l'ours se voit garotter le museau... Le dressage du fauve comporte à son tour quelques détails significatifs, comme l'usage du fouet pour discipliner la pauvre bête, qui finit par danser comme les courtisans d'un despote: on dirait volontiers que Dorat a l'esprit voltairien! La narration fonctionne particulièrement bien sur le double plan de la fiction et de son sens allégorique, se permettant même quelques traits satiriques amusants (sur le mode de la danse) qui permettent au fabuliste d'esquisser quelques fausses pistes en provoquant une connivence facile avec son lecteur. La révolte de l'animal, à la suite de sa fuite méditée et de sa rencontre fortuite avec son dresseur, débouche sur le meurtre du tyran. La moralité organise alors les éléments de la narration pour en affirmer le sens allégorique et politique, de sorte que l'on se rend bien compte que tout dans la fable était destiné à y conduire: c'est, indiscutablement, la technique prônée par La Motte, mise en oeuvre avec brio.

Virulent contre la tyrannie, Dorat n'est pas pour autant de ces optimistes béats qui croient que la force des lois suffise à protéger le peuple des excès des puissants. Une pièce comme *Les Animaux législateurs* montre au contraire qu'il craint que, fatalement, les lois ne tournent toujours à l'avantage des puissants qui les font, des monarques qui les octroient. La pièce est un peu longue, mais sa réussite est certaine:

> Les animaux, lorsque j'y réfléchis,
> Sont à peu près ce que nous sommes:
> Il est chez eux des grands et des petits;
> Les derniers sont vexés; c'est tout un chez les hommes.
> Ces derniers donc, avec raison,
> Très amèrement se plaignirent,
> Et jusqu'à l'antre du lion
> Leurs cris à la fin retentirent.
> Les moutons mêmes étaient las
> (On se lasse de tout) de servir de pâture
> A messires les loups errants à l'aventure
> Et sur eux fondant leurs repas.
> Enfin Sa Majesté Lionne,
> Quoique d'humeur un peu gloutonne,
> Car c'est assez le tic des potentats,

Veut qu'on assemble les Etats,
Quitte, jusqu'au jour pris, à ne manger personne.
Le monarque plein de bonté,
Secouant sa longue crinière,
Ne prétend plus que l'on diffère:
Un beau rugissement marque sa volonté.
Pour rendre à l'aise la justice,
Il s'est assis sur un tas d'ossements:
Il allonge de là sa patte protectrice,
Signal de paix pour tous les assistants.
L'ours, empêtré dans sa fourrure,
S'avance, à titre de greffier,
Tout prêt d'étouffer le premier
Qui voudrait blamer son allure.
En habits chamarrés, les tigres ont leurs rangs:
Tous ces messieurs grincent des dents;
Et ce ton n'a rien qui rassure.
Quand par ordre on se fut placé,
Les députés, d'un air honnête,
Présentent humblement leur timide requête:
La faiblesse opprimée est toujours un peu bête,
Et qui plaide sa cause est bien embarrassé.
L'avocat des moutons bégaie et perd la tête.
Hors de cours!... l'orateur à l'instant est chassé.
Sire Lion alors prend ainsi la parole:
Pères conscrits, appuis de mes projets,
Je m'attendris, et je m'immole
Pour le bonheur de mes sujets.
Il est décent qu'un roi quelquefois se régale,
Fût-ce aux dépens de ses vassaux:
Mais mon peuple gémit: je dois finir ses maux,
Et rester sur ma faim royale.
Désormais je suis sobre; (on frémit à ces mots)
Ce n'est pas tout; j'entends qu'on dresse un code
Où de tous mes sujets on défende les droits:
Notre appétit doit leur être incommode;
Il faut le réprimer, et l'astreindre à des lois.
L'ordre donné sur le champ s'exécute:
On verbalise, on raisonne, on discute.
La panthère consent; le tigre contredit.
Il allègue le droit, il produit la coutume,
Et l'antiquité du délit.
Par un jeûne cruel veut-on qu'il se consume?
A ces discours prudents, quoique pleins d'amertume,
Tout le banc des loups applaudit.
On compte les voix; la loi passe.
Au faible, en apparence, elle assure un appui:

Mais il n'est point de grand, si peu qu'il ait s'audace,
Qui ne puisse, au besoin, l'interpréter pour lui.
   On se sépare, en bonne intelligence,
   Comme cela se pratique à la cour:
Puis, dès le lendemain, avant l'aube du jour,
   Le brigandage recommence.
   Les hyènes, les léopards,
   Se sont remis à leur régimme.
Les chapons sont croqués, par acte illégitime,
   Citant la loi sous la dent des renards.
Un commentaire obscur embarrasse le texte,
   Et le plus fort a toujours un prétexte.
   Enfin, ces pauvres animaux,
   .Qui comptaient sur des jours paisibles,
Des plaisirs sans effroi, des défenseurs nouveaux,
   Et sur des lois incorruptibles,
Dans leurs juges souvent rencontraient leurs bourreaux.
   Adieu la paix, l'ordre et la république!
Pour eux l'unique fruit de cet arrangement,
Ce fut d'être étranglés par forme juridique,
   Au lieu de l'être injustement.[451]

Cette fable n'a pas de moralité: on ne peut pas considérer le constat général placé en prologue comme tel, puisqu'il est loin de recouvrir le sens particulier et précis de la narration, bien plus engagée que la remarque initiale. Le fabuliste laisse à chacun le soin de comprendre sa leçon, qui n'en est que plus forte. Malgré son ampleur, le récit n'est pas bavard: l'oppression des faibles, point de départ de la «réforme» constitutionnelle octroyée par le roi lion, n'est illustrée que par l'exemple commode des moutons, exprimé dans un style prudent qui semble mimer la timidité des ovidés à faire entendre leurs récriminations... Une certaine complaisance, en revanche, marque le portrait du souverain, truffé d'indications satiriques (une parenthèse du narrateur et une image symbolique stigmatisent sa gloutonnerie), dont la «patte protectrice» est aussi menaçante que tutélaire, tandis que les grands autour de lui ont une allure inquiétante. Les plaignants, que l'ironie du fabuliste n'épargne pas, sont rapidement évacués du conseil... Que va-t-il se passer? Seront-ils déboutés aussitôt? Habilement Dorat nous réserve une surprise: le lion parle en leur nom aux sénateurs assemblés et impose qu'on légifère pour faire cesser les justes doléances des opprimés, donnant l'exemple de la modération en renonçant, lui le premier, à sa voracité. Le conseil, malgré cela, est d'abord réticent: le fabuliste multiplie les coups de griffe transparents à l'égard des privilégiés (les tigres) qui ne veulent pas abandonner leurs avantages acquis. Mais la loi est votée... Elle porte en elle les conditions de son inefficacité, et Dorat l'indique nettement, de sorte que la conclusion de la narration est d'une implacable logique, appuyée par de beaux effets, pathétiques dans leur sobriété. Le lecteur n'a plus qu'à conclure: émanation du pouvoir, donc de la force, la loi, même quand elle semble prendre en compte les doléances des citoyens et les protéger, tourne au profit de ceux qui l'ont faite... Elle est un instrument supplémentaire de leur domination sur le peuple. Beau démenti à ceux qui ne voudraient voir en Dorat qu'un poète futile: même si les sujets politiques sont dans l'air du temps, la vigueur qu'il leur donne, *les qualités évidentes de ses narrations et la pertinence des ses leçons montrent une carrure très supérieure à celle de la plupart des auteurs de l'époque.*

Nous dirions volontiers qu'il est le Voltaire de la fable, et sans doute ne nous eût-il pas contredit, lui l'ami de Fréron qui admirait le sage de Ferney... Il en a en tout cas le *vigoureux engagement* comme aussi l'*apparente désinvolture.*

L'ÉMOTION ET LA LÉGÉRETÉ

La palette du fabuliste Dorat est variée: le dramaturge sait retrouver le ton pathétique de la grande tragédie quand son sujet le lui impose, sans toutefois ôter sa place, en d'autres circonstances, au poète léger et sans lui faire négliger les nuances intermédiaires. Une fable vraiment accomplie, la plus belle sans doute de son auteur, et probablement l'une des plus impressionnantes de tout le siècle, est *La Force des larmes:*

> Consommé dans l'art des Tibères,
> D'un état malheureux le lâche usurpateur
>   Sur les enfants et sur les pères
>   Exerçait cet art destructeur.
> Chaque parole est coupable ou suspecte.
> Le silence est prescrit par la voix des bourreaux
> Qu'en frémissant tout un peuple respecte:
> Les pâles citoyens se taisent sur leurs maux;
>   Mais par des signes énergiques
>   Des coeurs interprètes muets,
>   Ils expriment leurs voeux secrets,
>   Et les calamités publiques.
> Ces signes éloquents sont bientôt interdits.
> Alors un citoyen, appesanti par l'âge,
> Arrive dans la place où des rois du pays
>   Le bronze éternise l'image,
>   Et la retrace aux regards attendris:
> Là, tombant à genoux aux pieds de la statue
>   Du plus aimé de tous ces rois,
> Il l'arrose de pleurs, au défaut de la voix.
> Sublime expression... qui ne fut pas perdue!
>   Le peuple interprète bientôt
> Cette auguste douleur, ces profondes alarmes:
>   Tous les yeux sont trempés de larmes;
> On instruit le tyran, et lui-même il s'avance.
>   Il veut, pour comble de tourments,
> Priver ces malheureux de leurs gémissements!...
>   Le désespoir leur rend l'indépendance:
> Le peuple sent sa force, et court à sa défense;

Tous les bras sont armés; le sang coule à grands flots;
La garde est égorgée, et le monstre en lambeaux.
    De l'espèce humaine avilie
    Imbéciles persécuteurs,
    Prenez les biens, ôtez la vie,
    Mais ne défendez point les pleurs.[452]

Ne croirait-on pas lire une tragédie de Voltaire en miniature? Ce tableau du despotisme et de la révolte qu'il génère inéluctablement est d'une expressivité, d'un dramatisme qui porte *la marque d'une homme de théâtre authentique*. L'évocation, en exposition, du pouvoir du tyran, qui règne par la violence sur un peuple rendu muet par la terreur et paralysé par la crainte, est à elle seule un pamphlet contre le despotisme d'une force peu commune, qu'il suffirait de peu de chose pour mettre en action. Mais nous sommes dans l'apologue, et il est impossible de peindre tout le drame. Dorat choisit de ne retenir, en somme, que la péripétie qui prélude au dénouement, et c'est le geste (d'un pathos spectaculaire) du veillard qui vient pleurer sur les images des souverains légitimes détrônés par le tyran. Le narrateur s'arrête pour commenter (on dirait volontiers que c'est une sorte de didascalie) le caractère sublime de cette attitude, qui provoque le revirement de la situation, exactement comme au théâtre. S'engage alors une sorte de récit de conclusion, qui pourrait être celui du personnage venu en scène nous raconter la révolte populaire, difficile à jouer devant le public. Rien n'y manque, pas même l'évocation rapide des flots de sang qui coulent et signifient le meurtre du despote et de ses sbires. *L'éloquence du fabuliste est admirable.* La tension n'a pas faibli du début à la fin de la fable. Aucune faiblesse, aucune facilité n'est venue ternir cette philippique indignée et, comme son personnage central, vraiment sublime d'émotion. La conclusion allie une violence polémique parfaitement dans la logique de la narration et un rappel bien légitime des pleurs émouvants qui ont produit la révolte populaire: le despotisme n'est pas seulement inique et monstrueux, il est absurde.

Un ton aussi élevé, une pensée aussi noble ont leur contrepoids dans des pièces moins ambitieuses, mais constamment pleines d'un éclat spirituel et brillant, preuve de la malice de cet habitué de la poésie de circonstances qu'est Dorat. *Le Sceptre et l'Eventail*, fable très brève, appartient à cette veine qui, malgré les critiques chagrins, n'est pas l'essentiel du recueil de notre poète:

Un sceptre magnifique et d'un riche travail
    Avec dédain voyait un éventail.
Es-tu fou? lui dit-il; il te sied bien, beau sire!
        De faire tant le renchéri!
        Songe à tous ceux qui t'ont flétri.
Si tu sers quelquefois, plus souvent tu sais nuire.
Je me moque d'ailleurs de ton autorité.
    Reviens, crois-moi, de ton erreur profonde.
Tu régis bien ou mal quelque état limité;
        Mais le sceptre de la beauté
        Est vraiment le sceptre du monde.[453]

Le sujet, il est vrai, sent un peu son boudoir, mais il est traité sobrement: le compliment adressé par le poète aux femmes à travers l'éventail qui remet à sa place le sceptre orgueilleux trouve sa force dans la concentration de l'expression qui met en valeur l'esprit de la trouvaille. Même dans ce rôle de «fabuliste galant», Dorat n'est pas un auteur ordinaire: il parvient à n'être pas plat.

Son temps s'est montré profondément injuste envers ce fabuliste de réelle envergure, qui ne fut guère prôné que par son ami Fréron ou par l'éditeur de l'*Almanach des Muses*, imprimé comme les *Fables* par Delalain. Sautereau de Marsy, responsable de cette publication annuelle, saluait le recueil initial de 1772 en ces termes:

> Grand nombre d'excellentes fables de différents genres. (...) Il y a dans presque toutes beaucoup d'esprit et de la philosophie.[454]

Il regrettait cependant que le sens moral manquât parfois de netteté, défaut que Dorat devait corriger dans les éditions suivantes. Mais Jauffret, en 1827, ne fait que reprendre à son compte, sans trop avoir relu le poète, dont d'ailleurs il ne partage pas forcément les idées généreuses, les critiques adressées au fabuliste par ses détracteurs: ses sujets sont frivoles et son style plein d'afféterie[455], ses apologues sentent le boudoir et ne connaissent que les «locutions de la galanterie». Bref, ses fables ont «la teinte de toutes ses autres productions»[456].

On voudrait que Jauffret, lui-même fabuliste[457], se fût élevé une seule fois à la hauteur de Dorat... Objectivement, cet écrivain décrié est *l'un des plus profondément actuels des fabulistes des Lumières*. Ses qualités d'écriture comme la cohérence de son engagement font de lui non seulement un miroir de la pensée sociale et politique désormais admise par la majorité de ses contemporains mais aussi celui qui, avec le plus incontestable des talents poétiques, est parvenu à donner à ce message son expression la plus convaincante. Ce «fabuliste à tête légère», comme disait Jauffret, pourrait bien avoir été le plus profond de tous les émules de La Fontaine et de La Motte... Comme du reste l'ensemble de son oeuvre, son recueil devrait être réévalué d'urgence!

UN FABULISTE INTELLECTUEL ET ÉCLAIRÉ, IMBERT

Cent fables regroupées en cinq livres sont le legs de Barthélémy Imbert (1747–1790) à l'histoire de l'apologue. Ce Languedocien devint célèbre à vingt-cinq ans pour un poème mythologique et galant sur *Le Jugement de Pâris*, et déjà il semblait marcher sur les traces de Dorat. La réussite ne suivit pas vraiment cet essai prometteur, quoique l'oeuvre d'Imbert soit très abondante: intarissable fournisseur de *Contes moraux* dans le *Mercure* (le recueil, incomplet, n'en parut qu'après sa mort), auteur de quantité de poésies fugitives, d'un épais roman épistolaire sentimental (*Les Egarements du coeur*, 1776), d'une série d'adaptations versifiées des *Fabliaux* médiévaux et de quelques pièces de théâtre (*Le Jaloux sans amour*) pourtant réussies, le Nîmois ne quitta jamais le rang des polygraphes secondaires.

Ses *Fables nouvelles* parurent en 1773, chez l'éditeur de Dorat et de l'*Almanach des Muses*, avec un certain succès attesté par une réimpression liégeoise l'année suivante. Le recueil paraît un peu hâtivement versifié mais assez soigneusement composé, chacun de ses cinq livres comportant un prologue dédié aux grands fabulistes antérieurs (Esope, Phèdre, La Fontaine). En tête du second livre, une unique gravure, stratégique, oriente la lecture de l'ensemble; elle représente un monarque oriental qui reçoit la visite d'une femme voilée mais irradiée de lumière avec ces deux vers de commentaire (empruntés au prologue):

> La Vérité jamais n'entre chez les Sultans
> Qu'en prenant un voile à la porte.

Et en effet, l'essentiel des *Fables nouvelles*[458] d'Imbert ont des sujets politiques et sociaux: quelques pièces à moralités plus générales se glissent au milieu de l'ensemble, mais n'en rompent pas l'unité thématique, qui est très sensible. Le champ des préoccupations d'Imbert est plus vaste que celui de Dorat, qui se contentait (si l'on peut dire) de pourfendre le despotisme: celui-ci est bien la cible de son confrère, mais le Nîmois envisage dans ses leçons d'autres aspects de l'exercice du pouvoir. *Il esquisse une politique.*

CONTRE LES TYRANS

Dorat, quand il invective les tyrans, est éloquent et tragique. Imbert, quant à lui, préfère le ton de la conversation familière, selon la conception de la fable qu'il développe dans son épilogue[459]. Mais l'idée directrice du discours est bien la même: le despotisme, comme on le sait depuis Montesquieu, est inéluctablement appelé à sa destruction par la révolte populaire. C'est le sujet de *La Tête et les Pieds*, fable allégorique d'invention dont l'idée n'est cependant pas sans rappeler des textes antérieurs[460]:

> Las d'aller, d'un pas de coureur,
> De promenade en promenade,
> Les pieds contre la tête avaient pris de l'humeur,
> Et lui faisaient mainte incartade.
> C'est une chose affreuse, en vérité,
> Disaient-ils! Quoi! toujours obéir à la tête!
> Le jour, la nuit, l'hiver, l'été!
> Dès qu'elle parle il faut que l'on s'apprête
> A trotter, à courir de çà, de là, partout!
> Au moindre signe, il faut être debout!
> Se voir emprisonné, souvent à la torture,
> Dans un étui malsain, cachot où l'on endure
> Sans cesse ou le froid ou le chaud;
> Tandis que madame, là-haut
> Fait l'agréable, se balance,
> Contrôle à son gré les passants,
> Regarde à droite, à gauche, et d'un air d'importance
> Parle de pluie et de beau temps!
> —Je vous trouve plaisants! quel est donc ce murmure,
> Dit, sans daigner les regarder,

La tête qui s'échauffe? eh! mais si la nature
M'a placée au-dessus, c'est pour vous commander.
—Fort bien, reprit l'un d'eux; mais du moins, je te prie,
Il faudrait être sage; et dieu sait tous les jours
    Si nous souffrons de ton étourderie!
Mais que cela soit dit une fois pour toujours:
Si vous avez le droit d'ordonner à votre aise,
Chacun de nous, la belle, a celui de broncher;
Et tout en cheminant un jour, ne vous déplaise,
    Peut vous briser contre un rocher.

        Ceci de soi-même s'explique
        En y rêvant. Qu'en pensez-vous,
        Lecteur? cette fable, entre nous,
    Ressemble assez à l'état despotique.[461]

Cette fable, de sujet grave, a un ton paradoxalement fort léger, et la description de l'attitude inconséquente de la tête, pour cohérente qu'elle soit avec la leçon une fois que celle-ci a été exprimée, ne semblait pas, de prime abord, devoir conduire à une moralité aussi sérieuse. Ce n'est qu'avec la prise de parole de ce personnage surprenant que le texte s'oriente vers la question du pouvoir, sans toutefois se départir vraiment de son apparence futile, puisque la réponse insolente des pieds, avant de se faire menaçante, commence elle aussi sur un ton de légèreté. Imbert, cependant, assure la cohérence de l'ensemble en donnant à la clef de son allégorie le ton même qu'il a choisi pour sa narration, transformant la leçon, pour ainsi dire, en mot d'esprit. L'écriture est facile et brillante: le poète ne manque pas de qualités, particulièrement dans l'utilisation des rythmes, et ses césures parfois hardies («C'est une chose // affreuse en vérité, / Disaient-ils! Quoi! // Toujours obéir à la tête!») ou ses enjambements judicieux («eh! mais si la nature / M'a placée au-dessus») témoignent d'un vrai sens de l'effet et d'une assimilation certaine de l'instrument fontainien. Sur des pensers profonds faisons des vers légers... Tel semble être le propos d'Imbert: il ne pourfend pas la tyrannie, il la raille.

LES ASPECTS DE LA POLITIQUE
A travers son recueil, Imbert vulgarise sous forme de fables les thèmes principaux de la pensée sociale et politique de son temps. Nous sommes à l'orée d'une époqie nouvelle; les vieilles aristocraties se stérilisent et sont remplacées par des classes montantes, plus actives et plus utiles à la collectivité. Telle est la leçon du *Cheval supplanté par l'Ane*, pièce qui fonctionne en diptyque (comme parfois chez La Fontaine, dont on a pu montrer l'utilisation stratégique qu'il fait de la fable double) avec un apologue plus traditionnel sur *L'Ane supplanté par le Cheval*:

        Avec un âne, un cheval d'importance
            Etait logé sous mêmes toits.
        On ne les put garder tous les deux à la fois;

A qui donner la préférence?
D'un beau cheval anglais le coursier était né;
Mais trop tôt aux plaisirs, aux excès adonné,
Il en était si maigre et si fort décharné,
   Qu'on lui comptait tous les os de l'échine.
Inutile à son maître et pourtant orgueilleux,
Il croyait l'honorer. L'âne tout au contraire,
   Etait plus actif que son père,
   Bien plus robuste, et servait mieux.
Du coursier, à la foire, on alla se défaire,
   Et l'âne est encore au logis.
   Je le crois bien. Qui ne préfère
   L'homme nouveau qui sert bien son pays
   Au noble obscur qui dégénère?[462]

Simple et bref, l'apologue est clair. L'originalité d'Imbert est d'en restreindre la leçon, qui eût pu être très générale (mieux vaut un travailleur qu'un débauché inutile), au domaine de la société de son temps, en faisant de ses personnages des symboles de chacune des deux classes entre lesquelles gronde le conflit. On remarquera en passant que la nature même du pouvoir fédérateur (le maître) n'est pas mise en cause. Les nobles dégénérés sont, d'ailleurs, une cible récurente chez notre fabuliste[463].

Un autre aspect de la politique des Lumières, dans la tradition de Fénelon et de Montesquieu, est l'idée que le rôle de l'Etat (du Souverain) est d'assurer le bonheur des peuples. C'est la leçon d'un apologue assez paradoxal, *Le Loup et la Brebis*:

Un de ces gens qu'on nomme loups,
   Gens peu courtois, amis du brigandage,
Au travers d'une claie où tenaient maints verroux,
A certaine brebis parlait en doux langage:
Commère, disait-il en faisant les yeux doux,
   Je suis logé dans votre voisinage:
     L'intérêt que je prends à vous
     Et que vous méritez, m'engage
     A vous parler franc entre nous.
   Sur votre compte on fait maint bavardage,
Force mauvais propos. Il est de mon devoir
     De vous en avertir, voisine.
Bon! la brebis, dit-on, ce n'est qu'une machine
     Qui seule peut se mouvoir.
     Vos manières sont fort honnêtes,
     Il faut l'avouer, et vous êtes
     De très douce société.
Mais toujours des bergers, des chiens; en vérité,
     Cela vous fait passer pour bêtes.
Pour votre compte au moins dissipez ces bruits-là.

On vous tient sans cesse en tutelle,
Défaites-vous de tout cela,
Et promenez-vous seule, en grande demoiselle.
—Voisin, dit la brebis, j'ai peu de vanité.
Appelez ma conduite ou prudence ou bêtise,
    Fort libre à vous; mais ma devise
C'est: moins de gloire, et plus de sûreté.

    Le loup goûta peu ce langage;
    Moi, je le trouve fort sensé:
    C'est la devise la plus sage,
    Pour un peuple bien policé.
    Rois, l'état est votre famille;
    Que faut-il pour combler ses voeux?
    Ce n'est pas qu'au dehors on brille;
    Mais qu'au dedans on soit heureux.[464]

La distorsion est étrange entre une narration, certes familière et correctement menée, malgré une versification assez relâchée qui se perçoit à la médiocrité des rimes, qui semble conventionnellement conduire à la conclusion inéluctable des affrontements entre loups et brebis, c'est-à-dire au festin de l'animal féroce, et une moralité qui invite, très artificiellement, le lecteur à voir dans l'apologue une image de la société. La leçon est intrinsèquement tout à fait recevable, mais la tirer de ce récit est un exercice funambulesque fort risqué... C'est bien le défaut d'Imbert: *son systématisme politique, son désir d'illustrer à tout prix les différents aspects du thème qu'il s'est choisi, le conduisent souvent à forcer le sens de ses narrations au détriment de la cohérence interne de la fable.*

Il lui arrive cependant d'être plus heureux et plus naturel. Dans la lignée, encore, de Montesquieu, la fable du *Mouton* développe la nécessité des lois, conditions de la liberté des peuples:

    Allons, allons; vous vous moquez de moi.
      Etre sans cesse à la lisière,
    Comme un enfant! Le beau plaisir, ma foi!
Il faut au bout de tout avoir l'âme un peu fière.
    (Ainsi parlait un trop jeune mouton)
      Je suis dans l'âge de raison:
    Qu'ai-je besoin qu'avec un ton de maître
      On vienne me dire: allez là;
      Buvez ceci; mangez cela.
    Je sais ce qu'il me faut, peut-être.
Voyez ce beau berger, son bâton à la main,
      Planté là, toujours prêt à battre!
    Sait-il mieux que nous le chemin?
Qu'a-t-il de plus? Deux pieds? moi, j'en ai quatre.
    Oh! c'est surtout ce maudit chien,
Qui me chiffonne. Il ne se passe rien

Qu'il n'y fourre son nez. Sont-ce là ses affaires?
De quoi se mêlent-ils tous deux? Ils sont plaisants.
   Il faut laisser libres les gens;
Cette façon de vivre aussi ne me plaît guères,
      Et sûrement j'en changerai
      Au plus tôt, ou je ne pourrai...
   En effet, un beau jour d'automne,
   Il s'esquive dès le matin,
   Sans prendre congé de personne:
   Le voilà maître du terrain,
   Et dieu sait lors comme il s'en donne!
   De tous côtés il va broutant,
      Gambadant, courant et trottant:
Ah! bon; je suis mon maître; et si l'on m'y rattrape,
Que ce repas, dit-il, soit mon dernier repas.
   Siffle, berger, et toi, chien, jappe;
Je m'en moque à présent; je ne vous entends pas.
Comme il parlait encore, un loup survient, le happe,
Le charge sur son dos, et s'enfuit à grands pas.

   Loin d'imiter ce jeune téméraire,
   Peuples, gardez vos sénats ou vos rois.
      Si la liberté vous est chère,
   Cédez-en sagement une partie aux lois,
      Ou vous la perdrez toute entière.465

Le sujet convient à Imbert: il est conventionnel, et permet donc de mettre en oeuvre des procédés répertoriés. Il offre un personnage aisément caractérisable par le ton: le fabuliste excelle à rendre la raillerie et l'insolence. Il autorise un certain pittoresque, notamment dansss l'évocation de la fugue du mouton audacieux et une chute efficace par le contraste entre la gaîté de l'animal récemment émancipé et la brutalité de l'apparition du loup qui met un terme à sa brève aventure. Rien de tout cela n'est assurément novateur... Mais le travail est bien fait. Sans trop de distorsion avec le récit convenu mais vif, la moralité déplace la leçon attendue (sur les dangers de la désobéissance ou de l'imprudence) dans le domaine politique, insistant sur la garantie que constitue la loi pour un peuple épris de liberté. C'est évidemment une des idées majeures et universellement admises de la pensée des Lumières, agréablement illustrée, avec ce qu'il faut d'humour et ce qu'il faut de sérieux pour faire une bonne fable.
   Imbert, en somme, est bien de son temps. On le suspectera d'avoir voulu, auteur presque débutant, gagner un succès facile dans le genre à la mode de l'apologue en espérant se concilier, comme il venait de s'acquérir la faveur des boudoirs et des amateurs de poèmes mythologiques et galants avec son *Jugement de Pâris* l'année précédente, les suffrages du courant idéologique dominant du moment, celui des Philosophes, et d'avoir par conséquent *un peu trop sollicité la thématique à la mode*, sans la conviction de Dorat et sans l'ampleur de son instrument poétique. Son engagement est trop artificiel pour paraître

réellement intériorisé, mais il est un reflet assez caractéristique de l'air du temps... Le sévère Jauffret n'est pas tendre avec le poète languedocien, accusé d'avoir donné «tête baissée dans les idées de la secte» (philosophique) et surtout d'avoir sombré dans «l'invraisemblance et l'absurdité»[466]. Ce jugement est exagéré, même s'il n'est pas dépourvu de tout fondement: il faut reconnaître, objectivement, que *le livre d'Imbert souffre, irrémédiablement, de n'être qu'un hâtif recueil de circonstances.* C'est d'autant plus dommage que le fabuliste apparaît comme *capable d'un ton personnel et d'atteindre à cette liberté des rythmes qui fait les véritables poètes de la fable.* Mais, tel qu'il est, son recueil, qui voudrait être celui d'un intellectuel engagé, manque singulièrement de profondeur et de conviction sincère.

Les nouveaux philosophes de la fable doivent donc beaucoup à La Motte: comme lui, ils construisent leurs apologues en fonction des leçons en s'écartant chaque fois qu'ils le peuvent des moralités trop triviales pour les remplacer par celles qui leur paraissent être d'actualité dans le champ de la politique, préoccupation dominante au moment des Lumières triomphantes. Mais si Dorat, parce qu'il est poète et parce qu'il est sincère, lui qu'on accuse à tort de superficialité, réussit de belles fables émouvantes et démonstratives à la fois, Imbert, trop pressé d'exploiter artificiellement une veine à la mode, ne parvient pas à convaincre de la réalité de son engagement intellectuel: le premier emporte l'adhésion, le second ne mérite que la curiosité.

CHAPITRE XII
FLORIAN ET SES RIVAUX

Florian, à peine est-il utile de la rappeler, est le seul des fabulistes des Lumières dont la réputation, à défaut de l'oeuvre, ait survécu, tant bien que mal, jusqu'à nous. Ce modeste cadet de La Fontaine, dont le succès posthume fut immense et prolongé (jusqu'à la fin du XIX° siècle, au moins), n'est pourtant pas le seul fabuliste «généraliste» de son époque: Le Bailly, qui avait commencé à écrire ses fables avant lui et qui en publia l'essentiel dans les années 1810, lui fut souvent opposé par les lecteurs de la Restauration, et même quelquefois préféré; Nivernais, en revanche, qui publia ses douze livres peu après la mort de Florian, n'obtint guère qu'un succès d'estime.

Sans remettre absolument en cause la hiérarchie que nous a léguée une tradition d'ailleurs désormais bien discrète, nous souhaitons dans ce chapitre montrer d'une part que la place de second du Bonhomme accordée à Florian est plutôt due à sa représentativité et à son absence de défaut majeur qu'à la qualité exceptionnelle de son recueil, et que ses deux contemporains oubliés peuvent, à des titres divers, lui être légitimement comparés, Nivernais surtout, bien meilleur poète que Le Bailly.

LE SECOND DE LA FONTAINE, FLORIAN

Cent fables, regroupées en cinq livres, composent le recueil de Jean-Pierre de Claris, chevalier de Florian (1755–1794), à quoi il convient d'ajouter quelques pièces posthumes ou non recueillies dans l'ouvrage[467]. Ce Languedocien, qui prétend avoir vécu dans son Midi d'origine une enfance de sauvageon, doit à un cousinage d'alliance avec Voltaire et surtout à la bienveillance d'un oncle qui en avait épousé une nièce d'avoir quitté sa lointaine province pour Paris via Ferney. Des maîtres sévères comblèrent les lacunes de sa formation initiale, de bien-veillants appuis lui permirent d'entrer dans l'entourage du duc de Penthièvre, descendant de Louis XIV et de la Montespan, des talents précoces lui fournirent de précoces succès littéraires. A vingt-quatre ans il débutait au théâtre italien, qu'il fournit pendant plusieurs années en Arlequinades[468] bien troussées avant de songer à une carrière plus sérieuse et plus lucrative. Couronné poète par un concours académique pour son Voltaire et le Serf du Mont-Jura (1782), d'ailleurs fort mal écrit, Florian trouva d'abord la voie du succès dans les genres narratifs: empruntant à Gessner celui de la pastorale et à Cervantès son sujet, il devint célèbre grâce à Galatée, publia deux séries de Nouvelles intéressantes mais un peu fades puis un roman qui rappelle beaucoup Paul et Virginie, en 1788, pour narrer les aventures émouvantes de deux paysans languedociens, Estelle et Némorin. Avec moins de bonheur, il s'essaya aussi au roman historique (Numa et Gonzalve de Cordoue), obtint brillamment à trente trois ans son élection à l'Académie (1788). Tout lui souriait: il était en passe de devenir le «grand» écrivain de son temps quand survint la Révolution. C'est apparemment à ce moment que l'idée lui prit de faire des fables, comme bien d'autres avant lui: il avait essayé deux ou trois apologues de circonstances, au vrai assez médiocres, et écrit un pastiche de fable en ouverture d'une de ses comédies italiennes[469], mais ce n'est qu'à partir de 1789 qu'il se mit sérieusement à l'ouvrage. Au début de 1792, il en avait plus d'une centaine, mais jugeant avec une certaine sévérité sa production, il voulait en écrire suffisamment d'autres pour avoir la possibilité de choisir les meilleures. Sans doute n'eut-il pas vraiment le temps de le faire, puisque son recueil est, il faut le remarquer, fort inégal. Il parut à la fin de 1792.

Nous avons déjà amplement glosé la conception de la fable chez Florian[470]: il la considère avant tout comme un conte, dont la narration doit être dramatique (au sens premier du mot), se préoccupe peu de savoir s'il faut inventer les sujets ou imiter les sources diverses disponibles, baptise du nom de poésie l'art de peindre vivement. Bref, il refuse, comme la plupart des fabulistes de la seconde époque des Lumières, d'entrer dans des débats théoriques. Cette position cependant n'exclut pas une réelle culture, une certaine sagesse et un vrai talent, malheureusement un peu irrégulier.

UNE RÉELLE CULTURE
Sur les cent dix-sept fables de Florian, près des deux tiers sont des pièces imitées, avec plus ou moins de liberté et de bonheur. Il emprunte à toutes les sources possibles: Yriarte, le fabuliste espagnol qu'il a l'honneur d'avoir introduit en France, les Allemands, l'Anglais Gay, le fonds antique (mais assez peu), ses prédécesseurs français (beaucoup plus qu'il ne le prétend) et jusqu'à La Fontaine lui-même, le père Desbillons, le grand fabuliste latin du XVIII° siècle. Son recueil semble avoir été composé au gré de la lecture de ces modèles, certains étant rouverts régulièrement, d'autres abandonnés aaprès usage.

La réussite sourit régulièrement à Florian lorsqu'il imite les auteurs étrangers: contrairement à certains de ses prédécesseurs, il ne se contente pas de les traduire, mais il s'en écarte toujours quelque peu, comme pour leur imprimer sa marque. Nous ne prendrons qu'un exemple, ayant déjà cité ailleurs[471] des imitations de Gellert et d'Yriarte. Voici, très librement adapté de Lichtwer, *L'Ecureuil, le Chien et le Renard* [472]:

> Un gentil écureuil était le camarade,
>   Le tendre ami d'un beau danois.
> Un jour qu'ils voyageaient comme Oreste et Pylade,
>   La nuit les surprit dans un bois.
> En ce lieu point d'auberge; ils eurent de la peine
>   A trouver où bien se coucher.
> Enfin le chien se mit dans le creux d'un vieux chêne,
> Et l'écureuil plus haut grimpa pour se nicher.
>   Vers minuit, c'est l'heure des crimes,
>   Longtemps après que nos amis,
> En se disant bonsoir, se furent endormis,
> Voici qu'un vieux renard affamé de victimes
> Arrive au pied de l'arbre, et levant le museau,
>   Voit l'écureuil sur un rameau.

Il le mange des yeux, humecte de sa langue
Ses lèvres, qui de sang brûlent de s'abreuver.
Mais jusqu'à l'écureuil il ne peut arriver;
    Il faut donc par une harangue
L'engager à descendre, et voici son discours:
    Ami, pardonnez, je vous prie,
Si de votre sommeil j'ose troubler le cours;
Mais le pieux transport dont mon âme est remplie
Ne peut se contenir: je suis votre cousin
    Germain,
Votre mère était soeur de feu mon digne père.
Cet honnête homme, hélas! à son heure dernière,
M'a tant recommandé de chercher son neveu,
    Pour lui donner moitié du peu
Qu'il m'a laissé de bien! Venez donc, mon cher frère,
    Venez, par un embrassement,
Combler le doux plaisir que mon âme ressent.
Si je pouvais monter jusqu'au lieu où vous êtes,
Oh! j'y serais déjà, soyez-en bien certain.
    Les écureuils ne sont pas bêtes,
    Et le mien était fort malin.
    Il reconnaît le patelin,
Et répond d'un ton doux: Je meurs d'impatience
    De vous embrasser, mon cousin;
Je descends; mais, pour mieux lier la connaissance,
Je veux vous présenter mon plus fidèle ami,
Un parent qui prit soin de nourrir mon enfance;
Il dort dans ce trou-là: frappez un peu. Je pense
Que vous serez charmé de le connaître aussi.
    Aussitôt maître Renard frappe,
Croyant en manger deux: mais le fidèle chien
    S'élance de l'arbre, le happe,
    Et vous l'étrangle bel et bien.

Ceci prouve deux points: d'abord qu'il est utile
Dans la douce amitié de placer son bonheur;
Puis, qu'avec de l'esprit il est souvent facile
Au piège qu'il nous tend de surprendre un trompeur.[473]

Cette fable, d'une belle venue, présente le double intérêt de s'inspirer à la fois de *la lettre* de Lichtwer et de *l'esprit* de La Fontaine. Au fabuliste allemand, elle emprunte son sujet, qu'elle suit d'assez près, mais sans entrer dans les détails de l'échange entre le renard et l'écureuil. Florian contamine la donnée de Lichtwer avec le récit ésopique traditionnel, si magnifiquement orchestré par La Fontaine dans «Le Coq et le Renard»: les lévriers du Bonhomme, qui ne sont d'ailleurs qu'une menaçante invention du rusé volatile, deviennent sous sa plume un danois bien réel, et propice à s'attendrir un instant, au moment de dépeindre ses tendres liens avec l'écureuil, sur les douceurs de l'amitié. Il passe à juste titre pour le créateur de la fable sensible, et il est vrai qu'il aime à y développer des sentiments doux... C'est cette contamination qui le conduit à la curieuse moralité double (ce qui arrive parfois chez La Motte) qui conclut la narration. Celle-ci est très correctement menée, avec quelques excès d'insistance sans doute un peu hétérogènes dans l'abus d'un ton trop dramatisé pour annoncer que va survenir une aventure «criminelle» et pour portraitiser le féroce renard. En revanche, le discours du prédateur, d'une rhétorique appuyée, illustre à merveille l'une des hantises du fabuliste languedocien, traumatisé semble-t-il par ses maîtres injustes à la période tardive de l'adolescence où il compléta ses études: il a une véritable phobie des rhéteurs... et réussit fort bien à caricaturer le pauvre renard, sous cet aspect, lui donnant à la fois l'esprit retors, la fausse onction ecclésiastique et l'impatient appétit qui furent, peut-être, ceux de ses précepteurs trop rudes. La versification, qui multiplie les procédés fontainiens, est d'une souplesse tout à fait remarquable, surtout pour Florian, qui est souvent plutôt malhabile en ce domaine: le poète, à la fin, signe sa dette envers le Bonhomme en reproduisant littéralement le «je descends» en rejet de la pièce de La Fontaine, auquel il emprunte tout aussi bien sa seconde moralité, qui provient du «Renard et la Cigogne».

Beau travail de fabuliste, qui témoigne que Florian est capable, dans ses meilleures productions, d'*allier de manière personnelle l'héritage du maître de la fable et les trouvailles utiles de ses émules étrangers.* On peut dire que, sur ce point, il est souvent l'égal des meilleurs auteurs français d'apologues au Siècle des Lumières: son imitation, pour paraphraser La Fontaine, n'est pas un esclavage, elle a *la liberté d'une recréation* et témoigne d'*une culture bien assimilée.*

UNE SAGESSE PAISIBLE

De Florian, l'on connaît surtout, sans forcément se souvenir qu'elles lui appartiennent, quelques leçons qui prônent une sagesse assez négative: «Chacun son métier,/ Les vaches seront bien gardées»ou «Pour vivre heureux, vivons cachés»[474]. En tant que moraliste, donc, le poète s'inscrit dans la tradition de la fable: il est modéré, certes, mais surtout pessimiste ou désabusé, parce qu'il perçoit que les ressorts essentiels de la conduite des hommes sont l'intérêt et l'égoïsme... Le bonheur, dans ces conditions, ne doit pas nous étourdir: il faut en jouir avec économie, avec une sorte d'émerveillement, comme s'il n'était au fond pas si normal que cela qu'on en bénéficie. C'est la leçon d'une belle pièce dont le sujet provient du Père Desbillons, *Le Cheval et le Poulain*:

> Un bon père cheval, veuf, et n'ayant qu'un fils,
> L'élevait dans un pâturage
> Où les eaux, les fleurs et l'ombrage
> Présentaient à la fois tous les biens réunis.
> Abusant pour jouir, comme on fait à cet âge,
> Le poulain tous les jours se gorgeait de sainfoin,
> Se vautrait dans l'herbe fleurie,
> Galopait sans objet, se baignait sans envie,
> Ou se reposait sans besoin.

Oisif et gras à lard, le jeune solitaire
S'ennuya, se lassa de ne manquer de rien;
Le dégoût vint bientôt; il va trouver son père:
Depuis longtemps, dit-il, je ne me sens pas bien;
    Cette herbe est malsaine et me tue,
Ce trèfle est sans saveur, cette onde est corrompue,
L'air qu'on respire ici m'attaque les poumons;
    Bref, je meurs si nous ne partons.
—Mon fils, répond le père, il s'agit de ta vie,
    A l'instant même il faut partir.
Sitôt dit, sitôt fait, ils quittent leur patrie.
Le jeune voyageur bondissait de plaisir:
Le vieillard, moins joyeux, allait un train plus sage;
Mais il guidait l'enfant, et le faisait gravir
Sur des monts escarpés, arides, sans herbage,
    Où rien ne pouvait le nourrir.
    Le soir vint, point de pâturage;
    On s'en passa. Le lendemain,
Comme l'on commençait à souffrir de la faim,
On ne galopa plus le reste du voyage;
A peine, après deux jours, allait-on même au pas.
    Jugeant alors la leçon faite,,
Le père va reprendre une route secrète
    Que son fils ne connaissait pas,
    Et le ramène à sa prairie
Au milieu de la nuit. Dès que notre poulain
    Retrouve un peu d'herbe fleurie,
Il se jette dessus: Ah! l'excellent festin!
La bonne herbe! dit-il: comme elle est douce et tendre!
    Mon père, il ne faut pas s'attendre
    Que nous puissions rencontrer mieux;
Fixons-nous pour jamais dans ces aimables lieux:
Quel pays peut valoir cet asile champêtre?
Comme il parlait ainsi, le jour vint à paraître:
Le poulain reconnaît le pré qu'il a quitté;
Il demeure confus. Le père, avec bonté,
Lui dit: Mon cher enfant, retiens cette maxime.
Quiconque jouit trop est bientôt dégoûté,
    Il faut au bonheur du régime.[475]

La pièce ne s'écarte guère de son modèle en ce qui concerne la conduite de la narration. Florian, à la suite du pédagogue Desbillons, indique dès le départ que le poulain est fautif et qu'il sera corrigé, et s'étend avec complaisance sur une peinture champêtre dans laquelle évolue ce sybarite débutant. Sans doute, par désir de faire preuve de trop d'esprit ou par pure maladresse, se montre-t-il un peu malchanceux lorsqu'il suggère le cliché des «pourceaux d'Epicure» à travers trois expressions qui créent une disgrâcieuse analogie entre le jeune équidé et la gent porcine, mais c'est se montrer trop sévère que de le lui reprocher, d'autant qu'après avoir commis cet impair il se rattrape par un rejet expressif au moment de lancer sa narration, enfin exposée: «le jeune solitaire / S'ennuya»... Le fabuliste fait traîner avec beaucoup d'à-propos l'épisode des tribulations des deux chevaux et abrège tout aussi judicieusement celui du retour, qu'un enjambement réussi situe «au milieu de la nuit», de manière à justifier la surprise du poulain au petit matin. Le jeune animal est conduit à découvrir lui-même la sottise de son désir de changement: le cheval a bien fait son devoir de pédagogue... Et la maxime finale, dont la signification intrinsèque est très satisfaisante, a le bonheur de fonctionner aussi comme une spirituelle allusion aux deux jours de jeûne imposés par l'aîné à son rejeton. Un peu de cruauté pédagogique dans un climat d'affectueuse réprimande: telle apparaît cette fable supérieurement narrée, qui prône la modération des désirs et conseille de se contenter de ce qu'on a... Apprendre dès sa jeunesse à jouir avec économie: la leçon n'est pas exaltante, mais elle est sage! Elle résume très bien l'essentiel de *la morale de Florian, dont on pourrait qualifier le pessimisme de tranquille.*

Dans un secteur plus particulier des préoccupations des Lumières, celui de la politique et de la société, le jugement du fabuliste languedocien n'est guère plus optimiste: il stigmatise, ici ou là, l'hypocrisie des grands, les succès obtenus par la compromission, il sait qu'il n'y a que les imbéciles qui réussissent, que les vrais sages sont tenus au ban de la société, que les rois n'aiment pas les serviteurs sincèrement zélés, que les forts écrasent toujours les faibles. Les quelques lueurs positives du recueil proviennent d'une foi inébranlable en la solidarité des hommes, celle de l'aveugle qui transporte le paralytique, celle de la serine qui élève le chardonneret[476], et du constat, parfois, qu'il existe des exceptions aux règles négatives dominantes. L'homme — s'il veut être heureux, — se soumettra à sa destinée, écoutera la voix de sa conscience (on pourrait pour-chasser le rousseauisme, chez Florian...), cultivera ses vertus et respectera Dieu, ainsi que le recommande la moralité des *Deux Persans*:

> Employons notre esprit à devenir meilleurs.
> Nos vertus au Très-Haut sont le plus digne hommage,
> Et l'homme juste est le seul sage.[477]

LES LIMITES D'UN TALENT

Cultivé, moraliste, Florian est aussi un bon poète... jusqu'à une certaine limite. Son recueil fait voisiner les pièces exceptionnellement réussies et d'autres que des scories d'écriture, des maladresses de versification ou une impression d'incomplet achèvement entâchent. Il arrive même que les apologues soient un curieux composé de qualités évidentes et de défauts qu'il eût été, semble-t-il, aisé d'éliminer. *L'Avare et son Fils*, fable imitée de l'Italien de la Renaissance Abstemius via le Père Desbillons, nous semble être dans ce cas. La narration, qui est très fidèle au modèle à l'exception d'un très léger écart dans l'exposition (l'avare de Desbillons se contente de ranger des pommes dans un lieu secret, Florian cherche à donner un peu de mouvement à ce début en envoyant son personnage au marché acheter les fruits), n'est pas contestable. Le choix du fabuliste languedocien, en ce qui concerne la moralité, explicite chez le Jésuite mais passée sous silence dans la pièce française, pose un problème assez mineur, le sens de l'anecdote demeurant relativement clair. Ce qui arrête le lecteur et l'empêche d'être totalement satisfait est d'un autre ordre: ce sont les inversions forcées, qui semblent prouver que la langue des vers ne vient pas spontanément à Florian, qui aurait eu besoin de retravailler son texte pour en améliorer la fluidité. Voici la fable, par ailleurs gâchée par quelques rimes vraiment faibles (réduit et appétit, folie et pourrie) et par trop de rimes plates:

> Par je ne sais quelle aventure,
> Un avare un beau jour voulant se bien traiter,
> Au marché courut acheter
> Des pommes pour se nourriture.
> Dans son armoire il les porta,
> Les compta, rangea, recompta,
> Ferma les doubles tours de sa double serrure,
> Et chaque jour les visita.
> Ce malheureux dans sa folie,
> Les bonnes pommes ménageait;
> Mais lorsqu'il en trouvait quelqu'une de pourrie,
> En soupirant il la mangeait.
> Son fils, jeune écolier, faisant fort maigre chère,
> Découvrit à la fin les pommes de son père.
> Il attrape les clefs, et va dans ce réduit,
> Suivi de deux amis d'excellent appétit.
> Or, vous pouvez juger le dégat qu'ils y firent,
> Et combien de pommes périrent!
> L'avare arrive en ce moment,
> De douleur, d'effroi palpitant:
> Mes pommes, criait-il! coquins, il faut les rendre,
> Ou je vais tous vous faire pendre.
> —Mon père, dit le fils, calmez-vous, s'il vous plaît;
> Nous sommes d'honnêtes personnes:
> Et quel tort vous avons-nous fait?
> Nous n'avons mangé que les bonnes.[478]

Le regard ironique, mais sans méchanceté, sur l'avare, au début de la pièce, est une heureuse trouvaille, de même que le jeu des répétitions quand le personnage met sous clef ses emplettes. Malheureusement, dans les vers suivants apparaît la première inversion forcée: «les bonnes pommes ménageait», aussitôt suivie d'une autre à peine moins malencontreuse: «en soupirant il la mangeait». Plus bas, la distorsion entre le familier («le dégat qu'ils y firent») et le burlesque («combien de pommes périrent») apparaît un peu excessive, puis la brève peinture de l'avare «d'effroi palpitant», pour suggestive qu'elle soit, montre un poète aux abois à la recherche d'une rime, fort médiocre d'ailleurs (moment et palpitant). Même le bon mot qu'est la conclusion est un peu malmené par la rime qui l'amène (personnes et bonnes, le premier des deux termes ne paraissant guère en situation dans la bouche du fils surpris en flagrant délit de larcin).

Florian, d'une manière générale, raconte mieux qu'il ne versifie, a plus d'esprit que de souplesse. Il n'en a que plus de mérite lorsqu'il parvient à réunir toutes ces qualités, au prix assurément d'un réel effort de correction et de réécriture de *ses premiers jets, qui devaient être des contes un peu gauches dans leur expression.*

UN SECOND LA FONTAINE?

Florian, avec ses qualités réelles et ses défauts parfois encombrants, est-il un second La Fontaine? Est-il, plus raisonnablement, le second après La Fontaine, ce qui fut assurément l'espoir secret de la plupart de ceux qui entrèrent en lice après le Bonhomme? Au risque de paraître sévère, nous répondrons non à ces deux questions. Florian est un excellent narrateur d'apologues, un moraliste souvent intéressant, un poète qui parvient parfois à la réussite par un travail qui l'oblige à vaincre ses difficultés (il n'a pas le vers «naturel») et qui s'est imprégné de son mieux des procédés du maître de la fable, mais il n'a pas l'extraordinaire diversité de La Fontaine, il n'a pas son souffle, il n'a pas, malgré les efforts qu'il fait pour s'impliquer dans ses apologues, l'extraordinaire présence du Bonhomme, il n'a même pas la forte personnalité d'un La Motte ou d'un Dorat, qui font entendre leur voix même après celle du maître de la fable. *Il n'est pas assez autre pour être le second...* Il est trop appliqué pour être un rival.

C'est ailleurs qu'il faut chercher son véritable intérêt: *il représente la synthèse presque complète de tout ce qui s'est fait dans l'histoire de l'apologue après La Fontaine.* En lui se rejoignent le courant traditionnel, nourri des sources antiques ou orientales, au moralisme pessimiste et conservateur, le courant politique modéré qui se contente d'égratigner les pouvoirs et les abus sans pourtant cesser de croire en la possible réforme des souverains, le courant satirique et épigrammatique, le courant «étranger» soucieux d'enrichir l'apologue des apports britanniques, allemands ou espagnols, même le courant galant et celui de la fable «fugitive» ou de circonstances. *Son oeuvre est une sorte de résumé des potentialités du genre*: imparfaitement maîtrisée mais pourtant séduisante, elle intéresse, elle attache, mais elle ne retient pas toujours... Les meilleures mémoires ne se souviendront jamais que d'une dizaine de fables de Florian, alors qu'elles ont retenu les deux tiers de La Fontaine.

Le recueil du fabuliste languedocien fut accueilli, à l'époque troublée où il vit le jour, avec un réel enthousiasme. Nous citerons l'essentiel du jugement de La Harpe, critique d'une incontestable compétence en ce qui concerne la poésie, qu'il pratiquait en virtuose:

> Des nombreux recueils de fables qui ont paru dans ce siècle, celui-ci me paraît le meilleur; c'est celui où il me semble que l'on a le mieux saisi le véritable esprit et le vrai ton de la fable. La morale en est bien choisie et bien adaptée au sujet. (...) Le bon, en tous les genres prédomine dans ce recueil: vous y trouverez des fables d'un intérêt attendrissant, d'autres d'une gaîté douce et badine, d'autres d'une finesse piquante, d'autres d'un ton plus relevé sans être au dessus de celui de la fable. Le poète sait varier ses couleurs avec les sujets; il sait décrire et converser, raconter et moraliser; nulle part on ne sent l'effort, et toujours on aperçoit la mesure.[479]

Cette appréciation d'ensemble extrêmement favorable est nuancée, plus loin, par des critiques techniques qui relèvent des fautes de versification et par des reproches adressées à quelques pièces très faibles que La Harpe souhaiterait voir disparaître du recueil. L'auteur du *Lycée* avait la réputation d'être fort sévère: l'aurions-nous été, quant à nous, à l'excès? Non pas: le recueil de Florian est bien, globalement, le meilleur de son siècle, il a bien toutes les qualités relevées par le critique, il contient même quelques pièces vraiment inoubliables... Que lui manque-t-il donc? Sans doute l'énergie et la force qui font de grandes oeuvres de recueils globalement moins incontestables, mais qui semblent s'être littéralement imposés à leurs auteurs.

UN FABULISTE CONSCIENCIEUX ET APPLIQUÉ, LE BAILLY

Cent trente cinq fables, publiées en quatre fois, alternativement longues et brèves, constituent la contribution d'Antoine-François Le Bailly (1756–1832) à l'histoire de l'apologue. Ce Normand, qui fut avocat avant de devenir journaliste à la *Bibliothèque des théâtres* puis employé dans l'administration des Finances, fit une carrière littéraire plutôt discrète, à peine marquée par quelques essais théâtraux (*Le Procès d'Esope avec les animaux*, 1812) et quelques livrets d'opéras (*Corisandre*, 1792; *Diane et Endymion*, 1814). Seules ses Fables, apparues dès 1784, lui valurent quelque succès.

Le recueil initial ne comporte que soixante huit pièces: quoique bien accueilli à sa parution en 1784, l'auteur ne lui donna pas de suite immédiate. Ce n'est que vingt-sept ans plus tard, en 1811, qu'il le republia, corrigé et légèrement augmenté: le succès fut alors au rendez-vous, et dès 1813 paraissait un nouveau volume de *Fables nouvelles faisant suite au volume publié en 1811*, accompagné d'une «table raisonnée des matières de morale» contenues dans les deux ouvrages, un peu à la manière de celles que les pédagogues Barbe et Grozelier, cinquante ans auparavant, avaient mises à la fin de leurs recueils. L'édition définitive des *Fables* de Le Bailly parut en 1823, avec des suppressions ou ajouts.

Le talent du poète normand s'exprime surtout dans l'apologue bref: esprit souvent acide, porté à l'épigramme, admirateur d'Esope avant toutes choses, Le Bailly n'est jamais meilleur que lorsqu'il parvient à synthétiser une pointe en quatre ou cinq vers... Malheureusement, il a voulu être un fabuliste complet: on lui doit aussi des pièces fort longues, qui souffrent en général d'*une versification très raide* et d'une cohérence de ton plutôt hypothétique. Les Grâces, assurément, ne s'étaient pas penchées sur le berceau de Le Bailly: il est *souvent rustique et parfois grossier*. Il fut pourtant, sous l'Empire, considéré comme un rival plausible pour Florian: cela montre trop bien l'évolution des goûts, *la confusion de plus en plus grande entre l'apologue et la caricature épigrammatique*, le choix en faveur d'un moralisme conservateur et aigre... Cela témoigne aussi d'une curieuse appréciation du mérite poétique, qui fait prendre un imitateur appliqué et balourd de La Fontaine pour un bon fabuliste.

DES RÉUSSITES DANS LA FABLE BRÈVE
Le terrain d'élection de Le Bailly est l'apologue minuscule. Voici par exemple *Le Papillon et le Lys*:

> Admirez l'azur de mes ailes,
> Disait au lys majestueux
> Un papillon présomptueux;
> Vit-on jamais couleurs plus vives et plus belles?
> Le lys lui répondit: Insecte vil et fier,
> D'où te vient cet orgueil étrange?
> As-tu donc oublié qu'hier,
> Reptile encore obscur, tu rampais dans la fange?[480]

Quel est le sens moral de cette épigramme assez méchante? Le fabuliste nous l'indique lui-même dans sa «table des matières de morale»:

> L'homme de basse extraction qui se trouve élevé aux dignités est sujet à oublier son premier état.[481]

On ne niera pas que la pointe soit acérée, mais l'on se demandera en quoi la réunion de ces deux acteurs, chacun porteur d'un symbolisme stéréotypé, est plausible. La question, en d'autres termes, est de savoir si c'est bien une fable qu'on lit... Chaque fable concise de Le Bailly pose à peu près le même problème. Voici *Le Singe et le Renard*, sujet qu'il n'est pas le seul à avoir traité:

> Bertrand, singe un peu vain, disait: Que l'on me cite
> Un seul des animaux que mon geste n'imite.
> —Et toi, dit un renard, en pourrais-tu citer
> Un seul qui voulût t'imiter?[482]

Le sens moral attribué par le fabuliste lui-même à cette miniature cinglante déçoit: «Celui qui se borne à être imitateur n'est jamais imité», déclare Le Bailly, qui crée à cette occasion une rubrique imitateurs dans sa «table des matières de morale»[483]... La pièce, en tant qu'épigramme, est absolument excellente, comme presque toutes celles de ce type qui sortent de la plume de l'écrivain.

Voici *Le Cheval peint et l'Ane*, dont le sens moral est moins énigmatique:

> Passé maître en fait de peinture,
> Certain singe avait peint un superbe cheval.
> Les animaux, chargés d'en faire la censure,
> S'écriaient tous: Bravo! ma foi, de la nature,
> L'art se montre ici le rival.
> —Oui, notre frère a fait merveilles,
> Dit un âne; mais l'art ne m'en impose point,
> Et ce cheval, pour être un chef-d'oeuvre en tout point,
> N'a pas d'assez longues oreilles.[484]

Quel est le sens moral? A l'évidence, qu'on juge toujours de la beauté en référence à celle qu'on se suppose à soi-même: pour un âne, l'idéal de l'équidé, c'est l'âne, et non pas le cheval... Pourquoi diable alors Le Bailly inscrit-il ce commentaire hors de propos dans sa «table des matières»: «Le comble de la sottise est de vouloir s'ériger en juge des choses qu'on ne connaît pas»[485]? C'est ôter tout son sel à l'épigramme, c'est ignorer que la force percutante de la pièce ne provient que du rapprochement entre l'âne et le cheval, c'est n'utiliser le premier que dans sa symbolique habituelle de la sottise en négligeant sa ressemblance et sa parenté avec le second. La fable, ou plutôt une fois encore l'épigramme (mais ici plus voisine de la fable que les deux pièces précédentes) vaut mieux que son commentaire stupide... Le Bailly, décidément, n'avait rien d'un pédagogue, et il s'est fait à lui-même illusion en voulant joindre à ses apologues ce malencontreux commentaire moralisateur.

DES PIÈCES LONGUES PARFOIS MALADROITES
Le Bailly a eu, visiblement, l'ambition d'être un fabuliste complet. Comme ses contemporains, il a puisé allègrement à toutes les sources, depuis le fonds ésopique, dont la concision lui convient assez bien, jusqu'aux modèles étrangers récents (les Allemands, Gay, Yriarte). Dans bien des cas il est ainsi conduit à traiter des sujets déjà abordés par ses prédécesseurs français, et la comparaison n'est pas forcément à son avantage. Voici un exemple que nous avons déjà rencontré[486], *L'Ecureuil et le Renard*, adapté de Lichtwer, qui montre le poète normand sous un jour assez favorable:

Compère le renard, en rôdant par la plaine,
Vit un jeune écureuil qui prenait ses ébats,
Sautant de branche en branche à la cime d'un chêne.
C'était l'occasion de faire un bon repas;
Mais atteindre là-haut, Renard ne le peut pas;
    De l'aventure de la treille,
Il lui souvient toujours: or, il dit à part-soi:
Cet animal est fin, éveillé comme moi,
    Et notre queue est à peu près pareille.
Mettons donc à profit cet air de parenté,
    Pour l'attirer de mon côté.
    Ah! cher cousin, s'écrie alors le traître,
Depuis tantôt mille ans, j'aspire à vous connaître;
    On m'a dit tant de bien de vous.
En effet, où trouver un parent plus aimable?
    O, combien il me serait doux
De vous voir partager les plaisirs de ma table!
    J'ai des fruits de toute saison,
Force amandes surtout et des noix à foison.
    —Grand merci! lui répondit l'autre;
    Je suis flatté d'un si galant accueil;
Mais qui donc êtes-vous, et quel nom est le vôtre?
    —Mon nom? je m'appelle Ecureuil,
Et de plus Ecureuil fort à votre service.
Feu votre père (hélas! que le ciel le bénisse!)
    Etait propre frère du mien.

Jugez de notre étroit lignage.
Par le plus doux baiser serrons donc le lien
Qu'établit entre nous cet heureux cousinage.
L'autre, à ces mots, ne fait qu'un saut,
Mais c'est pour remonter plus haut.
Quoi, vous vous éloignez? dit le rusé compère.
—Oui, mon très honoré cousin,
Et voici le conseil, s'il faut le dire enfin,
Que m'a donné cent fois votre tante, ma mère:
Mon fils, entre parents qui se touchent de près,
S'élève toujours quelquenoise.
Veux-tu donc avec eux n'avoir aucun procès?
Ne t'en laisse approcher que de plus d'une toise;
C'est le moyen de vivre en paix.[487]

Florian, on s'en souvient, contaminait la narration de Lichtwer avec celle d'une fable de La Fontaine, «Le Coq et le Renard», avec assez de bonheur. Le Bailly est moins heureux avec ses allusions au Bonhomme, qui empruntent à la même fable d'origine ésopique dans le discours du renard qui prétend embrasser l'écureuil et se souvient, au moment de l'exposition, d'une autre pièce bien connue, «Le Renard et les Raisins». On peut considérer, par ailleurs, que le temps qu'il passe à faire raisonner le renard sur le moyen qu'il va employer pour séduire la victime est bien inutilement gaspillé et que ce «monologue intérieur» est, dès le début, imparfaitement exprimé: pourquoi donc l'écureuil est-il «fin», «éveillé», puisque son destin est d'être croqué? C'est trop obscur pour être humoristique. L'échange entre les deux protagonistes, en revanche, se déroule assez bien, quoique sans grand relief, mais la conclusion, prononcée par l'écureuil sous forme de prosopopée, n'est pas très harmonieuse dans son expression, si elle est assez nette dans son sens moral. La fable, en somme, est une demi-réussite[488].

C'est encore la comparaison avec Florian qu'appelle *La Belle et la Guêpe*[489], pièce adaptée de l'Anglais Gay:

Combien de vains discours
Se glissent tous les jours
A l'oreille des belles!
La sottise en rabat, l'orgueil en cheveux longs,
Tels qu'un vil essaim de frelons,
Bourdonnent sans cesse autour d'elles.
Beau sexe, je vous plains si ce perfide encens
Chatouille vos esprits, gagne jusqu'à vos sens.
Permettez que je vous expose,
En élaguant sa fable et ménageant les mots,
Ce qu'un auteur anglais raconte à ce propos:
J'abrège son récit, pour cause.

Doris un jour d'été rêvait à ses attraits,
Et, devant un miroir ajustant sa parure,

Joignait un nouveau charme aux dons de la nature.
Une guêpe la voit, vole au loin, vole auprès,
    Tantôt frise son cou d'albâtre,
De ses lèvres tantôt effleure le corail.
On a beau la chasser, l'insecte opiniâtre
    Se moque des coups d'éventail.
Il vient de respirer les parfums de sa bouche.
Dieux, qui voyez ce trait d'une insolente mouche,
    Vengez-moi! s'écria Doris.
    —Quel si grand crime ai-je commis?
Dit la guêpe. Et ce crime, en suis-je bien la cause?
    Cachez-moi donc ces yeux si doux:
Dérobez-moi ces traits dont le pouvoir expose
    A mériter cet injuste courroux;
Votre bouche a l'éclat et l'odeur de la rose.
    A ce joli compliment
    Doris n'a plus de colère.
    La guêpe épiait ce moment,
Et la touche du bout de son aile légère;
    Puis sur sa joue ose faire un larcin;
    Puis s'éloigne encor de la belle
A dessein d'obtenir une faveur nouvelle;
    Puis de Doris veut caresser le sein.
Alors, sans nul obstacle, elle met au pillage
    Les roses et les lis.
    L'imprudente Doris
    Se prête au badinage;
    Mais ce doux jeu
    Dura bien peu.
    Tandis que la jeune étourdie
S'amuse de la sorte et bannit tout soupçon,
Elle éprouve soudain, ô noire perfidie!
Que l'insecte galant portait un aiguillon.[490]

Cette adaptation n'est pas dépourvue de qualités. Le Bailly traduit habilement au départ le prologue de l'original anglais, mais s'empêtre un peu dans les synecdoques destinées à désigner les abbés de cour et les petits-maîtres avant d'oser l'emploi d'un terme d'un registre inadapté (chatouiller). Le fabuliste prétend ensuite, avant l'attaque de la narration, «élaguer» son modèle et le rendre plus décent, ce qui ne serait que louable si l'original était plus long et moins chaste, alors que c'est exactement l'inverse! En effet, de façon assez pesante, le poète normand insiste sur la galanterie et même l'érotisme du sujet, en bon lecteur des poètes légers: le lexique plutôt équivoque se met à pulluler dans la fable tandis que la guêpe lutine la très consentante Doris pour en arriver, littéralement, à la renverser sur le sopha, ce qu'indique nettement la «mise au pillage» des trésors intimes de la jeune femme. Que peut donc dans ce cas signifier l'aiguillon qui termine l'aventure? Le Bailly a lu les poètes galants mais se révèle incapable de concilier légèreté, suggestivité et décence... En revanche, il n'est pas maladroit dans l'usage du mètre, ici très varié, puisque les vers courts et même les vers impairs jouent un rôle important dans la narration, dans le but probable de la rendre aussi grâcieuse que possible. Il est habile, encore, quand il fait parler ses personnages: l'emphase hypocrite d'une Doris faussement outrée est bien rendue, de même que la flatterie insinuatrice de l'insecte qui se fait pressant. La fable, une nouvelle fois, apparaît comme une demi-réussite.

L'APPLICATION ET LA BALOURDISE
Le Bailly est *un fabuliste appliqué et consciencieux, mais souvent maladroit dans l'expression*: sa technique est scolaire et son goût peu raffiné. Nous citerons, à titre d'exemple, la pièce *Le Jardinier et l'Ane*, qu'il emprunte aux *Fables héroïques* en prose d'Audin (1648):

> L'âne d'un jardinier portait un jour des fleurs
> Que son maître allait vendre à la prochaine ville.
> Fillettes et garçons accouraient à la file
> Pour en respirer les odeurs.
> L'orgueil ne vient-il pas s'emparer du pauvre âne,
> Qui marche en se panadant.
> On aurait dit d'un pédant
> Coiffé de son bonnet et traînant sa soutane;
> Mais à peine le jardinier
> A-t-il vendu les dons de Flore,
> Qu'en retournant chez lui, d'un immonde fumier
> Il charge la vaine pécore.
> De la mauvaise odeur tout le monde infecté
> Se détourne et s'enfuit d'un pas précipité.
> Oh! oh! dit le vaudet, ce changement m'étonne.
> Autour de moi, je ne vois plus personne,
> Et cependant, à l'envi, ce matin,
> Un cortège nombreux accompagnait Martin.
> Quelle peut en être la cause?
> Le jardinier lui dit: Si tu veux le savoir,
> Ce matin, tu sentais la rose,
> Et tu sens le fumier ce soir.
>
> Ainsi la vertu nous attire
> Par un charme toujours vainqueur,
> Tandis que le vice n'inspire
> Que l'éloignement et l'horreur.[491]

Le caractère malodorant du sujet en rendait évidemment le maniement difficile... Le Bailly ne parvient en aucun cas à en éliminer le défaut essentiel, qui est la vulgarité. L'écriture ne sauve pas la fable: dès l'exposition, le deuxième vers présente une inversion forcée très maladroite... Plus loin, lorsqu'il veut esquisser un enjambement expressif une fois que l'âne a changé de chargement, l'inversion n'est pas plus heureuse. Quand le baudet s'interroge sur ce qui fait se détourner les gens de lui désormais, sa question («Quelle peut en être la cause?») est d'un prosaïsme stupéfiant... Ce n'est pas une intéressante tentative de caricature de l'âne transformé en pédant, ce n'est pas l'usage d'une périphrase pour désigner les bouquets de fleurs, qui parviennent à donner de la poésie à cette pièce balourde et manquée. Elles prouvent tout au plus l'application de Le Bailly.

Ce sont les pédagogues, d'abord, qui ont fait le succès du poète normand: ses apologues ont très tôt figuré dans les anthologies, où on les trouve jusqu'au début de notre siècle. Ses fables épigrammatiques, souvent vives, lui ont par ailleurs attiré des lecteurs en son temps: il ouvrait la voie aux Arnault et aux Viennet, aux auteurs du déclin du genre, qui allaient confondre l'apologue et la caricature satirique ou politique[492]. La comparaison avec Florian tourne court: à celui-ci on pardonne ses défauts mineurs au profit de ses réussites et de son caractère d'aboutissement de la production du Siècle des Lumières, *à Le Bailly on reprochera plutôt de signifier les deux voies de la dégénérescence de la fable, à savoir la caricature méchante et le didactisme sec.* Ce fabuliste amer ne fut ni un nouveau La Fontaine, ni même un autre Florian: à peine avait-il le talent d'être un second Bensérade ou un émule de Lessing. *Deteriora sequor!*

UN BON FABULISTE OUBLIÉ, LE DUC DE NIVERNAIS

Près de deux cent cinquante fables (autant que Florian et Le Bailly réunis), regroupées en douze livres (comme La Fontaine ou Richer), constituent le legs de Jules-Barbon Mancini-Mazarini, duc de Nivernais (1716–1798) à l'histoire de l'apologue. Sa santé fragile empêcha ce grand aristocrate d'entreprendre la carrière militaire à laquelle son rang devait le faire prétendre: il fut donc diplomate et notamment ambassadeur à Londres et à Berlin, cosmopolite par état, pourrait-on dire. Homme de vaste culture et de solide formation, il devint écrivain malgré lui: il avait bien été élu à l'Académie Française dès 1743, sans aucun titre littéraire, mais c'était en raison de son grand nom, il avait aussi été reçu à celle de Berlin, en 1756, mais c'était pour des raisons diplomatiques... C'est la Révolution qui, le dépouillant de ses ressources et de ses emplois, faisant brutalement» de lui «le citoyen Mancini-Mazarini», le contraignit à rassembler ses opuscules politiques, ses poésies de circonstances, ses comédies de société et ses fables en une série d'*Oeuvres complètes* (1796) qui, d'évidence, n'avaient jamais été conçues pour la publication.

Les *Fables* sont les deux premiers volumes des *Oeuvres* de Nivernais. Depuis des années, il en écrivait, qu'il lisait parfois aux séances de l'Académie Française sans jamais les publier, par même dans les périodiques pourtant si accueillants à ce genre de productions. *Cet amateur s'y révèle un fabuliste talentueux et complet, capable de puiser dans le fonds traditionnel comme dans les sources nouvelles, capable aussi d'inventer ses sujets, versificateur souvent habile et souple.* Ses leçons sont variées et nuancées: on y reconnaît, en particulier, au plan de la politique, les idées modérées mais généreuses d'un aristocrate éclairé.

UN HOMME DE CULTURE

D'Esope aux récits de voyageurs jésuites en Chine, Nivernais a tout lu et tout retenu: il est sans contredit celui des fabulistes des Lumières qui a l'inspiration la plus diversifiée... Il connaît même le fabuliste provençal Gros, qui fut une des sources de Florian! Et l'on constate qu'il adapte son instrument poétique à chacune de ses sources: proche de Richer quand il parcourt le fonds antique, il rappelle aussi bien Boisard quand il imite les Allemands ou les Anglais. Voici, tirée du legs ésopique via Avianus et le Père Desbillons, *Le Bélier et le Taureau*:

> Autrefois naquit un bélier
> Si vigoureux, que nul de son espèce
> N'osait l'attendre en combat singulier;
> Enorgueilli de sa prouesse,
> Il fut assez fou du cerveau
> Pour s'en aller provoquer un taureau,
> Le plus puissant qui fût dans la vallée.
> Le paladin à corne virolée
> S'apprête, prend du champ, s'élance avec effort
> Droit au front de son adversaire.
> Mais le rempart était trop fort,
> Et le champion téméraire
> Culbuté, mesurant la terre
> Avec son dos, et presque mort,
> Reconnut qu'il avait eu tort
> De s'aventurer de la sorte,
> Et que l'orgueil qui nous transporte
> Jusqu'à nous faire batailler
> Avec gens de trempe trop forte,
> Est un bien mauvais conseiller.[493]

On ne sait qu'admirer le plus dans la pièce: la souplesse y dispute la première place à l'humour, transformant la sèche narration antique en une scènette tout à fait digne de figurer après les chefs-d'oeuvre du La Fontaine des six premiers livres. Dès l'exposition, deux enjambements successifs montrent la maîtrise d'écriture de Nivernais. Quand s'engage l'affrontement des deux animaux, une périphrase judicieuse caractérise habilement le bélier trop hardi. Puis, après qu'il s'est heurté en vain à ce «rempart» qu'est le taureau, la description de sa chute est fort drôle par la concordance des effets rythmiques et du contenu sémantique de la narration, rendue fort vive par l'usage systématique du mètre court. On croirait lire du Richer ou même du La Fontaine.

La réussite de Nivernais n'est pas moindre lorsqu'il s'agit d'adapter des fables étrangères contemporaines. Voici sa version de *La jeune Fille et les Guêpes*, que nous connaissons déjà dans la réalisation imparfaite de Le Bailly:

> Chasse-la donc, disait une fillette
> A sa chambrière Toinette,
> Chasse la guêpe que voilà:

Je ne puis faire ma toilette
Avec ce bourdonnement-là.
Toinon reprit: Pourquoi cela?
Laissez plutôt cette petite bête
Faire auprès de vous tous ses tours:
Elle vous parle, et sur ma tête
Elle vous conte ses amours;
C'est à vous qu'elle va toujours,
Jamais à moi, remarquez bien la chose:
En voyant le lis et la rose
Sur votre bouche demi-close,
Sur votre sein, sur votre teint charmant,
Je gagerais qu'elle vous prend
Pour une fleur nouvellement éclose.
Voulez-vous la tuer pour cela? -Vraiment non,
Dit la fille avec complaisance;
Laissons-la faire, ma Toinon.
On eût dit que la guêpe avait l'intelligence
De ce discours; elle vint sans façon
Sur la gorge et sur le menton
Faire à la belle une douce accolade,
De ses cheveux savourer la pommade,
Prendre avec elle au même gobelet
Du café, du sucre et du lait.
Puis elle va redire à ses compagnes
Le bon accueil qu'elle a reçu.
De tout l'essaim, le fait est bientôt su.
Guêpes de quitter les campagnes
Et même les jardins à fleurs,
Pour s'en venir prendre part aux faveurs
De la fillette débonnaire.
Il en survint un bataillon
Qu'elle reçut en fille hospitalière.
Elle en paya la folle enchère:
Bientôt elle sentit leur fatal aiguillon.
Etait-il temps de s'en défaire?[494]

Nivernais choisit d'éliminer le prologue de Gay, contrairement à Le Bailly, qui s'y empêtrait déjà. Il attaque la fable *ex abrupto* et présente ses personnages en action avec une vivacité naïve de bon aloi. La femme de chambre, présente dans l'original anglais mais éliminée par le poète normand, devient un acteur à part entière qui se fait l'interprète des discours de la guêpe: comme dans bien des romans de l'époque, c'est le petit personnel domestique, aisément corrompu, qui va faire glisser sur la pente du vice une jeune femme trop facile à tenter... Avec une certaine sensualité, mais sans l'insistance balourde de Le Bailly, Nivernais fait parler Toinon la tentatrice, et la fillette se laisse faire. La guêpe a désormais accès libre aux charmes de la belle enfant: le poète s'amuse brillamment à décrire ses évolutions des cheveux au gobelet. Fidèle à l'original de Gay, il s'engage dans la seconde partie du récit: la venue de «tout l'essaim». La fable brutalement s'emballe et devient presque bouffonne: c'est un conte grivois qui s'esquisse dans une écriture jubilatoire: l'enjambement («aux faveurs / De la fillette débonnaire») transforme l'ingénue du début en une fille à soldats, au point que le fatal aiguillon prend, on s'en doute, la dimension d'un tour de taille qui s'accroît, puisqu'il faut bien payer «la folle enchère» du plus vieux métier du monde... Pas de moralité explicite pour cette pièce qui est d'abord une narration vivante et humoristique dans la lignée des conteurs libertins si nombreux au XVIII° siècle, leste mais pas appuyée, morale dans son amoralité même.

LES LEÇONS AUX SOUVERAINS
Nivernais est un grand aristocrate des Lumières, partisan des idées nouvelles avec modération, *progressiste avec réflexion plutôt que réformiste enthousiaste.* Ses leçons, qui pourraient constituer comme une sorte de théorie du «gouvernement modéré» cher à Montesquieu, touchent à tous les secteurs de la vie politique et sociale. Voici, sur un point pratique essentiel, celui de la fiscalité, *Les Moutons qui dépérissent*:

> Le possesseur d'un grand troupeau
> Qui d'abord était gras et beau,
> Un jour visitant sa prairie,
> Trouva l'ouaille dépérie.
> Il en ressentit du chagrin,
> Et voulut s'éclaircir l'affaire.
> Il fut interroger Robin;
> Car alors la gent moutonnière,
> Et surtout le gentil Robin,
> Favori du propriétaire,
> Avait la parole à la main.
> Qu'avez-vous donc, mes enfants, dit le maître?
> Vous a-t-on jeté quelque sort?
> Parlez, Robin; dites qui vous fait tort;
> Je veux sans délai le connaître.
> —Oui, dit Robin dans son patois champêtre;
> Oui, mon maître, vous saurez tout.
> Mettez-vous là tout nu de l'un à l'autre bout.
> —Comment tout nu? —Oui, tout nu sans chemise.
> —Mais songe donc au vent de bise.
> Robin repart: Cela doit être ainsi
> Si vous voulez être éclairci,
> Et concevoir la juste idée
> De ce qui fait votre souci.
> La confiance était si bien fondée
> Que la chose fut accordée.
> Notre homme se dépouille, et le vent de souffler.
> Robin, dépêche, ou je me sens geler,

Dit le patron. —Eh bien, reprit la bête,
   Rhabillez-vous, cela suffit;
Vous connaissez nos maux, puisque sans votre habit
Vous ne pouvez supporter la tempête.
Votre fermier, pour doubler le profit,
Nous tond deux fois par an; vous avez plus de laine
  Et plus d'écus; mais nous dans cette plaine,
Rasés jusqu'à la peau, sans ombre de toison,
   Nous y périssons par douzaine
Sous les rigueurs de l'arrière-saison.

Rois, écoutez Robin: la chose en vaut la peine;
   Et ne prenez pas pour aubaine
   Toute hausse de revenus;
   Sachez l'état des bergeries,
  Et craignez que dans vos prairies
  Les moutons ne restent trop nus.[495]

Le sujet est d'invention: il est intéressant et clair, même si la clef de l'allégorie doit nécessairement être exprimée à la fin. L'identification (traditionnelle) du roi au maître d'un troupeau ne pose aucun problème, celle de la tonte à la pression fiscale n'a rien de surprenant. Le fait que la faute soit rejetée sur le fermier (le ministre ou plus évidemment encore le fermier *général* de l'Ancien Régime français) est conforme à l'image habituelle d'un roi bon de par sa nature tandis que ses intentions sont trahies par des serviteurs trop zélés ou corrompus. La fable est bien écrite: mettant en scène des moutons, Nivernais s'efforce de paraître naïf et rustique. On peut d'ailleurs considérer que son exposition en souffre un peu et flirte avec la cocasserie. Mais dès que commence l'échange l'apologue coule avec naturel et humour. L'idée de faire concevoir au propriétaire de manière concrète ce que peuvent ressentir des moutons tondus à l'excès en lui demandant de se dénuder est amusante et utile à la conclusion de la narration. La versification a recours généreusement à la variété métrique (avec cette prédominance des vers courts qui est un des traits distinctifs de Nivernais) et les rythmes sont judicieusement utilisés pour mettre en valeur quelques points essentiels («vous avez plus de laine / Et plus d'écus»). La fable est, dans l'esprit de La Motte, de qualité: elle est «philosophique», intellectuelle, mais familière et grâcieuse, à la fois fine et bien pensée. La leçon politique est nette, audacieuse dans le fond, prudente dans sa forme en ce qu'elle recourt à des images (fénéloniennes) du pouvoir (le troupeau) qui ne risquent de heurter personne.

   Enseigner des idées modérées sans attaquer de front qui que ce soit, telle est la stratégie politique de Nivernais. Tous ses conseils aux rois ne veulent être que la stricte raison: ils veulent avoir l'évidence de la sagesse, ils ne prétendent être que des rappels de nécessités parfois oubliées mais inhérentes au «métier de roi». Car le souverain doit être un sage, comme l'illustre *Le Lion et l'Elephant*:

Seigneur Lion gouvernait son domaine
Comme on gouverne au pays des sultans,

Sans autres lois, sans autre réglements
Que sa volonté souveraine:
Souvent folle, et toujours hautaine.
Le sultan n'était obéi
Qu'aux environs de sa tanière;
Partout ailleurs on se donnait carrière;
C'est un plaisir dont il était haï.
On s'exhalait en plaintes, en murmures;
On s'attroupait, on prenait des mesures,
Puis sans trompette on délogea,
Et le despote en enragea:
Avec raison: car un despote
Qui se voit seul, a la mine bien sotte.
Les émigrants choisirent pour séjour
Un lieu tranquille et sûr: c'était la cour
De l'éléphant, monarque doux et sage
Qui régnait dans le voisinage.
Celui-là ne commandait rien
A ses sujets, que pour leur bien;
Il aimait l'ordre et la justice,
N'avait ni fougue ni caprice,
Et du pouvoir sachant borner les droits,
De la raison suivait en tout les lois.
Voilà le vrai métier des rois.
Le lion, tout à fait novice
En morale ainsi qu'en police,
S'étonnait fort de voir la douce paix
Toujours régner chez l'éléphant son frère;
Si bien qu'il y fut tout exprès
Pour approfondir ce mystère.
La nature vous a fait roi,
Dit-il à l'éléphant, et c'est chose commune
Entre nous deux; mais je ne sais pourquoi
Nous avons diverse fortune.
Etes-vous donc plus redouté?
Avez-vous plus d'autorité,
Plus de force, plus de puissance?
—Non, reprit l'éléphant; mais vous devez savoir,
Mon cher voisin, que le pouvoir
Ne produit pas tout seul l'obéissance.
Intrigue, fuite ou trahison,
Quand il est seul, savent lui tenir tête;
Il faut pour que rien ne l'arrête
Qu'il s'unisse avec la raison.[496]

La leçon de la fable suggère deux aspects complémentaires: d'abord, il faut qu'un souverain soit sage, et *le despotisme est une sottise*; ensuite, il convient qu'un roi s'appuie sur la raison des autres, c'est-à-dire s'entoure de sages, ce qu'on appelle improprement *le despotisme éclairé*. Mais la narration complète utilement ces suggestions. L'apologue commence par un classique tableau du despotisme absurde, assez virulent pour être pertinent: la sédition gronde sans éclater, le peuple préférant quitter le territoire de ce sultan tyrannique et dérisoire pour trouver refuge chez un *monarque* (et non plus un despote ni un sultan) qui est le parfait prototype du souverain modéré selon Montesquieu, appuyé sur les lois, désireux du bien de ses sujets, sachant respecter les limites de son pouvoir. La narration fait alors une brève pause pour souligner la sagesse de l'éléphant: «Voilà le vrai métier des rois», s'écrie le fabuliste. Il ne reste plus alors qu'à expliquer au lion, qui a l'excuse d'être novice, pourquoi ses sujets le fuient: c'est la nature même du despotisme, corrompu par la crainte et générateur de séditions, de trahisons, de fuite. Pouvoir sans bornes, c'est un pouvoir dérisoirement fragile: seule est viable une monarchie modérée, aux pouvoirs bornés par «la raison». Nivernais, ou comment les révolutions auraient pu ne pas arriver...

Particulières ou bien plus générales, toutes les leçons politiques de notre poète ont ces caractères de *modération* et d'*équilibre*. Elles correspondent à la position de bien des aristocrates, et plus généralement de bien des intellectuels, des Lumières: *pas de mise en cause de la monarchie mais le souci de la rendre juste et raisonnable, en somme conforme à l'idéal décrit par Montesquieu pour les états occidentaux modernes.*

UN GRAND TALENT

Nivernais est un fabuliste d'un niveau général très homogène, contrairement à Florian, coupable de trop de pièces faibles, ou à Le Bailly, qui n'est réellement à l'aise que dans l'épigramme concise. Cette absence de faiblesses est déjà, en elle-même, une qualité considérable. Mais elle ne prend tout son prix que parce qu'elle est assortie d'une rigueur d'écriture constante: *narrateur efficace parce qu'il est toujours simple, l'écrivain est aussi un poète qui sait charmer sans chercher à surprendre ni à briller.* Il est évidemment conscient qu'il n'est pas La Fontaine, il se contente, modestement, d'être lui-même, c'est-à-dire savant avec discrétion, souple sans ostentation, grâcieux sans étalage.

Une excellente pièce empruntée à Desbillons, déjà traitée par Florian[497], le montre à son meilleur, dont il n'est jamais loin. C'est *La Cavale et son Petit*:

> Une cavale élevait son poulain
> Dans un excellent pâturage.
> Rien n'y manquait:eau pure, tendre herbage,
> Ombrage frais; et cependant
> Le quadrupède adolescent
> En fut bientôt dégoûté. Quoi! ma mère,
> Toujours même lit, même chère!
> Est-ce donc vivre que cela?
> Ces lieux sont beaux; mais par-delà
> Je gagerais qu'on trouve mieux encore.
> Allons, ma mère. —Allons, dit la jument:

Il faut calmer l'ardeur qui te dévore;
Partons, mon fils, et demain dès l'aurore
Allons tâter du changement.
Au point du jour ils traversent les plaines,
Grimpent les monts, se donnent mille peines,
Et tout cela sans voir rien de nouveau.
C'était des prés, et des bois, et de l'eau
Comme chez eux; et même en leurs domaines
Tout s'y trouvait et meilleur et plus beau.
Enfin au bout de la journée,
Lorsque la nuit eut brouillé l'horizon,
La mère ayant à la maison
Par une route détournée
Sa géniture ramenée[498],
On soupa bien. Le poulichon
Se récria sur la pâture:
Exquise et tendre nourriture;
Puis s'endormit sur le gazon
Rêvant à sa bonne aventure,
Et concluant que la nature
Met le bonheur dans la diversité,
Le changement, la nouveauté.
Le lendemain en rouvrant la paupière,
Il reconnut les lieux et son erreur.
Grande surprise: et dans son coeur
Il se disait: Comment se peut-il faire
Que cet herbage qui naguère
M'affadissait, me semblait odieux,
Soit devenu délicieux
En une nuit? —Non, non, reprit la mère,
L'herbage est tel qu'il a toujours été;
La jouissance journalière
T'en avait seule dégoûté;
Je t'ai guéri de la satiété
En te trompant; souviens t'en pour la vie.
Quand le bonheur est près de nous,
Mon fils, n'ayons pas la folie
De l'écarter par nos dégoûts.[499]

A bien y réfléchir, sur ce beau sujet du savant Jésuite qui a déjà inspiré à Florian une pièce excellente, peut-être même sa meilleure, Nivernais n'apparaît pas indigne de la comparaison. Son exposition est plus ramassée que celle du poète languedocien, moins complaisante dans la peinture pastorale. Grâce au vers court, il multiplie dès le départ les rythmes inconstants et permet au jeune poulain insatisfait de commencer son discours au coeur même d'un décasyllabe à césure brillamment malmenée. Il le terminera de même à la césure d'un nouveau décasyllabe. La mère lui répond fort sobrement. Le voyage est évoqué avec plus de discrétion que chez Florian, mais quelques procédés rythmiques expressifs insistent sur l'identité («C'était des près, des bois, et de l'eau / Comme chez eux») entre les paysages visités et le havre de bonheur qu'on a quitté à tort. Au retour, le fabuliste insiste sur la satisfaction du «poulichon», qui n'a pas compris qu'il était revenu à son point de départ: avec humour, il le fait philosopher (de travers) en rêve... Au réveil, une fois qu'il aura reconnu les lieux, la mère n'aura plus qu'à lui expliquer que le bonheur est près de nous, qu'il ne faut pas croire le trouver plus loin, qu'il faut en jouir sans s'en lasser quand on a la chance de le tenir. Cette fin, plus fidèle au modèle de Desbillons que la chute brillante de Florian, ne comporte pas moins son point intéressant: un bel enjambement souligne le procédé pédagogique employé par la cavale («Je t'ai guéri de la satiété / En te trompant»), qui introduit une discrète ambiguïté dans une fable par ailleurs saine et rigoureuse. Eduquer, c'est toujours plus ou moins manipuler...

Belle pièce, assurément, probablement largement aussi bien faite que celle de Florian. C'est loin d'être la seule de Nivernais, qui multiplie les réussites comparables. Jauffret, avec une indifférence distante, considère son recueil comme «très estimable»[500]. C'est trop peu: ce fabuliste est bien, à la fin du XVIII° siècle, un vrai rival pour Florian. Poète plus régulier que lui dans la réussite, narrateur tout aussi vivant, plus érudit encore, héritier de La Motte par son intellectualisme et sa philosophie comme de La Fontaine par sa simplicité vraie, il a bien des chances, malgré l'injuste oubli dans lequel il est tombé, d'avoir été l'un des meilleurs écrivains d'apologues de son époque.

Autant et plus que Florian, il représente une bonne synthèse de ce que fut la fable des Lumières. Supérieur à l'évidence à Le Bailly, que les contemporains lui préférèrent cependant, il ne lui manque peut-être que d'avoir écrit un ou deux textes d'un génie sublime («La Carpe et les Carpillons»...) pour mériter d'effacer le poète languedocien.

CHAPITRE XIII
LES FABULISTES POLÉMISTES ET CARICATURISTES

Avec Le Bailly, dont le premier recueil était cependant très antérieur à la Révolution (1784), nous avons pu noter une dérive de la fable vers l'épigramme ou la caricature. Avec Vitallis, dont l'unique recueil se situe, lui, pendant la Révolution (1795), nous avons pu noter la présence de quelques pièces polémiques, dont la cible était Robespierre. Dans les dernières années de notre période, entre 1810 et 1815, les deux auteurs majeurs d'apologues, Ginguené et Arnault, sont, le premier un fabuliste qui, le plus souvent, polémique de manière cinglante contre Napoléon, le second un caricaturiste qui se prend pour un fabuliste.

UN FABULISTE ANTI-NAPOLÉONIEN, GINGUENÉ

Soixante fables constituent l'apport de Pierre-Louis Ginguené (1748-1815) à l'histoire de l'apologue. Ce Breton, qui appartint à l'entourage du financier Necker, entra dans la carrière des Lettres autour de 1780 par des poésies de circonstances, exerça pendant la Révolution une activité de journaliste et fut emprisonné par la Terreur pour ses idées trop modérées, participa de façon essentielle à l'Administration publique sous le Directoire (on lui doit l'organisation des écoles centrales, prototypes des lycées), fit une courte carrière de diplomate en Italie avant de renoncer aux emplois publics: il était fondamentalement républicain, et refusa toujours de faire allégeance à Napoléon. Sous le Consulat et l'Empire, son activité littéraire fut cependant intense: il rédigea une monumentale *Histoire littéraire de l'Italie,* dirigea *La Décade philosophique,* journal des héritiers de l'esprit des Lumières, participa à l'*Encyclopédie méthodique,* fut en somme un intellectuel brillant et d'une grande indépendance d'esprit, à une époque où une telle attitude était pour le moins assez rare.

Ses *Fables nouvelles* parurent en 1810, mais ses premiers essais dans le genre remontent aux années 1775-1780. Dix *Fables inédites*, présentées comme ayant été interdites par la censure impériale, s'y ajoutèrent en 1814, pendant l'épisode de la Restauration manquée. *Ginguené emprunte la majorité de ses sujets aux fabulistes italiens contemporains*:

> On a peu touché aux Italiens; on ignore même généralement en France qu'ils aient dans leur langue des recueils de fables, quoique, sans parler de ceux de Targa, de Verdizotti et de Capaccio, qui sont du seizième siècle, ils aient eu dans le dix-huitième, des fabulistes ingénieux, dont quelques-uns vivent encore. C'est à eux que j'ai presque tout emprunté, du moins quant aux sujets: je les dois à peu près tout à MM. Pignotti, Bertola, De Rossi et Roberti. Les détails, le tour et la manière sont seuls à moi.[501]

Mais il se montre très personnel dans le traitement de ces sujets: alternativement il les développe, quand ils sont trop secs (ceux de Bertola, par exemple), ou les élague (ceux de Pignotti). Surtout, il essaie de les «fontainiser» par l'usage d'une versification variée:

> J'ai employé, dans les bornes étroites de ce recueil, à peu près toutes nos mesures de vers; toutes ont leurs difficultés et leurs avantages. Chacune doit avoir quelque analogie avec le sujet traité; cela est surtout sensible dans les fables en vers égaux. Il y a aussi dans nos vers inégaux ou irréguliers une harmonie qui leur est propre, une manière de les entrelacer, d'en briser et d'en faire tomber les périodes, que La Fontaine possédait au plus haut degré, et dont Quinault et Chaulieu, dans d'autres genres, offrent aussi de très bons modèles. Ce sont autant de moyens de variété, d'imitation et d'harmonie; mais lorsqu'on en veut faire cet usage, les vers irréguliers deviennent plus difficiles à manier que les autres. J'ai cherché à vaincre cette difficulté, sans me flatter d'y avoir réussi au gré des oreilles délicates.[502]

Le fabuliste Ginguené est donc un poète soucieux de donner un caractère de souplesse et de variété à ses apologues imités des Italiens, et si l'on en croit la préface du recueil de 1810, c'est à cela que ses ambitions se limitent. Mais le volume supplémentaire de 1814 comporte un court avertissement qui dévoile une intention tout autre et autorise une relecture de l'ensemble des fables comme des satires politiques de Napoléon et de son entourage: comme le déclare joliment le poète, «le temps présent» était venu «souvent se placer», malgré lui, «dans ces tableaux de tous les temps»[503]. En somme, *l'apologue avait oublié sa nature de pièce morale à valeur générale pour devenir un genre polémique...*

CONTRE L'EMPEREUR

L'avertissement de 1814 règle ses comptes, *post mortem*, avec un critique trop perspicace, qui avait bien lu en transparence dans le recueil de 1810 les piques adressées par Ginguené à Napoléon et à son entourage dans un certain nombre de fables. Fièrement, le poète ajoute à la liste d'autres apologues qui avaient échappé à la vigilance de son lecteur (Villeterque) et cherche à nous persuader que rien, dans son ouvrage, n'était dépourvu d'intention satirique. Cela n'est pourtant ouvertement perceptible que dans un nombre limité de pièces, car le fabuliste se révèle un très habile stratège qui avance masqué. Voici, par exemple, *Le Tigre et le Lion devenus vieux*:

> Infirmes et chargés d'années,
> Traînant leurs majestés faibles et surannées,
> Vieux tigre et vieux lion se trouvèrent un jour
> Au détour
> D'un bois, que leurs combats cent fois ensanglantèrent.
> Le temps avait limé leurs griffes et leurs dents:
> D'une haleine pénible ils fatiguaient leurs flancs:
> En se voyant, ils s'arrêtèrent.
> Plus de querelle entre nous,
> Plus de sang, plus de courroux,

Dit le lion; avec l'âge
On devient humain et sage:
Guerroyer, c'est être fou.
Nous en avons tout le soûl
Passé notre fantaisie:
Faisons enfin la paix; et pour que l'amitié
Règne entre vous et moi, pure de jalousie,
Partageons, voisin, par moitié
Les déserts d'Afrique et d'Asie.

Partageons, dit le tigre: il faut bien en finir.
Alors en chancelant, tousdeux ils s'approchèrent,
Tendrement ils s'embrassèrent,
Côte à côte se couchèrent,
Et de leurs longs débats perdant le souvenir,
Commencèrent
A dormir.
(Lions et tigres sont plus confiants que l'homme.)
Notre couple d'amis ne fit pas un long somme.
Bientôt un bruit confus d'affreux rugissements,
Du fond de la forêt, envoie à leur oreille
D'horribles retentissements,
Et tous deux en sursaut, à la fois, les réveille.
C'étaient des tigres, des Lions,
Jeunes et vigoureux, qui, transportés de rage,
Pour les plus frivoles raisons,
Remplissaient ce désert de sang et de carnage.

Les jeunes insensés! dit le tigre: pourquoi
Ne sont-ils pas, pour leur propre avantage,
Aussi calmes que vous, aussi sages que moi?
—Ils le seront un jour, dit l'autre; la vieillesse
Leur donnant la même faiblesse,
Leur dictera la même loi.
Soyons vrais: elle seule arrêta nos ravages;
La paix nous réunit impotents et perclus:
Ce n'est pas, j'en rougis, que nous soyons plus sages;
Mais c'est que nous n'en pouvons plus.

Est-ce aux rois, est-ce aux chefs de la chose publique,
Aux conquérants enfin que ce conte s'applique?
C'est à tous les humains. Nos folles passions,
Nos coupables ambitions
Ne s'éteignent souvent dans nos sens, dans notre âme
Que lorsqu'en nous l'âme et les sens
Ont perdu leur vigueur et leur active flamme.
Au mal comme au plaisir devenus impuissants,

> Avec rigueur alors nous frondons la jeunesse;
> Et nous nommons en nous sagesse
> L'inévitable effet du temps.[504]

La fable montre bien quelle est la stratégie de Ginguené pour rendre sa satire aussi invisible que possible dans le contexte de censure qui est celui de l'époque impériale: à la suite d'une narration virulente qui désigne assez clairement Napoléon et le Tsar Alexandre, qui s'étaient rencontrés en juin 1807 à Tilsitt pour y conclure la paix, une moralité lourdement générale vient détourner le lecteur de cette interprétation pourtant évidente de l'apologue. Le fabuliste, pourrait-on dire, se démasque lui-même dans la différence évidente de qualité entre les parties de sa pièce: le récit est une réussite incontestable tandis que la moralité, faiblement versifiée et très prosaïque, apparaît contrainte jusque dans son expression. Au début, en effet, la variété métrique et le jeu sur les rythmes sont remarquables: Ginguené utilise les vers courts, les mètres impairs (heptasyllabes), fait s'exprimer le lion-Napoléon avec une grande souplesse à force d'enjambements expressifs. Le tableau de la réconciliation des deux fauves se termine sur l'image de leur assoupissement, judicieusement mimé par deux vers de trois syllabes... Puis la forêt est brutalement troublée par le fracas de nouvelles batailles: le fabuliste prend alors le ton et le vers épiques. Les fauves réveillés en tirent la leçon: au tigre-Alexandre qui juge sévèrement les jeunes étourdis qui rallument les querelles, le lion-Napoléon explique lucidement que la paix entre eux n'est pas venue d'une décision raisonnable, mais du constat de leur épuisement. Impossible de douter, à ce point, que le poète n'ait en vue les guerres napoléoniennes et l'épuisement de la France qu'elles provoquèrent. Le démenti apporté par la moralité est purement stratégique: sa balourdise, son absence de lien naturel avec la narration le désignent comme tel. Dans le recueil de 1814, une fois l'Empereur parti à l'île d'Elbe, Ginguené n'a plus de raison de nier l'évidence. Restituant des passages supprimés en 1810 pour cause de censure, il indique que les paroles initiales du lion avaient dû être édulcorées. Le passage où le roi des animaux proposait le partage des déserts était plus explicite:

> Guerroyer, c'est être fou;
> Nous avons tout notre soûl
> Depuis dix ans fait la guerre;
> Faisons enfin la paix; et pour que l'amitié
> D'une et d'autre part soit sincère,
> Entre vous et moi, par moitié,
> Mon voisin, partageons la terre.[505]

L'allusion à l'entrevue de Tilsitt était en effet on ne peut plus claire. Mais, malgré sa relative prudence et son déguisement en forme d'apologue à moralité générale, la pièce de 1810 ne manque pas de force satirique et polémique.

Sur ce thème des conquêtes inutiles et des guerres désastreuses, Ginguené revient à maintes reprises. Il lui consacre même, en suivant De Rossi, plusieurs fables. Dans l'une d'entre elles, intitulée «L'Ours et les quatre Animaux retirés du monde»[506], il peint un lièvre, un lapin, un cerf et un daim, bêtes très pacifiques, qui vivent dans la tranquillité lorsqu'un ours belliqueux descend des Alpes... Ne pense-t-on pas forcément à Bonaparte déferlant sur la plaine du Pô? Les quatre amis décident de juger le nouvel arrivant à ses fréquentations, et le cerf, envoyé espionner l'ours, informe les trois autres qu'il a aperçu l'enva-hisseur entre deux loups qui lui servaient «la chair toute sanglante/ D'une brebis, encor sous ses dents palpitante». Il faut fuir au plus vite cette «bête cruelle»! La diatribe contre le conquérant demeure assez vague, mais prend tout son sens si l'on met cette fable en regard d'une autre, que le fabuliste relie d'ailleurs avec elle... Stratégie des renvois bien connue dans la littérature de combat que les circonstances contraignent à avancer masquée. Dans «L'Amitié de l'Ours et des Loups»[507], à l'issue d'une narration trop longue, l'ours finira sous la dent de ses féroces alliés devenus ses rivaux, et Ginguené remarquera dans sa moralité que «Les dieux mènent souvent à de semblables fêtes / Les scélérats qu'ils ont unis.»

Dans le recueil de 1814, le fabuliste n'a plus besoin de se cacher: les allusions à Napoléon, en général représenté sous les traits du lion, ne sont plus du tout voilées. L'Empereur apparaît entouré d'une cour de flatteurs, autocrate vaniteux et ridicule, dès la pièce liminaire intitulée *Le Lion et la Grenouille*:

> D'une bataille meurtrière
> Le lion revenait: sa gueule et sa crinière
>   Encore dégoûtaient de sang.
> Sa garde le suivait à double et triple rang,
> Et devant lui flottait sa royale bannière.
>
> Près d'un fossé bourbeux il lui fallut passer.
>   Une grenouille enrouée,
>   Et de sa voix engouée,
> Entre les joncs se mit à coasser,
>   A déclamer dans la fange,
> En style de grenouille, une rauque louange,
> Une ode, un hymne, enfin je ne sais quoi,
> Dont le refrain était: Vive le Roi!
>
>   Tout à coup le lion s'arrête;
>   On voit le superbe animal
>   Dérider son front martial,
> Adoucir ses regards, et d'un signe de tête,
> Et d'un *Bravo*, répondre à ce chant triomphal.
>
> Un de ses officiers, connaisseur en musique,
>   Vers la fosse avait fait un pas,
> Pour imposer silence au Pindare aquatique;
> Mais après ce *Bravo* du Prince, il n'osa pas.
>
> Louez, louez toujours: Rossignol ou Grenouille;
> Qu'importe de rimer, de chanter de travers?

> Ce n'est ni le chant ni le vers,
> C'est la louange qui chatouille
> Et maîtrise les rois, maîtres de l'univers.[508]

A la satire explicite de la vanité de l'Empereur, sensible aux louanges de poètes stipendiés et peu capable de reconnaître en ce domaine le bon du mauvais, s'ajoute une allusion très précise à Lebrun-Pindare, grand faiseur d'odes et chantre de Napoléon[509]. La fable, avec ses stances correspondant à chaque section de la narration, est d'une écriture très soignée. La première, qui utilise brillamment l'enjambement, désigne sans ambages la cible de la polémique: le lion, comme l'Empereur, est entouré par sa garde... Dans la deuxième, c'est le chantre qui supporte l'essentiel de la raillerie: issu d'un marécage fangeux, il déclame complaisamment sa louange qui, par ailleurs, reprend un des titres que Napoléon s'était arrogé, puisqu'il se faisait nommer «Sa Majesté l'Empereur et Roi»... Les deux suivantes stigmatisent l'ignorance du lion, qui approuve d'un bravo sonore l'hymne pompeux qu'il vient d'entendre alors qu'un de ses officiers, doté d'un goût plus sûr, s'apprêtait à imposer silence au batracien désormais identifié à Lebrun. L'ultime strophe contient la moralité. La fable est réussie: la satire particulière et la leçon générale ne souffrent d'aucun écart et bénéficient toutes deux du caractère vif et piquant de la narration.

UN VRAI TALENT DE FABULISTE

Ginguené n'est pas qu'un satirique et un polémiste. Il possède d'autres qualités qui font de lui *un fabuliste complet*, en particulier la capacité de s'impliquer dans ses narrations en y marquant discrètement sa présence humoristique et, bien entendu, l'aptitude à varier l'expression poétique. Quelle que soit la fable, en effet, on a toujours l'impression, peu ou prou, que le poète nous raconte familièrement sa propre expérience. Voici, par exemple, sur un sujet emprunté à De Rossi, *La Cigale et les autres Insectes*:

> Insectes paresseux! sur l'herbe et sur les fleurs
> > Je vous vois promener sans cesse
> Une inutile vie et d'oisives erreurs.
> Que ne m'imitez-vous? Jamais de la paresse
> > N'approchent de moi les langueurs.
> Dès le matin, sur ces ormeaux perchée,
> > Et sous leur feuillage cachée,
> Tandis que l'été dure, à l'écho de ces lieux
> Je donne à répéter mes chants harmonieux.
>
> Ainsi, non sans aigreur, parlait une cigale
> Aux insectes divers dont un champ était plein:
> Puis elle reprenait l'uniforme refrain
> > De sa chanson toujours égale.
>
> > L'un d'eux lui répondit enfin:
> > Trop infatigable ouvrière,

Avant de nous blâmer avec tant de fracas,
Tu devrais nous montrer à quoi sert ici-bas
   Ce bruit aigu que tu sais faire;
Car, à te parler franc, nous ne le voyons pas.

Poètes mes amis, de nos rimes futiles
   Tirons un peu moins vanité.
Pour quelques légers riens sommes-nous des Virgiles?
De quel fruit sont nos chants pour la société?
   Pour censurer l'oisiveté,
Il faut, par des travaux plus grands et plus utiles,
Avoir instruit, charmé, servi l'humanité.[510]

La cigale, allégorie du poète, est prise à partie par les insectes exactement
comme elle les a elle-même mis en cause. Le narrateur semble renvoyer dos à
dos la chanteuse et ses censeurs, mais en réalité la moralité suggère qu'il existe
des cigales qui, comme lui-même, ont assez bien servi la collectivité pour avoir
le droit, sans prétention, de «censurer» les autres... Il se pourrait bien, en somme,
que le fabuliste nous parlât de lui-même dans son apologue: il ne renie pas sa
carrière d'administrateur et de diplomate, de journaliste et d'intellectuel. Mais il
n'en tire pas «vanité»: il refuse «l'aigreur» de la cigale, et la remplace par une
distance humoristique de bon aloi, qui se lit par exemple à travers le jeu subtil
sur l'allusion à Virgile, indiquée clairement à la fin de la fable, mais présente à
travers un calque discret de la *Première Bucolique* dans la strophe initiale...

Dans *Zéphyre et les autres Vents*, pièce empruntée à Roberti, le poète nous
semble encore plus présent. C'est lui-même qu'il met en scène sous les traits du
doux Zéphyre, en butte aux lazzis des autres vents qui représentent les courtisans
de l'Empereur:

     De retour aux antres d'Eole,
     Les fougueux escadrons des vents,
     Ensemble, et non à tour de rôle,
     Racontaient leurs faits éclatants:
Soldats au corps de garde ainsi passent leur temps.

L'un avait des moissons renversé l'espérance,
     En s'escrimant à toute outrance
     Sur la plaine et les champs dorés:
     Aux cités déclarant la guerre,
     Un autre avait jonché la terre
De maisons, de palais et de temples sacrés:
L'autres, employé sur mer, au profit de Neptune
     Avait confisqué la fortune
Des plus riches marchands, même des nations,
     Et submergé les galions.
Et vents, à chaque exploit, de souffler et de rire.
Seul, paisible en un coin, le modeste Zéphyre

En silence restait: parmi ces cris perdu
Son doux filet de voix serait-il entendu?
Mais enfin, de récits et de hauts faits rivale,
La troupe s'interrompt: il faut de temps en temps
Aux récits comme aux faits un léger intervalle.
Pendant cette pause, un des vents
Dit à Zéphyre: Et toi, conte donc ton histoire;
N'as-tu rien fait pour la gloire?

—J'ai sur la gloire et sur l'honneur,
Répond l'amant de Flore, un système vulgaire.
Je n'eus jamais l'humeur guerrière:
Dans de plus doux emplois je trouve le bonheur,
Et je le répands sur la terre.
Prodiguer aux humains ma fraîcheur salutaire,
Caresser, ouvrir une fleur,
Hâter, par ma féconde haleine,
La naissance du fruit que Palès va mûrir,
De l'épi verdoyant que Cérès doit jaunir,
De mon aile effleurer à peine
La surface de l'onde et ne la troubler pas,
Ce sont là mes honneurs, mes exploits, mes combats.

A ces mots, tous les vents, boursoufflés de colère,
De sifflements font retentir
La caverne du roi leur père.
Hors de l'antre, en hurlant, ils poussent le Zéphyr,
Et le chassent comme un faux frère.

Tel fut plus d'une fois, ailleurs que chez les vents,
Le sort des gens sensés et des honnêtes gens.[511]

La fable est rondement menée. L'exposition, habilement, suggère que les vents assemblés sont les généraux d'un Napoléon-Eole: l'habit mythologique permet à l'allusion de rester prudente et donne, dès le départ, une tonalité poétique à la pièce qui ne s'en départira jamais. L'évocation des destructions causées par ces militaires violents est d'une grande force: sa conclusion, qui recourt à l'infinitif de narration fréquent chez La Fontaine, en accentue la monstruosité. Puis le narrateur introduit «le modeste Zéphyre», remarquant ironiquement que les batailles comme les récits épiques doivent parfois faire une pause... Le plus doux des vents illustre alors avec une tendre complaisance sa différence: une fois encore, c'est la fin de la strophe qui vient donner de la force au discours et souligner que les «exploits» de Zéphyre n'ont eu d'autre but que la bienfaisance. Les vents alors se déchaînent contre le malheureux, qui n'a pas la fibre épique, qui n'est pas un digne fils d'Eole-Napoléon... La moralité fonctionne comme une clef à l'allégorie, certes, mais aussi comme une confidence: le poète fait partie de ces «gens sensés» qui n'ont pas leur place «chez les vents» aussi bien qu'«ailleurs que chez les vents», c'est-à-dire ici et maintenant, dans la France impériale.

Ginguené est un habile fabuliste: *il se met en scène dans ses apologues soigneusement contés et versifiés, donnant ainsi à la violence de la polémique ou de la satire un caractère familier qui en limite le caractère forcément contraire à la nature traditionnelle du genre.* Ses soixante pièces, assurément, marquent une évolution de la fable, mais une évolution prudente et limitée: il est parvenu à conserver quelque chose de la tradition fontainienne malgré des intentions qui ne le sont guère... Il fustige de manière cinglante l'Empereur, mais avec un gant de velours.

UN FABULISTE CARICATURISTE, ARNAULT

De son vivant, Antoine-Vincent Arnault (1766–1834) publia environ cent quarante fables, en trois fois, auquel vint s'ajouter un mince complément posthume. Ce Parisien commença, aux heures noires de la Révolution, une carrière d'auteur dramatique jalonnée de succès retentissants. Ses tragédies à sujets antiques (*Marius, Lucrèce*) lui valurent une grande renommée qui ne prit cependant sa véritable ampleur qu'en 1804, avec *Scipion consul*, qui coïncida avec un événement d'importance, le couronnement de Napoléon. Et en effet, si Ginguené est un intellectuel anti-napoléonien, Arnault, lui, est au contraire l'un des principaux auteurs favorables à l'Empereur, auquel il fut, contrairement à tant d'autres si prompts à épouser la cause de la Restauration, fidèle dans la disgrâce: il connut un long exil en Belgique au retour des Bourbons... et le mit à profit pour rédiger ses *Souvenirs et regrets d'un vieil amateur dramatique*, publiés en 1829, qui sont très riches en renseignements sur la vie théâtrale de la période impériale. Mais même en tant que dramaturge, l'importance d'Arnault ne doit pas être mésestimée: son oeuvre, marquée par le néo-classicisme, n'en comporte pas moins quelques signes de l'évolution que connaîtra le drame à l'orée du Romantisme,en particulier dans *Blanche et Montcassin*, joué en 1799.

Ses *Fables* parurent d'abord en quatre livres en 1812. L'auteur en ajouta deux nouveaux en 1817, dans son exil bruxellois, puis encore deux autres en 1825, à l'occasion de la parution de la série de ses *Oeuvres complètes*. En 1835, enfin, parut un mince volume de *Fables nouvelles*, posthumes. La première édition, que nous considérerons seule, eut un succès considérable et fut réimprimée dès l'année suivante. Dans sa préface, Arnault sacrifie à la définition et à l'histoire du genre en insistant (ce qui n'est pas courant) sur la présence d'apologues dans la *Bible* et en rattachant la fable à la tradition orale du conte. Il rend hommage à La Fontaine, salue avec admiration (ce qui est plus inattendu et très honorable de la part d'un homme qui appartient à un parti tout à fait opposé) la récente réussite de Ginguené, et revendique avec un certain orgueil sa propre spécificité:

L'apologue a pris peut-être sous ma plume un caractère plus épigrammatique, mais par cela du moins une physionomie particulière.[512]

Il ajoute que tous ses apologues sont d'invention, «à un seul près». Arnault a fort bien vu le caractère essentiel de ses fables: des épigrammes ou des caricatures.

DE BREFS CROQUIS

Les fables d'Arnault sont rarement longues: un grand nombre d'entre elles, même, ne dépasse pas la dizaine de vers, longueur couramment recommandée pour l'épigramme. Dans ce cas, elles apparaissent plutôt comme de petits croquis caricaturaux et ne sont pas sans présenter *une réelle analogie avec les dessins des caricaturistes* qui se multiplient dans la première moitié du XIX° siècle, de Monnier à Cham et à Grandville ou Bertall, les deux derniers d'ailleurs ayant illustré des recueils de fables[513]. L'essentiel alors devient *la suggestion d'une silhouette*, même si la leçon morale n'est pas forcément négligée. Voici par exemple une pièce contre les lâches profiteurs, *Le Cheval et le Pourceau*:

> Que fais-tu donc en ce bourbier,
> Où je te vois vautré sans cesse?
> Au pourceau disait le coursier.
> —Ce que j'y fais? parbleu! j'engraisse;
> Et tu ne ferais pas très mal,
> Poursuivait l'immonde animal,
> D'en faire autant: parfois la guerre
> Accroît le renom d'un héros,
> De qui l'embonpoint n'accroît guère;
> Tu n'as que la peau sur les os.
> -Cela se peut; mais, de ma vie,
> Ton sort ne tentera mon coeur.
> J'aime mieux maigrir dans l'honneur,
> Que d'engraisser dans l'infamie.[514]

Ce n'est évidemment pas la réalisation poétique, sèche et sommaire, de ces treize octosyllabes à peine variés par un organisation des rimes un peu soignée, qui fait l'intérêt de cette fable... Non, c'est la netteté du dessin: on croit littéralement *voir* la bedaine rebondie de l'immonde pourceau et la maigreur effrayante du noble cheval au retour des travaux guerriers. Malgré la concision de sa pièce, Arnault trouve la place d'énoncer une leçon pour souligner le trait: la caricature est d'une efficace férocité.

Ailleurs, le fabuliste n'a pas la place d'expliciter la moralité. Dans *Les Eponges*, il s'attaque de manière un peu imprécise aux «docteurs» qui, par manque de goût, sont incapables de distinguer la bonne de la mauvaise littérature:

> L'éponge boit, c'est son métier;
> Mais elle est aussi souvent pleine
> De l'eau fangeuse du bourbier,
> Que de celle de la fontaine.
> Docteurs qui, dans votre cerveau,
> Logez le vieux et le nouveau,
> Les vérités et les mensonges,
> J'en conviens, vous retenez tout;

> Mais aux yeux de l'homme de goût,
> Ne seriez-vous pas des éponges?[515]

A nouveau la fable n'utilise qu'un seul mètre. A nouveau elle est sèche et sommaire. A nouveau elle charge sa cible en utilisant le lexique convenu de la polémique (la fange, la boue). Le dessin, cependant, est moins net: l'analogie supposée entre les docteurs et les éponges est une fausse bonne idée, parce qu'elle ne parvient pas à évoquer une silhouette... La raison de ce défaut est évidente et rappelle une fois de plus la supériorité des acteurs animaliers dans l'apologue.

DES ÉPIGRAMMES DÉVELOPPÉES

Quand il développe un peu plus amplement ses narrations, Arnault n'utilise pas des procédés essentiellement différents: sa versification demeure peu variée, son souci est toujours de dessiner les grands traits d'une caricature, son humeur est constamment méchante, son vocabulaire est très souvent celui de la polémique. Voici par exemple une pièce qui met en scène un cochon qui promène son groin de taupinières en fourmilières jusqu'à rencontrer un essaim de guêpes; c'est *Le Cochon et le Guêpier*, où l'on constatera que si le corps de l'apologue utilise pour nommer l'acteur principal la périphrase poétique convenue, le titre lui-même a recours à la désignation prosaïque et triviale:

> Dom Pourceau, lâché dans la plaine,
> S'émancipait à travers choux,
> Flairant, fouillant dans tous les trous,
> Et dans l'espoir de quelque aubaine,
> Mettant tout sens dessus dessous;
> Du fait sa noble espèce est assez coutumière.
> Or donc, après avoir ravagé maint terrier,
> Saccagé mainte fourmilière,
> Ecrasé mainte taupinière,
> Mon galant va dans un guêpier
> Donner la tête la première.
> Vous devinez comment il y fut accueilli.
> En un clin d'oeil son nez immonde,
> Par la peuplade furibonde,
> De toutes parts est assailli.
> Malgré l'épais abri du lard qui l'environne,
> Ce pauvre nez paya pour toute la personne,
> Et fut par l'aiguillon chatouillé jusqu'au bout.
> Etourdis, prenez-y donc garde!
> Vous voyez que l'on se hasarde
> A mettre ainsi le nez partout.[516]

La prolifération du lexique négatif est ici évidente, accompagnée d'un usage systématique de l'antiphrase ironique, d'ailleurs assez réussi: le malheureux cochon est grotesque. Arnault, par ailleurs, s'efforce un peu laborieusement de donner quelque vivacité à la narration en s'y impliquant et en prenant le lecteur à partie: ce qu'il réussit en réalité le mieux, c'est la moralité, qui paraît euphémistique par rapport au récit. En revanche, le caractère scolaire de la réalisation poétique, qui n'évite pas les vers de chevillage («Par la peuplade furibonde») ni les hémistiches cacophoniques («Malgré l'épais abri du lard»), limite singulièrement l'effet de la caricature, *qui paraît être à la recherche de la drôlerie plutôt que drôle.* Tout se passe en somme comme si le fabuliste se battait les flancs pour faire rire sans parvenir à emporter l'adhésion.

Il lui arrive cependant d'être plus convaincant, en particulier quand l'apologue a pour but de placer un bon mot, comme dans *L'Aigle et le Chapon* où, malgré la lourdeur des suggestions liées au second personnage, la satire de la médiocrité qui s'ignore ne manque pas de vigueur:

> On admirait l'oiseau de Jupiter,
>   Qui, déployant ses vastes ailes,
>   Aussi rapide que l'éclair,
> Remontait vers son maître aux voûtes éternelles.
> Toute la basse-cour avait les yeux en l'air.
> Ce n'est pas sans raison qu'un grand dieu le préfère!
> S'écriait un vieux coq. Parmi ses envieux,
> Qui pourrait, comme lui, laissant bien loin la terre,
> Voler en un clin d'oeil au séjour du tonnerre,
> Et d'un élan franchir l'immensité des cieux?
> —Qui? reprit un chapon; vous et moi, mon confrère.
> Moi, vous dis-je. Laissons les dindons s'étonner
>   De ce qui sort de leurs coutumes:
>   Osons au lieu de raisonner.
> D'aussi près qu'il voudra verra Jupin tonner
>   Quiconque a du coeur et des plumes.
> Il dit, et de l'exemple appuyant la leçon,
> Il a déjà pris vol vers la céleste plaine.
>   Mais c'était le vol du chapon.
> L'enfant gâté du Mans s'élève, et, comme un plomb,
> Va tomber sur le toit de l'étable prochaine.
> On sait que l'indulgence, en un malheur pareil,
>   N'est pas le fort de la canaille:
> On suit le pauvre hère, on le hue, on le raille;
> Les plus petits exprès montaient sur la muraille.
> Le vieux coq, plus sensé, lui donna ce conseil:
>   Que ceci te serve de règle;
>   Raser la terre est ton vrai lot:
>   Renonce à prendre un vol plus haut,
>   Mon ami, tu n'es pas un aigle.[517]

La narration ne manque pas de vigueur. Elle est agréablement contrastée, avec une abondance d'alexandrins épiques au départ qui s'opposent judicieusement au discours présomptueux du chapon, qui fait alterner grands vers et octosyllabes et risque quelques formules bien frappées, dont une ridiculisée par l'inversion pompeuse: «D'aussi près qu'il voudra verra Jupin tonner/ Quiconque a du coeur et des plumes»... Dans la peinture du vol du chapon, Arnault a de la réussite: deux alexandrins emphatiques sont anéantis pas un octosyllabe qui contient le commentaire du narrateur, suivi d'une périphrase railleuse pour ridiculiser le chapon. Plus loin, le concert de railleries qui salue le maladroit atterrissage de ce rival présomptueux de l'aigle joue sur l'harmonie imitative de manière assez pertinente, avec la récurence insistante de la rime en -aille. Et, pour finir, le mot d'esprit cinglant qui est le but de la fable est amené avec beaucoup d'à-propos... Le fabuliste est aussi méchant qu'ailleurs, mais plus convaincant car il est parvenu à être assez drôle.

Cela ne fait pas de lui, cependant, un grand poète ni même un vrai fabuliste: on le sent comme à l'écart de ce qu'il raconte, trop convaincu de sa supériorité sur «la canaille» dont il observe les évolutions ridicules. Doué d'un sens corrosif de l'ironie, il n'a pas la capacité de s'inclure dans son propre discours, autrement dit *il manque à la fois d' humour et de bonhommie*. On pense, bien des fois, en le lisant, au Voltaire qui s'amuse gratuitement à écraser de son ironique supériorité ses modestes correspondants si fiers de recevoir de lui des lettres. Mais Arnault n'est pas un aigle... Avec lui *la fable se stérilise dans la caricature, bien dessinée certes, mais trop glaciale et trop distante*, de sorte que ses leçons, quand elle en donne, manquent leur but: une satire aigre apporte de l'ennui.

Arnault fut cependant rapidement considéré comme le grand fabuliste de son époque, souvent même mis à égalité avec Florian. Dans ses *Lettres sur les fabulistes*, Jauffret, qui remarque avec finesse que de simples comparaisons spirituellement satiriques ne suffisent pas à faire de bonnes fables, s'acharne à trouver dans le recueil des pièces où le récit soit plus traditionnel et plus fontainien pour joindre sa voix au concert général de louanges[518], mais l'on sent bien ses réticences: c'est qu'à ses yeux Arnault s'est trop écarté de la voie tracée par La Fontaine, qu'il «a eu tort de se créer un genre à part, et de ne pas suivre la trace du véritable modèle des fabulistes»[519]. En somme, d'engager l'apologue sur la voie de son déclin.

Il semble que la fable, dans les années 1810, soit à un tournant de son histoire: Ginguené, fidèle cependant à la tradition de l'imitation puisqu'il emprunte ses sujets aux Italiens, y règle ses comptes avec l'Empereur; Arnault, dont le talent le porte à l'épigramme, la transforme en caricature. C'est bien une ère qui finit: des leçons générales aux souverains on est passé à la polémique contre un auto-crate précis, de la critique familière des ridicules on a dérivé vers la peinture féroce d'une humanité grotesque. Ginguené prétend encore enseigner des vérités générales, Arnault dessine d'une plume acerbe une faune ridicule. L'apologue évolue[520].

BILAN

La seconde période de la fable des Lumières, entre 1770 et 1815, est bien celle de «la fureur des fables»: le panorama que nous en avons brossé ne prend en compte qu'une partie de l'immense production qui se développe alors[521]. Le classement que nous avons esquissé cherche à rendre compte de l'extraordinaire vitalité et de la grande variété des fabulistes: sans que la référence, désormais, à La Fontaine ou à La Motte soit un passage obligé, sans que la réflexion théorique sur la poétique du genre soit une nécessité, plusieurs dizaines de poètes, stimulés par l'abondance des sources étrangères disponibles autant que par le succès de l'apologue dans le public, ont composé et réuni en recueil des milliers de fables.

Certains, disciples sans le dire toujours de La Motte, illustrent le courant pédagogique ou le courant philosophique, apparus dans la première partie de la période. Mais la pédagogie échappe aux professeurs de métier: à côté d'un Reyre, poète peu inspiré mais didacticien original ou d'une Mme de Genlis, qui cherche à renouveler le personnel de la fable en faisant appel aux acteurs végétaux, apparaissent des pédagogues amateurs, le trop bavard Vitallis, ennuyeux lorsqu'il cherche à édifier ses enfants mais vigoureux lorsqu'il s'oublie à invectiver Robespierre, ou l'intéressant Haumont, qui met sa retraite à profit pour transmettre son expérience de militaire-poète aux jeunes générations. La philosophie, quant à elle, privilégie les leçons politiques et sociales: Imbert, de manière trop visiblement opportuniste, et Dorat, avec une belle ampleur poétique et une conviction sensible, témoignent tous deux du climat idéologique dominant dans les années qui voient le triomphe de l'esprit nouveau.

Plus proches de l'esprit de La Fontaine, mais avec des réussites inégales, sont les conteurs: Le Monnier est un conteur pédagogique particulièrement bavard et désordonné, Du Tremblay, avec une certaine sensibilité bonhomme, ne s'élève guère au-dessus du médiocre, mais Boisard, le fabuliste le plus prolixe de toute l'histoire du genre, a un talent poétique certain et un humour de bon aloi. Les grands noms de l'histoire du genre sont aussi, en somme, des disciples du Bonhomme: Florian, sentimental, conteur de qualité, cultivé sans ostentation, mérite sa réputation de second après La Fontaine malgré les irrégularités de son instrument poétique; Le Bailly, chez qui se décèle déjà la dérive de la fable vers l'épigramme, est aussi cultivé que lui mais poète trop scolairement appliqué et narrateur trop sec; Nivernais n'est pas loin de valoir Florian: plus régulier dans la réussite poétique, excellent conteur, ses fables sont toutes bonnes sans pourtant qu'il y en ait une d'exceptionnelle...

Vers 1810, enfin, l'apologue semble connaître une évolution: non pas, comme au temps de La Motte, par un effort de théorisation, mais par un changement de la pratique des auteurs. L'engagement philosophique des années 1770 se transforme en polémique *ad hominem* chez Ginguené, qui attaque Napoléon; la critique des ridicules, qui appartient au genre depuis les origines, devient systématiquement épigrammatique avec Arnault. Au Siècle des Lumières, enthousiaste et brouillon, succède l'âge de la caricature: sans qu'aucune démarche théorique ait cherché à faire évoluer l'apologue, celui-ci change visiblement de nature, *comme si on avait enfin, au bout de plus d'un siècle de production intarissable, épuisé la gamme des possibilités.*

CONCLUSION GÉNÉRALE

Notre but, dans ce petit livre, était de présenter *la problématique et l'histoire de la fable en vers en France au Siècle des Lumières*, entre 1715 et 1815. Au début de la période, *La Motte*, par une relecture critique de La Fontaine, *construit les bases d'une poétique de l'apologue*: à la spontanéité du Bonhomme, il oppose la nécessité de règles. Il cherche à codifier non seulement la nature didactique de la fable, mais aussi son écriture poétique: elle doit être un poème conçu pour la leçon qu'il apporte, écrit familièrement mais sans négligence, soucieux de développer une action allégorique interprétable dans l'univers humain des lecteurs. Sa réflexion théorique conditionne clairement la pratique de ses contemporains et de ses successeurs immédiats, mais aussi l'enseignement des professeurs, car la fable est enseignée à l'école. Seulement, *la solide doctrine de La Motte est en concurrence avec le recueil de La Fontaine*, universellement considéré comme un intimidant chef-d'oeuvre: les règles sont difficiles à admettre quand on voit que le Bonhomme semble s'être donné pour loi de n'en avoir aucune... Fabulistes et professeurs, jusque vers 1770, sont partagés entre le besoin d'un cadre technique rigoureux qui valide leur pratique et permette l'écriture de fables et une admiration décourageante pour celui qui en fit comme un pommier produit des pommes... Ils n'en seront libérés qu'avec *l'apparition des sources étrangères*, qui les autorisera à être de nouveaux «fabliers»: ils ne craindront plus de rivaliser avec leur modèle, certains qu'ils deviendront de traiter désormais des sujets inconnus de La Fontaine. La question des règles, nécessaires quand il s'agissait de marcher sur les traces du Bonhomme dignement, devient secondaire quand il ne s'agit plus que d'explorer un fonds immense et inédit.

Il y a donc *une fracture historique et problématique* autour de 1770: la poétique, à partir de cette date, ne semble plus concerner les fabulistes, elle n'est plus que le domaine des professeurs, dont l'enseignement, sans doute, influence largement les fabulistes nouveaux qui font mine de n'en plus tenir compte... Par conséquent, *les fables de la première période sont celles d'auteurs qui réfléchissent sur leur pratique, alors que celles de la seconde sont plutôt celles de poètes qui les écrivent sans songer à la théorie du genre*: à preuve, le caractère essentiellement différent des discours préliminaires, doctes et méthodiques avant 1770, plus brefs et cavaliers après cette date. Même l'admiration pour La Fontaine, toujours de rigueur, perd le caractère révérencieux qu'elle avait, une fois que «la fureur des fables» s'est emparée des écrivains...

Les fabulistes de la première partie du Siècle des Lumières sont nombreux, ceux de la seconde sont innombrables. Avant 1770, *même ceux qui n'adhèrent pas absolument à la révolution de La Motte sont influencés par elle*: le traditionaliste Richer reprend sur bien des points les idées du fondateur de la poétique de la fable. C'est un bon poète, grand connaisseur de la source antique, pénétré des procédés fontainiens, capable bien souvent par sa virtuosité de figurer sans être ridicule à côté du Bonhomme. Mais il est le seul de cette sorte: Defrasnay n'est qu'un pesant compilateur ésopique, et Delaunay n'est guère significatif que pour avoir emprunté à Boursault le procédé de la comédie mêlée d'apologues. C'est donc bien du côté *des disciples de La Motte*, des novateurs, qu'il faut chercher les auteurs dignes d'être retenus. Si Lebrun n'a que quelques réussites ponctuelles, si d'Ardène manque ses fables à la suite d'un discours réussi, La Motte lui-même a un mérite plus grand que celui qu'on veut bien lui reconnaître traditionnellement: poursuivant jusque dans les longs prologues de ses pièces la réflexion de son discours, il cherche à inventer des sujets intellectuels et philosophiques sans cependant négliger les ressources de l'écriture poétique, et s'il est inégal c'est peut-être pour avoir trop voulu démontrer mais pas par défaut d'application ou de talent. L'abbé Aubert, qui passa un moment pour le meilleur fabuliste de son temps, adopte la poétique de La Motte et construit systématiquement ses fables en fonction de la moralité; poète fort malhabile mais grand spécialiste des questions de rhétorique ou de technique poétique, il déduit de l'étude du vers fontainien que l'apologue doit être écrit prosaïquement et, malheureusement, il y réussit beaucoup trop bien... Il ne peut nous intéresser que parce qu'il reflète très bien les idées dominantes de son temps, partagées entre la prudence conservatrice en religion et le progressisme prudent aux plans social et politique... Pesselier, en revanche, est un excellent poète, très personnel mais trop spirituel, parfois jusqu'à la préciosité: il invente comme La Motte, mais se trouve plus à l'aise dans les moralités mondaines que dans les leçons générales qui sont la règle du genre. Il n'est cependant pas aussi marginal que *Grécourt*, qui versifie rudimentairement des fables parfois obscènes... La doctrine de La Motte, fondée sur le rôle didactique de l'apologue, devait intéresser *les professeurs*: au moment même où Rousseau critique l'usage scolaire des textes de La Fontaine, deux ecclésiastiques, Grozelier et Barbe, écrivent pour les jeunes gens des fables saines et morales, dépourvues d'ambiguïté, souvent lourdes chez le premier, qui n'est pas un bon poète, mais parfois réussies chez le second, qui compense une versification rugueuse par un évident art de conter. Enfin, après 1750, apparaissent *les premières tentatives pour acclimater les fables étrangères*: il est significatif de noter que Rivery, auquel elles sont dues, puise chez Phèdre en même temps que chez Gellert et Gay... Bientôt la source étrangère jouera un rôle analogue à celui de la source antique.

Après 1770, le clivage entre traditionalistes et novateurs n'est plus guère pertinent. L'emprise de La Motte est certes forte sur ceux qui considèrent l'apologue comme le véhicule d'idées philosophiques, mais ils ne la revendiquent que très discrètement: Dorat ou Ginguené reconnaissent des mérites à son discours, et c'est tout. C'est que désormais tout sujet, d'où qu'il vienne, et surtout de l'Etranger, est bon à faire des fables: on n'en est plus à se demander s'il faut inventer ou imiter, il y a trop à imiter... Parmi les innombrables fabulistes de la seconde période des Lumières se dessinent quelques courants, d'où ressortent quelques figures significatives par leur talent ou leur représentativité. *Les pédagogues* se multiplient, mais ils ne sont plus tous des professeurs et ils ne sont plus uniquement pédagogues: si Reyre ressemble encore à Barbe et à Grozelier, ses confrères légèrement antérieurs, Vitallis mêle à ses apologues à destination de ses enfants des pièces violentes contre la Terreur, et le capitaine Haumont, qui veut pourtant édifier la jeunesse, est un fabuliste assez complet, à la différence de Mme de Genlis, trahie par la médiocrité de son talent poétique.

Les philosophes, désormais, choisissent de privilégier les messages politiques et de véhiculer les idées progressistes à la mode: Dorat y met tout le souffle d'un auteur tragique virtuose et toute l'habileté d'un conteur qui sait manier le vers et varier les tons, alors qu'Imbert, qui ne manque pas de talent, trop pressé d'obtenir un succès de mode, publie un recueil décevant. Loin de ces préoccupations idéologiques, *d'autres préfèrent tirer l'apologue vers le conte*: Boisard le fait avec le double talent de bien raconter et de bien versifier, il est à la fois poète et conteur mais néglige la moralité de ses pièces brillantes et innombrables; l'abbé Le Monnier se plaît à narrer des choses vues mais n'est pas capable d'organiser ses récits ni de versifier élégamment; le discret Du Tremblay réussit à concilier la sensibilité et la souplesse. Mais, avant que la fable, dans les dernières années de l'Empire, n'évolue *vers la polémique ou vers l'épigramme*, avec Ginguené et Arnault, la seconde partie du Siècle des Lumières produit, presque simultanément, *trois auteurs importants*. Des trois, Florian, qui mérite sa réputation par quelques réussites éclatantes mais surtout par son absence de défauts majeurs (même si certaines de ses pièces sont faibles), est le moins oublié: l'usage scolaire lui a permis de survivre jusque vers 1950 et de demeurer, aux yeux des historiens, «le second après La Fontaine». Ses deux rivaux, pourtant, ne sont pas indignes: si Le Bailly est inégal dans les pièces longues et surtout doué pour la fable concise, parfois déjà épigrammatique, Nivernais excelle dans tous les styles, grâce à sa bonne virtuosité poétique et à ses narrations solides autant que grâce à sa culture encyclopédique. On pourrait dire, finalement, que ces trois fabulistes constituent, en quelque sorte, la synthèse de l'histoire du genre au Siècle des Lumières, en tout cas son aboutissement[522].

A des titres divers, avec plus ou moins de réussite ou de talent mais avec toujours de l'application, *les fabulistes du XVIII° siècle sont de vrais poètes*: leur langue est celle de La Fontaine, c'est-à-dire un instrument qui privilégie le rythme (grâce aux ressources inépuisables de la variété métrique, des formules enjambantes et des audaces de l'accentuation) comme véhicule du sens, et ils la parlent souvent avec un grand bonheur, comme leur langue maternelle chez les plus doués, comme une langue soigneusement étudiée chez les autres. Dans ce «siècle sans poésie», où pourtant les pièces fugitives brillent de mille feux, où pourtant le poème descriptif est déjà gros des nouveautés de l'époque suivante, où pourtant les auteurs d'héroïdes et d'élégies préparent la voie à la lyrique romantique qui les plagiera parfois de manière bien voyante, où pourtant la poésie dramatique est d'une richesse extraordinaire, les fabulistes ont leur place, non seulement en tant qu'ils sont représentatifs de la vogue d'un genre ou des idées de leur temps, mais aussi en tant que poètes. C'est dans le dessein de le montrer que nous avons voulu leur donner la parole en commentant leurs pièces, les unes réussies, d'autres moins. Il ne s'agissait pas de dresser un palmarès, mais d'offrir une tableau aussi complet que possible d'une forme de poésie réduite, dans notre vision actuelle de l'histoire littéraire, à l'oeuvre géniale de La Fontaine. Si nous avons offert quelques repères aux curieux[523], permis la lecture de quelques beaux textes et la découverte de quelques poètes, éclairé un peu l'histoire et la problématique de la fable au Siècle des Lumières, nous croirons avoir atteint notre but. Avoir montré, au moins, que *La Fontaine a bien eu des successeurs*, pas forcément indignes de lui.

NOTES

NOTES DE L'INTRODUCTION

1   Nous pensons principalement aux travaux de Sylvain Menant, Edouard
    Guitton, Henry Stavan ou Robert Finch (voir notre bibliographie), qui
    sont parmi les plus importants pour aborder le problème.

2   Dans l'usage scolaire, qui est comme on sait un parfait indicateur de la
    survie des oeuvres littéraires, Florian se maintint en France jusqu'aux
    abords de la Seconde Guerre mondiale, tandis qu'il avait connu, pendant
    tout le Dix-neuvième Siècle, des multitudes d'éditions.

3   Disons une fois pour toutes tout le profit que nous avons tiré des travaux
    de G. Saillard (1912) et d'A. Moalla (1980), et précisons que nos notes
    renvoient à la bibliographie de la fin du volume lorqu'elles citent, sans
    autre précision, un auteur ou un titre.

4   Il semble, en effet, y avoir eu une assez longue éclipse dans la production
    de fables poétiques entre les tentatives des Haudent, Corrozet et autres
    poètes du Seizième Siècle, et l'apparition de La Fontaine.

5   Nous avons cité quelques pièces de Mme de Villedieu dans notre
    Anthologie des Fabulistes de La Fontaine au Romantisme. On connaît
    par ailleurs les travaux de M. Cuénin sur Mme de Villedieu.

6   C'est le cas du recueil longtemps attribué à un certain Daubaine (1685) et
    qui est en réalité, d'après G. Monbello, de Moreau de Mautour.

7   C'est le cas des curieuses *Fables en rondeaux* du chevalier de Saint-
    Gilles,ou de celles de Saint-Glas. On se reportera utilement à un article de
    G. Parussa dans *Fables et fabulistes* (1992).

8   C'est ainsi que l'on trouve ces quatrains joints à la traduction (plutôt
    d'ailleurs une adaptation influencée par les formulations de La Fontaine)
    d'Esope par l'abbé Morvan de Bellegarde, qui semble avoir été la plus
    répandue pendant la seconde moitié du Siècle des Lumières (et même
    jusqu'en 1830). On trouvera dans *Le Fablier* (n°1, 1989) une étude de Ph.
    Hourcade sur «Esope à Versailles».

9   Sont à citer, au moins, les noms de Fuzeller, Launay et Pesselier.

10 Les *Fables* de Boursault «seront toujours lues avec plaisir et estimées de
    ceux qui aiment une versification douce, naturelle et facile. Si elles ne
    sont pas, à la vérité, comparables à celles de La Fontaine, c'est que rien
    en ce genre n'est comparable à celles-ci. On peut avoir du mérite sans
    égaler les auteurs originaux.» (Sabatier de Castres, *Les trois Siècles de
    notre littérature*, 1772).

11 La comédie de Le Noble a été étudiée par J.-C. Brunon dans *Fables et
    fabulistes* (1992). L'oeuvre de l'écrivain a donné lieu à une belle
    monographie de Ph. Hourcade.

12   On peut citer, entre autres, les *Fables* (en prose) de Baudoin (1649), étudiées par M.-M. Fragonard dans *Fables et fabulistes*.

13   Nous n'aurons garde d'oublier les contributions intéressantes à cette histoire de Desmay (*L'Esope du temps*, 1679) et de Charles Perrault, qui traduisit de manière souvent très originale les *Fables* de Faerne (1699).

14   Précisons cependant que ce type de fables sera surtout illustré par les fabulistes occasionnels (qui pullulent au XVIII° siècle), plutôt que par les auteurs de recueils, à l'exception de ceux qui sont, comme Dorat (1772, *Fables ou allégories philosophiques*), des virtuoses de la poésie légère.

15   Concluant quelques lignes expéditives sur Furetière, B. Bray s'exclame: «Qu'on regrette alors Esope et Phèdre, et leur malicieux interprète!» («La succession La Fontaine», dans *Le Fablier*, 1990).

16   On connaît le recueil des Pères Vinot et Tissard, à la fin du XVII° siècle, celui du Père Giraud (1763) et, bien entendu, les *Fabulae aesopiae* du Père Desbillons (à partir de 1754) qui ne s'est pas contenté de traduire La Fontaine, mais a aussi adapté en vers latins les prédécesseurs et les successeurs du fabuliste.

17   Il y eut même des traductions françaises des adaptateurs latins de La Fontaine (Desbillons, le premier, s'est traduit lui-même), des traductions latines complètes d'autres fabulistes, et un fils très pieux qui mit en Latin les *Fables* de son père (Adolphe Jauffret, fils de Louis-François Jauffret, traducteur en 1828 de l'essentiel d'un recueil paru en 1815).

18   Rollin, l'auteur du *Traité des études*, est le plus célèbre.

19   Rousseau, *Emile* (1761), livre II.

20   Les enfants «n'entendent guère» les fables, remarque d'Alembert.

21   Nous développerons ce point dans notre première partie. Signalons déjà qu'un fabuliste professeur (au Collège Royal), l'abbé Aubert, écrivit un *Discours sur la manière de lire les fables ou de les réciter*, et le joignit à son recueil (1756).

22   On pourrait citer bien des noms de fabulistes occasionnels assez fameux, par exemple Piron, Sedaine, Ducis ou Boufflers.

23   Pour des listes, nous renverrons à nos deux ouvrages anthologiques *La Fable au Siècle des Lumières* (1991) et *Les Fabulistes de La Fontaine au Romantisme* (1993).

24   On sait la part essentielle que prit La Motte à la Seconde Querelle des Anciens et des Modernes (Querelle d'Homère) au début de la Régence: il peut être considéré comme le chef de file des Modernes.

25   Signalons que Furetière, dès 1671, avait déjà revendiqué la même «nouveauté» et prétendait avoir inventé la majorité de ses sujets.

26   Nous voudrions ici remercier ceux qui, les premiers, ont soutenu nos investigations dans le domaine négligé de la fable des Lumières: Henri Duranton, Marie-Madeleine Fragonard et Claude Lauriol. Sans eux ce livre n'existerait pas.

Premier Chapitre

27   Le Monnier, *Fables, 1773*, «De la Fable», pp. VI–VII.
28   Le Monnier, «De la Fable», p. IX.
29   Richer, *Fables*, édition définitive posthume de 1748, «Préface», pp. XXVI–XXVII. C'est nous qui soulignons.
30   Voir la citation de Le Monnier en épigraphe à la présente première partie.
31   La Motte, *Fables*, 1719, «Discours sur la Fable», p. 52.
32   La Motte, «Discours sur la Fable», p.52.
33   La Motte, «Discours sur la Fable», p.52.
34   Imbert, *Fables*, 1773, p. VIII. C'est nous qui soulignons.
35   Imbert, *Fables*, 1773, «Le Rossignol et le Serin», p. 2. Les capitales sont dans le texte.
36   Imbert assortit ses cinq livres de prologues dédiés aux fabulistes antérieurs; ceux des livres III et V sont des hommages à La Fontaine, mais le second ne présente pas l'idée de rivalité qui nous arrête ici.
37   Imbert, p. 92.
38   On prétend que d'Ardène, qui avait préparé son recueil à la même époque que La Motte, renonça à le publier parce qu'il n'arrivait pas à trouver de mécène qui lui permît de l'illustrer dignement... Le livre ne vit le jour qu'en 1745! Un autre rival de La Motte, Lebrun (1722), se flatte railleusement que son recueil obtiendra du succès non pas pour ses images, mais pour son texte...
39   Par exemple Cochin pour Richer (1748), Le Monnier (1773) ou Aubert (édition de 1774).
40   Cas de l'illustrateur des *Fabulae* de Desbillons (éditions de 1759 ou 1768) ou de celui des *Apologues* de Nogaret (1814).
41   Le Bailly, *Fables*, 1811 (c'est le deuxième recueil de cet écrivain, qui publia le premier dès 1784). L'illustration sert de couverture à notre anthologie *La Fable au Siècle des Lumières* (1991). Nous citons par ailleurs le prologue de Le Bailly dans l'introduction de l'ouvrage, pp. 13–14.
42   Elles sont, d'ailleurs, parfois hideuses, comme celle qui ouvre les *Fables de Desains* (1850)...
43   Le Bailly, *Fables*, 1811, p. XIV.
44   «Et ce champ ne se peut tellement moissonner/Que les derniers venus n'y trouvent à glaner.» (La Fontaine, «Le Meunier, son fils et l'Ane», III, 1).
45   *Les trois Siècles de notre littérature*, 1772, t. II, p. 199.
46   Voltaire, *Le Siècle de Louis XIV*, chapitre XXXII.
47   Marmontel, épître sur *Les Charmes de l'étude*.
48   C'est nous qui soulignons.
49   *Eléments de littérature*, édition Didot (1867), t. II, pp. 152–54.
50   La Harpe, *Lycée*, édition Costes (1813), t. VI, pp. 334–35.

51   *Les trois Siècles de notre littérature*, p. 207.
52   Palissot, *Mémoires pour servir à l'histoire de notre littérature.*
53   Chamfort, *Eloge de La Fontaine*, éd. Igonette, 1826, p. VI.
54   *Eloge de La Fontaine*, p. VI.
55   *Eloge de La Fontaine*, p. VII.
56   *Eloge de La Fontaine*, p. II.
57   *Eloge de La Fontaine*, p. III.
58   *Eloge de La Fontaine*, p. III.
59   *Eloge de La Fontaine*, p. IV.
60   *Eloge de La Fontaine*, pp. IV–V.
61   «Fanfan et Colas», fable de l'abbé Aubert, a passé longtemps pour le chef-d'oeuvre de cet écrivain. Nous la rencontrons dans tous les anthologies (et même dans la *Poétique* à l'usage des collèges de La Serre, en 1770). Nous l'avons reproduite dans *Les Fabulistes de La Fontaine au Romantisme* (1993).
62   Millevoye, *Oeuvres*, édition Furne, 1833, t. I, p. 351.
63   Une chose est particulièrement remarquable, c'est la fascination exercée sur les fabulistes des Lumières par le nombre de douze livres atteint par La Fontaine: Grozelier, Barbe, Nivernais, Richer, d'autres encore s'acharnèrent à enfler leurs recueils à cette dimension mythique.

CHAPITRE II

64   Voir P. Dandrey, *La Fabrique des fables*, 1991.
65   La Fontaine, préface de 1668 (éd. Fragonard, p. 24).
66   La Motte, *Fables*, 1719, «Discours sur la Fable», p. 11.
67   La Motte, «Discours sur la Fable», p. 17.
68   La Motte, «Discours sur la Fable», p. 14.
69   L'image.
70   La Motte, «Discours sur la Fable», p. 20.
71   La Motte, «De la Fable», p. 9.
72   Richer, *Fables,* 1748, préface, pp. XIII–XIV.
73   Richer, préface, pp. XI–XIII.
74   La Fontaine, «Le Pâtre et le Lion», VI, 1.
75   D'Ardène, *Recueil de fables*, 1747, «Discours», p. 12.
76   D'Ardène, «Discours», p. 18.
77   Richer, préface, p. XVI.
78   D'Ardène, «Discours», p. 18.
79   Le Monnier, *Fables*, 1773, «De la Fable», pp. V–VI.
80   Florian, *Fables*, 1792, «De la Fable», p. 5. Souligné par nous.
81   Florian, «De la Fable», p. 5.
82   Florian, «De la Fable», p. 8.
83   Ginguené, *Fables nouvelles*, 1810, préface, pp. 10–11.

84   La Motte, «Discours sur la Fable», p. 41. Souligné par nous.
85   La Motte, «Discours sur la Fable», p. 9.
86   Richer, préface, pp. XIX–XX.
87   Richer, préface, pp. XXI–XXII.
88   Richer, préface, p. XXV.
89   Florian, «De la Fable», p. 3.
90   Florian, «De la Fable», p. 4.
91   Florian, «De la Fable», p. 4.
92   Ginguené, préface, p. 10.
93   Le Monnier, «De la Fable», p. XI.
94   Le Monnier, «De la Fable», p. XV.
95   La Fontaine, préface de 1668 (éd. Fragonard, p. 22).
96   La Motte, «Discours sur la Fable», p. 14.
97   La Motte, «Discours sur la Fable», pp. 14–15.
98   La Motte, «Discours sur la Fable», p. 17.
99   La Motte, «Discours sur la Fable», pp. 18–19.
100   D'Ardène, *Recueil de fables*, «Discours», p. 64. Nous soulignons.
101   D'Ardène, «Discours», p. 64. Nous soulignons.
102   D'Ardène, «Discours», p. 69.
103   D'Ardène, «Discours», p. 67.
104   Richer, préface, pp. XXIII–XXIV.
105   Le Monnier, «De la Fable», p. XVI.
106   Le Monnier, «De la Fable», p. XVI.
107   Florian, «De la Fable», pp. 13–14.
108   La Fontaine, préface de 1668 (éd. Fragonard, p. 21).
109   La Motte, «Discours sur la Fable», p. 53.
110   La Motte, «Discours sur la Fable», p. 54.
111   Richer, préface, pp. XXII–XXIII. Souligné par nous.
112   D'Ardène, «Discours», p. 57.
113   Le Monnier, «De la Fable», p. XIII.
114   Florian, «De la Fable», p. 18.
115   La Motte, «Discours sur la Fable», p. 27.
116   La Motte, «Discours sur la Fable», p. 26.
117   La Motte, «Discours sur la Fable», p. 29.
118   La Motte, «Discours sur la Fable», p. 29.
119   D'Ardène, «Discours», p. 54.
120   D'Ardène, «Discours», p. 54.
121   Grécourt, *Fables*, dans *Oeuvres*, éd. de 1780, t. I, p. 295. Voir notre anthologie *Les Fabulistes de La Fontaine au Romantisme* (1993).
122   D'Ardène, «Discours», p. 30. Souligné par nous.
123   Richer, préface, p. XVI.
124   La Motte, «Discours sur la Fable», p. 27.
125   Richer, préface, p. XVI.

126   Richer, préface, pp. XVI–XVII.
127   Aucun des fabulistes des Lumières n'ignore que La Fontaine a voulu faire de ses fables «une ample comédie à cent actes divers».
128   Le Monnier, «De la Fable», p. XIV.
129   Reyre, *Le Fabuliste des enfants*, éd. de 1828, p. X.
130   Voir notre édition des *Cinq Arlequinades* de Florian (Montpellier, 1993).
131   Florian, «De la Fable», p. 14.
132   Florian, «De la Fable», p. 15.
133   Florian, «De la Fable», p. 14.
134   Florian, «De la Fable», pp. 15–16.
135   La Motte, «Discours sur la Fable», p. 32.
136   La Motte, «Discours sur la Fable», p. 34.
137   D'Ardène, «Discours», p. 33. C'est nous qui soulignons.
138   D'Ardène, «Discours», p. 35.
139   D'Ardène, «Discours», p. 36.
140   D'Ardène, «Discours», p. 39.
141   Grécourt est parfois vulgaire, Pesselier souvent contourné.
142   D'Ardène, «Discours», p. 35.
143   Richer, préface, p. XIX.
144   Richer, préface, p. XX.
145   Richer, préface, p. XXII.
146   Le titre du morceau est *Discours sur la manière de lire les fables ou de les réciter*. Bérenger, auteur en 1802 d'une anthologie à usage scolaire (*Fablier en vers à l'usage de l'enfance et de la jeunesse*) fait de ce texte la préface de son recueil.C'est d'après cette réimpression que nous citons Aubert.
147   Aubert, «Discours», p. XI.
148   Aubert, «Discours», p. XXI.
149   D'Ardène, «Discours», p. 43.
150   D'Ardène, «Discours», p. 41.
151   D'Ardène, «Discours», p. 42. Jauffret, en 1828, dans ses *Lettres sur les fabulistes*, se gaussera des fables de d'Ardène, aisément reconnaissables à leur enjambement systématique dès le troisième vers...
152   D'Ardène, «Discours», p. 43.
153   D'Ardène, «Discours», p. 50.
154   Le Monnier, «De la Fable», p. IX.
155   Le Monnier, «De la Fable», p. XV.
156   Florian, «De la Fable», p. 16.
157   Boisard publia son premier recueil en 1773, en doubla le volume en 1777 et finit par atteindre le nombre astronomique de *Mille et une fables* en 1806. Son talent est réel malgré sa prolixité.
158   Gay, dont le premier recueil remonte à 1727, fut traduit (en prose) par Mme de Kérali en 1759. Lessing, dont le recueil est de 1759, fut traduit

dès 1764 (en prose) par un professeur de l'Ecole Militaire qui n'hésita pas à joindre le texte allemand à sa traduction.

CHAPITRE III

159   Hardion, *Nouvelle Histoire poétique et deux traités abrégés, l'un de la poésie, l'autre de l'éloquence*, 1751, p. 80. C'est nous qui soulignons.
160   La Serre, *Poétique élémentaire*, 1771, p. 137. Nous soulignons.
161   Domairon, *Poétique française*, 1804, p. 66.
162   Batteux, *Cours de Belles-Lettres*, t. 1, p. 216.
163   Batteux, *Cours de Belles-Lettres ou Principes de Littérature*, nouvelle édition, 1753, t. I, p. 218. Nous soulignons.
164   La Fontaine, V, 6.
165   Batteux, *Cours de Belles-Lettres*, p. 226. «L'Homme et la Belette» est une fable de Phèdre (II, 21).
166   Formey, *Principes élémentaires de Belles-Lettres*, nouvelle édition, 1763, p. 92.
167   Joannet, *Eléments de poésie française*, 1752, t. III, p. 18. Nous soulignons le début de la citation.
168   Alletz, *Les Ornements de la mémoire*, éd. de 1808, p. 317. C'est nous qui soulignons.
169   Domairon, *Poétique française*, p. 69.
170   Batteux, *Cours de Belles-Lettres*, t. I, pp. 264–265.
171   Joannet, *Eléments*, t. III, p. 30.
172   Joannet, *Eléments*, t. III, pp. 30–31.
173   Voir La Serre, *Poétique élémentaire*, p. 138.
174   La Fontaine, éd. Fragonard, pp. 21–23.
175   Hardion, *Nouvelle Histoire poétique*, p. 81.
176   Florian et Dorat en font même l'ouverture de leurs recueils (*La Fable et la Vérité*, de Florian, *La Fable et la Vérité*, de Dorat). Barbe inclut sa pièce (*L'Origine des fables*) dans son second recueil.
177   Batteux, *Cours de Belles-Lettres*, t. I, pp. 229–231.
178   Batteux, *Cours de Belles-Lettres*, t. I, p. 231.
179   Formey, *Principes élémentaires de Belles Lettres*, p. 92.
180   La Serre, *Poétique élémentaire*, pp. 146–147.
181   Domairon, *Poétique française*, pp. 72–73. Nous soulignons.
182   Domairon, *Poétique française*, p. 73. Nous soulignons.
183   Joannet, *Eléments de poésie française*, t. III, pp. 19–20.
184   Alletz, *Les Ornements de la mémoire*, pp. 317–321.
185   C'est le texte de La Serre, mais la coquille est manifeste: il s'agit de la fable des *Deux Livres* (La Motte, IV, 9).
186   La Motte, III, 13 («Le Jugement, la Mémoire et l'Imagination).
187   C'est-à-dire aux dieux mythologiques.

188   La Serre, *Poétique élémentaire*, pp. 143–145.
189   C'est-à-dire qu'on n'allonge pas indûment l'exposition du récit.
190   Formey, *Principes élémentaires de Belles-Lettres*, p. 90.
191   Domairon, *Poétique française*, p. 67.
192   La Serre, *Poétique élémentaire*, pp. 147–148. La Serre publie son manuel sept ans après la traduction française de Lessing.
193   La dernière partie de la phrase est, naturellement, injonctive.
194   La Serre, *Poétique élémentaire*, p. 149.
195   Par exemple, la traduction de Saadi par Saint-Lambert (1772), celles de John Gay par Mme de Kéralio (1759), de divers *Apologues orientaux* par l'abbé Blanchet (1784) ou par Sauvigny (1765).
196   Hardion, *Nouvelle Histoire poétique*, p. 81. Nous soulignons.
197   Alletz, *Les Ornements de la mémoire*, p. 319. Nous soulignons.
198   La Serre, *Poétique élémentaire*, p. 151.
199   Alletz, *Les Ornements de la mémoire*, pp. 319–320.
200   Alletz, *Les Ornements de la mémoire*, p. 320.
201   La Serre, *Poétique élémentaire*, p. 152.
202   Formey, *Principes élémentaires de Belles-Lettres*, pp. 92–93.
203   La Serre, *Poétique élémentaire*, pp. 153–158.
204   La Serre, *Poétique élémentaire*, pp. 159–160.
205   Joannet, *Eléments de poésie française*, t. III, p. 23.
206   Joannet, *Eléments de poésie française*, t. III, pp. 23–24.
207   Formey, *Principes élémentaires de Belles-Lettres*, p. 90.
208   Batteux, *Cours de Belles-Lettres*, t. I, p. 216.
209   Batteux, *Cours de Belles-Lettres*, t. I, p. 223.
210   Batteux, *Cours de Belles-Lettres*, t. I, p. 224.
211   Batteux, *Cours de Belles-Lettres*, t. I, p. 224.
212   Batteux, *Cours de Belles-Lettres*, t. I, pp. 220–223.
213   Batteux, *Cours de Belles-Lettres*, t. I, pp. 226–229.
214   Batteux, pp. 270–274 («Les Moineaux», IV, 21).
215   Il s'agit de «Fanfan et Colas» (Aubert, I, 1).
216   *Les Ornements de la mémoire*, pp. 322–335. Les fables de La Motte sont «Le Perroquet» (I, 2), «La Pie» (II, 2) et «Le Fromage» (II, 11).

NOTES DE LA DEUXIEME PARTIE: AVANT-PROPOS

217   Voici les principaux recueils à prendre en considération:
        —1719: La Motte, *Fables nouvelles*;
        —1722: Lebrun, *Fables*;
        —1729: Richer, *Fables nouvelles mises en vers*;
        —1732: Delaunay, *La Vérité fabuliste, avec un recueil de fables*;
        —1744: Richer, *Fables choisies et nouvelles*;
        —1747: D'Ardène, *Recueil de fables nouvelles, précédées d'un discours*;

—1748: Pesselier, *Fables nouvelles*;
—1750: Defrasnay, *Mythologie ou recueil des fables*;
—1754: Boulenger de Rivery, *Fables et contes*;
—1756: Aubert, *Fables nouvelles*;
—1760: Grozelier, *Fables nouvelles*;
—1762: Barbe, *Fables nouvelles*;
—1768: Grozelier, *Nouveau Recueil de fables*;
—1771: Barbe, *Fables et contes philosophiques*.

CHAPITRE IV

218 Richer, *Fables*, éd. complète de 1748, p. XXIII.
219 La Motte, évidemment.
220 Richer, *Fables*, préface, p. XXIII.
221 Formule d'Emile Chambry dans l'introduction de son édition d'Esope pour la Collection des Universités de France.
222 Lebrun, *Fables nouvelles*, préface (non paginée).
223 Voir Esope 130 (numérotation de l'éd. Chambry, Collection des Universités de France).
224 Voir Phèdre, IV, 3 (traduction Boinvilliers, 2° édition, 1818, p. 103; la traduction de la Collection des Universités de France est catastrophique).
225 Defrasnay, *Mythologie*, VIII, 20.
226 Boulenger de Rivery, *Fables et contes*, I, 18.
227 Voir Esope 327, selon la numérotation de Chambry dans son édition pour la Collection des Universités de France.
228 Faerne, III, 5.
229 Richer, *Fables nouvelles*, 1729, VI, 18.
229b Grozelier, *Nouveau Recueil*, 1768, VII, 3.
230 Desbillons traite le sujet dans son recueil de 1754 (*Fabulae aesopiae*, III, 31), que Grozelier devait connaître.
231 La fable se retrouve chez Gabrias. Elle a été mise en latin par Tanneguy Lefèvre et par Desbillons.
232 Richer, *Fables nouvelles*, 1729, II, 8.
233 La Fontaine, I, 3.
234 La Motte, *Fables nouvelles*, 1719, I, 13.
235 La Motte, *Fables nouvelles*, 1719, III, 14.
236 Aubert, *Fables nouvelles*, 1756, VI, 7.
237 Lebrun, *Fables*, 1722, IV, 15.
238 Pesselier, *Fables nouvelles*, 1746, II, 18.
239 Voir La Motte, III, 13 («Le Jugement, la Mémoire et l'Imagination»), ou IV, 3 («L'Opinion).
240 Lebrun, *Fables*, 1722, II, 15.
241 La Motte, *Fables nouvelles*, III, 15.

242   Lebrun, *Fables*, III, 28.
243   Aubert, *Fables nouvelles*, 1756, IV, 10.
244   *Fables de M. Gay*, 1759.
245   *Fables nouvelles*, traduction libre de l'Allemand de Lichtwer (par Pfeffel), 1763.
246   *Fables pour les dames*, 1764; *Fables de Lessing avec des dissertations*, 1764.
247   *Fables et contes avec un discours*, 1754 («Discours» aux pp. VI à LXVIII).
248   Rivery, «Discours», p. LXVI.
249   Rivery, «Discours», pp. LXVII–LXVIII.

CHAPITRE V

250   *Fables choisies et nouvelles*, 1744, XII, 14.
251   *Fables nouvelles*, 1729, I, 2 (même position que chez La Fontaine: c'est évidemment voulu, et humoristique).
252   «La Génisse, la Chèvre et la Brebis, en société avec le Lion».
253   *Fables nouvelles*, II, 10.
254   Etrangement, Gallois, auteur en 1830 d'un *Citateur des Fabulistes*, oublie systématiquement Richer...
255   «La Couleuvre et le Hérisson», IV, 15.
256   «Les deux Chiens et le Chat», VIII, 14.
257   «Le Lion et la Mouche», IX, 6.
258   «La Cigogne, les Milans et le Paysan», II, 8.
259   «Les Bergers», VI, 19.
260   «La République des Abeilles et celle des Frelons», VI, 1.
261   Joannet, *Eléments de poésie française*, 1752, t. III, pp. 29–30.
262   Blanchard, *Le Fablier du second âge*, 4° éd., 1810, p. 72.
263   Nous désignons ainsi les comédies mêlées de fables, dont Esope n'est pas toujours un personnage.
264   Autres comédies dignes d'être mentionnées: *Momus fabuliste*, de Fuzelier, le librettiste des *Indes galantes* (1719),*L'Ecole du temps* (1738) et *Esope au Parnasse* (1739), de Pesselier, *Esope au collège*, du Père Ducerceau.
265   Une dizaine de fables, dont les sujets semblent être d'invention.
266   *La Vérité fabuliste*, scène 1, p. 4.
267   *La Vérité fabuliste*, scène 1, p. 8.
268   Nous avons déjà commenté (chapitre I de cette deuxième partie) les versions de Richer et de Grozelier.
269   Delaunay, *Recueil de fables*, 1732, fable 4.
270   *Recueil de fables*, fable 30. Nous avons cité un peu plus haut la pièce ésopique de Richer qui utilise les mêmes acteurs.

271   La *Mythologia aesopica* d'Isaac-Nicolas Nevelet remonte à 1610.
272   A citer, au moins, les *Fables d'Esope phrygien* de Baudoin.
273   *Mythologie*, X, 2.
274   *Mythologie*, VI, 12. Voici le texte de Nevelet (*La Cigale et les Fourmis*):
      «Pendant l'hiver, leur blé étant humide, les fourmis le faisaient sécher. La
      cigale, mourant de faim, leur demandait de la nourriture. Les fourmis lui
      répondirent: «Pourquoi en été n'amassais-tu pas de quoi manger —Je
      n'étais pas inactive, dit celle-ci, mais je chantais mélodieusement.» Les
      fourmis se mirent à rire: «Eh bien, si en été tu chantais, maintenant que
      c'est l'hiver, danse.» Cette fable montre qu'il ne faut pas être négligent en
      quoi que ce soit, si l'on veut éviter le chagrin et les dangers (cité d'après
      l'éd. Radouant des *Fables de La Fontaine*, Paris, 1929, p. 15).»
275   *Mythologie*, XII, 17.

CHAPITRE VI

276   *Fables nouvelles*, 1719, I, 11.
277   *Fables nouvelles*, III, 8.
278   *Fables nouvelles*, V, 3.
279   *Fables nouvelles*, II, 12.
280   La Fontaine, XII, 10.
281   *Fables nouvelles*, II, 14. Nous soulignons.
282   *Fables nouvelles*, II, 14. La Motte a aussi renversé totalement le sujet
      traditionnel dans «L'Ecrevisse philosophe» (VI, 11).
283   Voir le chapitre I de cette deuxième partie.
284   Florian, *Fables*, II, 15 («Le Grillon»). Voir aussi Richer, *Fables
      nouvelles*, IV, 8 («Le Rat et la Taupe»).
285   *Fables nouvelles*, I, 12.
286   *Fables nouvelles*, III, 2.
287   Sabatier de Castres, *Les trois Siècles de notre littérature*, t. II, p. 429.
288   Jauffret, *Lettres sur les fabulistes*, 1828, II, pp. 104–105.
289   Lebrun, *Fables*, 1722, préface (non paginée).
290   *Fables*, I, 15.
291   *Fables*, V, 21.
292   La Fontaine, VI, 17.
293   *Fables*, V, 28.
294   Voir Jauffret, *Lettres sur les fabulistes*, II, pp. 147–176. Jauffret était lui
      aussi membre de l'Académie de Marseille et avait eu accès à des
      manuscrits inédits de d'Ardène: il cite quelques fables retrouvées sans
      pouvoir s'expliquer qu'elles ne figurent pas dans le recueil de 1747.
295   Florian, *Fables*, 1792, II, 20.
296   Rivery, *Fables et contes*, 1754, III, 7. Le sujet se retrouve dans les
      Apologues orientaux (en prose) de Sauvigny (1765), chez Binninger

(*Choix de fables allemandes*, 1782), et après Florian chez d'autres fabulistes.

297   *Recueil de fables nouvelles*, 1747, fable 23.

298   Voir *Le Glaneur français*, 1736, II, pp. 325–347. Les *Fables* de Grécourt ne parurent intégralement qu'après sa mort, dans ses *Oeuvres diverses* (1747). Mais les éditions de Grécourt se multiplièrent dans la seconde moitié du XVIII° siècle.

299   *Fables nouvelles*, 1748, II, 5.

300   *Fables nouvelles*, III, 7.

301   *Fables nouvelles*, III, 5.

302   Jauffret (*Lettres sur les fabulistes*, III, p. 49) reproche à Pesselier ses recherches excessives en ce domaine.

303   *Fables nouvelles*, IV, 7.

304   Il est probable, en effet, que quelques fables parues dans l'*Almanach des Muses* après 1800 et signées par «le citoyen Louis Aubert» soient bien de notre auteur.

305   Voir *Fables nouvelles*, éd. de 1773, pp. 412–414.

306   *Lettres sur les fabulistes*, III, pp. 110–114.

307   *Fables nouvelles*, éd. de 1773, III, 20.

308   *Fables nouvelles*, éd. de 1773, III, 12.

309   *Fables nouvelles*, éd. de 1773, III, 13.

310   VI, 6. Citée dans *La Fable au Siècle des Lumières*, 1991.

311   VII, 19. Citée dans *Les Fabulistes de La Fontaine au Romantisme*, 1993.

312   Chapitre II de la première section.

313   *Fables nouvelles*, éd. de 1773, VI, 4.

314   *Lettres sur les fabulistes*, III, pp. 118–120.

315   *Lettres sur les fabulistes*, III, p. 117.

316   Chapitre III de notre première section.

CHAPITRE VII

317   *Oeuvres complètes* de Grécourt, Luxembourg, 1780, t. I, première partie, p. 236.

318   *Oeuvres complètes*, t. I, première partie, p. 238.

319   *Oeuvres complètes*, t. I, première partie, pp. 196–197.

320   Chapitre I de cette deuxième partie.

321   Phèdre, III, 15.

322   Rivery, *Fables et contes*, I, 4.

323   Rivery, *Fables et contes*, II, 1. Fable reproduite dans *La Fable au Siècle des Lumières*, 1991.

324   Florian, *Fables*, 1792, I, 14.

325   Texte commenté plus haut (chapitre III de la deuxième partie).

326   *Fables et contes*, II, 5. Dans l'original allemand, le fils fait venir des

sorciers pour essayer de trouver l'endroit où le trésor est caché. On peut se demander pourquoi Rivery a éliminé cette circonstance, susceptible de produire de beaux effets. Un autre adaptateur, postérieur (1782), l'Alsacien Binninger, plus fidèle à Gellert et moins bon poète que Rivery, réussit très bien cette fable (voir *Choix de fables allemandes*, I, 14).

327   Les *Fables* de Fénelon datent de 1699. A l'exception de quelques pièces brèves, ce sont plutôt des contes dotés d'un sens moral que des apologues à proprement parler. Un poète pédagogique oublié de la fin du XIX° siècle les mettra en vers... Leur influence sur les fabulistes qui nous occupent semble avoir été peu considérable.

328   Voir les *Oeuvres* de Ducerceau, éd. de 1838, pp. 311–326. Florian s'est inspiré d'une pièce de ce Jésuite («L'Agneau nourri par une chèvre») pour écrire «Les Serins et le Chardonneret» (*Fables*, 1792, I, 5).

329   Grozelier, *Fables nouvelles*, 1760, épilogue.

330   *Nouveau Recueil de fables*, 1768, IX, 22.

331   *Nouveau Recueil de fables*, VIII, 17.

332   Barbe, *Fables nouvelles*, 1762, préface.

333   Barbe, *Fables nouvelles*, 1762 (cité d'après le *Fablier français*, dit de Lottin, 1771).

334   *Fables nouvelles*, 1762, I, 9.

335   Aubert, *Fables nouvelles*, éd. de 1773, II, 5. Texte reproduit dans *La Fable au Siècle des Lumières*, 1991.

336   Barbe, *Fables nouvelles*, 1762 (Lottin, III, 6).

337   *Le Fablier français*, dit de Lottin, 1771, pp. III–IV.

338   Particulièrement Dreux du Radier (recueil en 1744), Ganeau (recueil en 1760), Fontaine-Malherbe (recueil en 1769), Peras (recueil en 1751), Le Jeune (recueil en 1770).

339   Particulièrement Dorat (recueil en 1772), Boisard (appelé aussi Bersard dans le *Fablier*, recueil en 1773), Willemain d'Abancourt (recueil en 1777), Bret (recueil en 1772), Le Monnier (recueil en 1773).

340   Ajoutons encore que sont représentés des auteurs qui ont écrit beaucoup de fables sans publier de recueils (Fleury, Tannevot ou De Rozoi) et que le compilateur n'a pas repéré la supercherie du recueil de Delacour-Damonville (1753), copié sur celui de Vaudin (1707).

NOTES DE LA TROISIEME PARTIE: AVANT-PROPOS

341   Voici les principaux recueils pris en considération:

—1772: Dorat, *Fables nouvelles*;

—1773: Le Monnier, *Fables, contes et épîtres*;

—1773: Boisard, *Fables* (nouveaux recueils en 1777, 1803, 1804, 1806);

—1784: Le Bailly, *Fables* (nouveaux recueils en 1811, 1813, 1823);

—1786: Reyre, *Le Mentor des enfants, L'Ecole des jeunes demoiselles*;

—1792: Florian, *Fables*;
—1795: Vitallis, *Fables*;
—1796: Nivernais, *Fables*;
—1799: Mme de Genlis, *L'Herbier moral*;
—1801: Haumont, *Fables;*
—1803: Reyre, *Le Fabuliste des enfants*;
—1806: Du Tremblay, *Apologues*;
—1810: Ginguené, *Fables nouvelles*;
—1812: Arnault: *Fables.*

CHAPITRE VIII

342   Par exemple: *Fables by Mr Gay*, 1782 (chez Barrois), ou *Fables by John Gay*, 1800 (chez Renouard).

343   Voir «La Belle et la Guêpe ou le destin d'une fable anglaise», dans *Fables et fabulistes*, 1992.

344   Grozelier, *Fables nouvelles*, 1760, IV, 2.

345   Du Tremblay, *Apologues*, éd. de 1822, I, 11.

346   Dorat, *Fables nouvelles*, 1772 (cité d'après Jauffret, *Lettres sur les fabulistes*, III, pp. 41–43).

347   *Fables pour les dames*, 1764, p. 6.

348   Voir ci-dessus, chapitre IV de la deuxième partie.

349   L'originalité de la traduction d'Antelmy, élégante mais littérale, est de comporter le texte allemand à la fin du volume.

350   Florian, *Fables*, 1792, V, 1.

351   Notamment chez Jean-Baptiste Rousseau (*Oeuvres complètes*, 1820, II, p. 368), qui le tire des *Grenouilles* d'Aristophane...

352   Lessing, traduction Antelmy, III, 30. La fable conclut le recueil, ce qui la rend encore plus paradoxale.

353   Il n'entre pas dans notre propos d'examiner ce que Gellert et Lichtwer doivent à La Fontaine, qu'il leur arrive de traduire.

354   Aubert, V, 16; Guichard (1802), II, 25; voir Jauffret, *Lettres sur les fabulistes*, II, pp. 241–246.

355   Provincialisme normand pour dire *une petite bête*.

356   Boisard, *Fables*, 1773, III, 13.

357   Florian, *Fables*, 1792, II, 6.

358   Richer, *Fables nouvelles*, 1729, II, 2.

359   La Fontaine, I, 5.

360   Traduction empruntée aux *Lettres sur les fabulistes de Jauffret*, II, p. 232.

361   La première de ces traductions fut celle de Pignotti par Lepan, en 1816.

361b   Voir dans *Fables et fabulistes* (1992) l'étude de Jean Lacroix sur Casti.

362   Le Bailly, *Fables*, éd. de 1811, IV, 20.

363   Haumont, *Fables*, 1801. Voir (pp. 175–176) l'avertissement.

364   Yriarte, *Fabulas litterarias*, fable 13.
365   Le Bailly, *Fables*, éd. de 1811, IV, 8.
366   Florian, *Fables*, 1792, p. 3
367   Florian, V, 4; voir Yriarte, fable 8.
368   Nivernais, *Fables*, 1796, XI, 9.
369   La Motte a d'ailleurs utilisé «l'habit oriental» pour des fables politiques, par exemple «Le Conquérant et la pauvre Femme» (III, 16).

CHAPITRE IX

370   On pourrait en particulier citer les *Fables* de Jauffret (1815), l'auteur des *Lettres sur les fabulistes*, à qui l'on doit par ailleurs une multitude d'ouvrages pédagogiques, et celles de Mme de La Ferrandière, parues dans ses *Oeuvres* en 1806, qui mêlent aux pièces purement éducatives d'autres apologues sensibles et même, parfois, féministes. Surtout, il faut noter l'intérêt des anthologies publiées par l'ex-Oratorien Bérenger, responsable de deux énormes fabliers à destination des collégiens, l'un en prose (*Fablier de la jeunesse et de l'âge mûr*, 1801, 2 volumes et près de huit cents pages...), l'autre en vers (*Fablier en vers à l'usage de l'enfance et de la jeunesse*, 1802, plus de deux cent cinquante pièces d'auteurs du XVIII° siècle).
371   C'est la parution du *Fablier en vers* de Bérenger, qui lui empruntait trente pièces, qui semble avoir conduit Reyre à regrouper ses fables (*Fabuliste des enfants*, éd. de 1828, pp. XIII–XIV).
372   *L'Ami des enfants*, éd. de 1805, p. IX.
373   Les fabulistes du XVIII° siècle, depuis La Motte et Aubert, ont la manie des notes infrapaginales.
374   *Fabuliste des enfants*, éd. de 1828, p. IX.
375   *Fabuliste des enfants*, éd. de 1828, p. VIII.
376   *Fabuliste des enfants*, éd. de 1828, p. X.
377   «Les Oranges» (*Fabuliste des enfants*, I, 8). Le sujet a déjà été traité par le Père Grozelier, et la fable est reprise de *L'Ami des enfants*, dont elle conclut le chapitre III sur l'innocence.
378   «Le Travail et l'Oisiveté» (*Fabuliste des enfants*, III, 24). La fable est dans *Le Mentor des enfants*, chapitre de l'application...
379   «L'Ecolier et le Serin» (*Fabuliste des enfants*, IV, 15).
380   «Le Malade et le Chirurgien» (*Fabuliste des enfants*, I, 20). La fable est dans *Le Mentor des enfants* au chapitre XII (Que la sévérité des maîtres ne doit pas empêcher les enfants de les aimer).
381   «La jeune Demoiselle et le Miroir» (*Fabuliste des enfants*, II, 10). La pièce se trouve dans *L'Ecole des jeunes demoiselles* (lettre XXXIV), avec une importante variante au début.
382   «La jeune Fille et la Corme» (*Fabuliste des enfants*, III, 12).

383   Voir ci-dessus le chapitre IV de notre deuxième partie.

384   «L'Arbre» (*Fabuliste des enfants*, VI, 11). C'est l'arbre de la Philosophie qui porte des fruits empoisonnés...

385   *Fabuliste des enfants*, II, 1. La première édition du recueil, en 1803, ne comportait que deux pièces sur le sujet, mais Reyre en ajoute un dizaine au fil des rééditions.

386   *Fabuliste des enfants*, III, 5.

387   Voir le chapitre II de notre deuxième partie.

388   Florian, *Fables*, 1792, I, 2.

389   *Fabuliste des enfants*, IV, 3. La fable est bien postérieure au recueil de Florian.

390   Titre de la fable: «Le Jardinier et le Groseillier» (I, 1).

391   Vitallis, *Fables*, an III, I, 21.

392   *Fables*, II, 14.

393   Reyre, «Le vieux Papillon et le Jeune» (*Fabuliste des enfants*, éd. de 1828, I, 11).

394   Dans «Le Caméléon et les Oiseaux» (I, 10), Vitallis stigmatise ceux qui, «depuis cinq ans», ont maintes fois changé d'opinion.

395   *Fables*, II, 17. L'épigraphe, anonyme, doit être de Vitallis lui-même: «Nous sommes tous traités diversement:/ Et sur ce point prétendre follement Que nature soit réformée,/ C'est exiger que tout nain soit géant/ Ou que tout géant soit pygmée.»

396   *Le Maître d'un colombier, les Pigeons, l'Epervier et les Rats* (*Fables*, III, 6).

397   *Fables*, III, 9. Voir La Fontaine, III, 4.

398   *Fables*, III, 20. L'épigraphe, sans nom d'auteur, doit être de Vitallis lui-même: «A l'ombre du savoir l'ignorance végète;/ Le talent veille pour les sots,/ Et le pays où chacun serait bête/ Serait l'image du chaos.»

399   On pourrait rapprocher des *Fables* de Vitallis celles, médiocres, de Sauvigny (*Recueil d'apologues*, 1797), en partie consacrées à la Révolution.

400   Dans son épître dédicatoire, Mme de Genlis évoque un *Herbier mythologique, historique et littéraire*, dont l'*Herbier moral* serait destiné à faire partie (*Herbier moral*, éd. de 1801, p. 7).

401   *Herbier moral*, éd. de 1801, pp. 14–15.

402   Plus tard, un certain Docteur Deville (1828) fera de même dans ses *Fables anthologiques*.

403   *Herbier moral*, éd. de 1801, p. 14.

404   *Herbier moral*, p. 19.

405   Voir surtout «Les deux Ifs» (*Herbier moral*, fable 4).

406   *Herbier moral*, éd. de 1801, fable 16.

407   Dans «L'Oiseau, le Prunier et l'Amandier» (fable 7), Mme de Genlis refait «La Guenon, le Singe et la Noix», sujet pédagogique traité par

Florian (*Fables*, 1792, IV, 18) d'après le Jésuite Desbillons, auteur entre 1754 et 1768 de près de cinq cents apologues en Latin. Une pièce très voisine se rencontre aussi (sous le titre «La Châtaigne») chez Vincent Arnault (*Fables*, 1812, II, 8). La maladresse de notre fabuliste est évidente: elle n'a même pas songé à opposer la douceur des fruits du prunier à l'amertume rebutante de l'écorce des amandes...

408   Haumont, *Fables*, an IX, p. VI.

409   Haumont, *Fables*, an IX, p. VII.

410   Le *Citateur des fabulistes français* (1830), oeuvre (comme le *Citateur dramatique*) de Léonard Gallois, entend reproduire en les classant alphabétiquement par sujets, les maximes et les moralités dues aux principaux fabulistes français depuis La Fontaine. La compilation n'est pas loin d'être exhaustive.

411   Haumont, *Fables*, I, 10 («Le Cheval et l'Ane»).

412   IV, 14 («Le Chien et le Loup»).

413   II, 16 («Le Chat, le Rat et la Souris»).

414   I, 17 («Le Coq et le Canard»).

415   VII, 6 («Le Chardonneret, les autres Oiseaux et le Chasseur»).

416   Chapitre I de la présente troisième partie.

417   Florian, *Fables*, I, 2. Voir plus haut la version de Reyre.

418   Haumont, *Fables*, II, 7.

CHAPITRE X

419   Voir le chapitre II de la première partie.

420   Le Monnier, *Fables*, 1773, p. XV.

421   Le Monnier, *Fables*, 1773, fable 10.

421b   *Fables* (deux volumes, 1817) et *Fables faisant suite aux deux volumes publiés en 1817* (1822).

422   Le Père Joseph Terrasse Desbillons (1711–1789) est l'auteur de près de cinq cents apologues latins, publiés entre 1754 et 1768... Il en traduisit lui-même une partie en Français. Lorsqu'il adapte une ou plusieurs sources, il l'indique dans de savantes notes infrapaginales.

423   Desbillons, *Fabulae aesopiae*, I, 15 («Lupus poenitens»). Ginguené a, après Boisard, traité le même sujet (*Fables nouvelles*, 1810, 35).

424   La Fontaine, III, 3.

425   Boisard, *Fables*, 1773, II, 22.

426   Imbert, *Fables nouvelles*, 1773, II, 16.

427   Voir une traduction de la pièce de Lichtwer dans Jauffret, *Lettres sur les fabulistes*, II, pp. 254–255.

428   Boisard, *Fables*, 1773, II, 27.

429   Boisard, *Fables*, 1773, II, 10.

430   Gay, *Fables*, 28 (traduction Kéralio, 1759, pp. 88–90). Gay s'inspire de

La Motte (*Fables nouvelles*, 1719, V, 3). Il inspirera à son tour Florian (*Fables*, 1792, III, 7).

431   Boisard, *Fables*, 1777, VII, 30.

432   Le sujet a été traité par Defrasnay (*Mythologie*, 1750, XI, 8) et par le marquis de Culant (cité dans *Esope en trois langues*, éd. de 1803, VIII, 12, p. 342), dont le recueil est de 1762.

433   Boisard, *Fables*, 1777, VII, 9.

434   Voir ci-dessus le chapitre III de notre deuxième partie.

435   Jauffret, *Lettres sur les fabulistes*, III, p. 146.

436   Blanchard, *Le Fablier du second âge*, 1810 (4° éd.), p. 35. Blanchard a publié un *Esope des enfants*, en prose, et deux Fabliers.

437   Du Tremblay, *Apologues*, éd. de 1822, pp. 1–3.

438   *La Comédie enfantine*, de Ratisbonne, est de 1869.

439   Il s'agit peut-être d'une contemporaine de Du Tremblay, qu'il fréquentait, mais on peut penser aussi à Mme de Villedieu et à ses *Fables* (1671) sentimentales.

440   Du Tremblay, *Apologues*, éd. de 1822, I, 19.

441   Du Tremblay, *Apologues*, éd. de 1822, III, 1.

CHAPITRE XI

442   D'Alembert est élu secrétaire de l'Académie en 1772. Turgot arrive aux affaires en 1774...

443   Voir le chapitre II de la présente troisième partie.

444   Voir ci-dessous le chapitre VI de la présente troisième partie.

445   Dorat, *Fables nouvelles*, 1773, p. IV.

446   Dorat, pp. XI–XIII. Voir Joannet, *Eléments de poésie française*, 1752, t. III, pp. 30–32.

447   Dorat, *Fables nouvelles*, 1773, pp. XVII–XVIII.

448   *Fables nouvelles*, I, 1 («La Fable et la Vérité»). Voir aussi Florian (*Fables*, 1792, I, 1, même titre) et Barbe (*Fablier français* dit de Lottin, 1771, VIII, 1, «L'Origine des fables»).

449   *Fables nouvelles*, 1773, II, 11.

450   Dorat, *Fables nouvelles*, 1773, I, 24.

451   Dorat, *Fables nouvelles*, 1773, II, 18.

452   Dorat, *Fables nouvelles*, 1773, III, 13.

453   Dorat, *Fables nouvelles*, III, 10.

454   *Almanach des Muses*, 1773, p. 204. Le rédacteur trouve chez Dorat des pièces sublimes, touchantes, grâcieuses, ironiques et même naïves.

455   Jauffret, *Lettres sur les fabulistes*, III, p. 97.

456   Jauffret, *Lettres sur les fabulistes*, III, p. 91.

457   Le recueil de Jauffret, par ailleurs ami dans sa jeunesse et éditeur de Florian, date de 1815.

458   On aura remarqué qu'Imbert comme Dorat empruntent à La Motte son titre de «fables nouvelles». Dorat est essentiellement un imitateur (des Allemands). Imbert, quant à lui, n'emprunte que six sujets à ses prédécesseurs (il les signale dans de brèves notes) et se targue d'avoir inventé tous les autres.

459   Imbert, *Fables nouvelles*, 1773. Voir pp. 231–232.

460   Furetière et Aubert, par exemple, ont opposé les deux mains sur le thème de la solidarité et du pouvoir.

461   Imbert, *Fables nouvelles*, 1773, II, 11.

462   Imbert, *Fables nouvelles*, 1773, V, 4.

463   Voir par exemple *Le Tigre et les deux Lièvres* (I, 5).

464   Imbert, *Fables nouvelles*, 1773, V, 8.

465   Imbert, *Fables nouvelles*, 1773, IV, 19. La comparaison s'impose avec la pièce d'Aubert qui porte le même titre (voir le chapitre III de la deuxième partie).

466   Nous avons déjà signalé le conservatisme politique de Jauffret, haut fonctionnaire de l'Université sous la Restauration. Voir *Lettres sur les fabulistes*, III, p. 125 et p. 136.

CHAPITRE XII

467   Voir *Fables* de Florian, éd. par J.-N. Pascal, 1994.

468   Voir Florian, *Cinq Arlequinades*, éd. par J.-N. Pascal, 1993.

469   *Le bon Fils*, 1786.

470   Voir ci-dessus, dans notre première partie, le chapitre II.

471   Voir ci-dessus, dans la présente troisi!ème partie, le chapitre I («Les deux Chats», «L'Ane et la Flûte»).

472   On retrouvera plus loin ce sujet chez Le Bailly.

473   Florian, *Fables*, 1792, IV, 3.

474   «Le Vacher et le Garde-chasse», I, 11; «Le Grillon», II, 15.

475   Florian, *Fables*, 1792, II, 10.

476   «L'Aveugle et le Paralytique,» I, 20;
        «Les Serins et le Chardonneret», I, 5.

477   Florian, *Fables*, 1792, II, 18.

478   Florian, *Fables*, 1792, IV, 9.

479   La Harpe, *Lycée*, éd. de 1813, t. XIII, pp. 30–31.

480   Le Bailly, *Fables*, 1811, I, 11.

481   Le Bailly, *Fables nouvelles*, 1813, p. 175.

482   Le Bailly, *Fables*, 1811, II, 6.

483   Le Bailly, *Fables nouvelles*, 1813, p. 178.

484   Le Bailly, *Fables nouvelles*, 1813, I, 6.

485   Le Bailly, *Fables nouvelles*, 1813, p. 187.

486   Chez Florian (chapitre IV de la troisième partie).

487   Le Bailly, *Fables nouvelles*, 1813, II, 6.

488   Ce sujet connut un grand succès au Siècle des Lumières. Parmi les versions remarquables, il conviendrait de retenir celle du Suisse Jean-Louis Grenus, auteur en 1806 et 1807 de deux imposants recueils de *Fables*, rarement inventées, parfois inégales, mais souvent intéressantes. L'adaptation de Binninger, dans son *Choix des plus belles fables qui ont paru en Allemagne* (1782) n'est pas très heureuse.

489   Florian, *Fables*, 1792, I, 12 (La Coquette et l'Abeille). On verra plus loin que ce sujet a inspiré Nivernais, mais il en existe d'autres versions notables, chez Grozelier (IV, 6), chez Grenus et chez Guichard (IV, 1), auteur en 1802 d'un recueil de Fables qui mérite plus qu'une mention, malgré une versification assez rude.

490   Le Bailly, *Fables*, 1784, III, 16.

491   Le Bailly, *Fables nouvelles*, 1813, I, 12.

492   Sur Arnault, voir le chapitre suivant de la présente troisième partie. Viennet, le plus fameux fabuliste du XIX° siècle, publia son recueil, maintes fois réédité, en 1842.

493   Nivernais, *Fables*, 1796, V, 20.

494   Nivernais, *Fables*, 1796, VII, 5.

495   Nivernais, *Fables*, 1796, VIII, 7.

496   Nivernais, *Fables*, 1796, IX, 10.

497   Voir plus haut «Le Cheval et le Poulain» de Florian.

498   Accord fautif permis par les théoriciens de la poésie.

499   Nivernais, *Fables*, 1796, IX, 4.

500   Jauffret, *Lettres sur les fabulistes*, III, p. 222.

Chapitre XIII

501   Ginguené, *Fables nouvelles*, 1810, pp. 10–11.

502   Ginguené, *Fables nouvelles*, 1810, pp. 18–19.

503   Ginguené, *Fables inédites*, 1814, pp. 7–9.

504   Ginguené, *Fables nouvelles*, 1810, fable 14.

505   Ginguené, *Fables inédites*, 1814, p. 11. Signalons que le sujet de la fable est emprunté à Bertola.

506   Ginguené, *Fables nouvelles*, 1810, fable 27.

507   Ginguené, *Fables nouvelles*, 1810, fable 39.

508   Ginguené, *Fables inédites*, 1814, fable 1.

509   Ecouchard-Lebrun, dit Lebrun-Pindare, nomme par exemple, dans son *Ode nationale contre l'Angleterre* (*Odes*, VI, 18), Napoléon «un nouvel Alexandre»... Malgré cette pointe féroce, Ginguené fut, à la demande de la veuve du poète, l'éditeur des ouvrages de Lebrun, qui avait d'ailleurs été aussi ardent républicain qu'il fut, ensuite, zélé bonapartiste.

510   Ginguené, *Fables nouvelles*, 1810, fable 26.

511   Ginguené, *Fables nouvelles*, 1810, fable 5.
512   Arnault, *Fables*, éd. de 1813, pp. XV–XVI.
513   Les éditions de La Fontaine (1838) et de Florian (1842) par Grandville
       sont plus connues que celle de Florian par Bertall (1852).
514   Arnault, *Fables*, 1812, II, 15.
515   Arnault, *Fables*, 1812, I, 10.
516   Arnault, *Fables*, 1812, IV, 5.
517   Arnault, *Fables*, 1812, I, 16.
518   Voir Jauffret, *Lettres sur les fabulistes*, III, pp. 316–327.
519   Jauffret, *Lettres sur les fabulistes*, III, p. 323.
520   Cette évolution rejaillira d'ailleurs sur la lecture de La Fontaine et des
       fabulistes du XVIII° siècle telle qu'elle s'exprime à travers l'illustration
       des recueils entre 1820 et 1850... Grandville rapproche telle pièce de La
       Fontaine avec les opérations coloniales de la France en Algérie!
521   Voici une liste (non limitative) des recueils que nous avons, à regret,
       négligés: Bret (1772), La Fermière (1775), *Willemain d'Abancourt*
       (1777), Saint-Marcel (1778), Hérissant (1783), Didot (1786), Mérard-
       Saint-Just (1787), *Martelly* (1788), Malon de Bercy (1791), Calvière
       (1792), Sauvigny (1797), Lanos (1799), Formage (1800), Denet de
       Varennes (1801), *Guichard* (1802), *Mme Joliveau* (1802), Du Houllay
       (1804), Lemarchant de La Viéville (1804), *Mme de La Ferandière* (1806),
       Fumars (1807), Gauldrée de Boileau (1812), *François de Neufchâteau*
       (1814), Nogaret (1814), Jauffret (1815). Sont soulignés ceux qui nous
       paraissent les plus intéressants.

NOTES DE LA CONCLUSION GÉNÉRALE

522   Ce n'est pas ici le lieu de tracer la suite de l'histoire de l'apologue,
       partagée entre les caricaturistes grincheux (Viennet ou très près de nous
       Anouilh), les nombreux pédagogues, les chansonniers (Franc-Nohain) et
       des auteurs plus traditionnels.
523   En attendant que s'engage la publication d'une «collection des fabulistes»
       (pourquoi pas?), on pourra consulter nos anthologies *La Fable au Siècle
       des Lumières* (1991) et *Les Fabulistes de La Fontaine au Romantisme*
       (1993), ainsi que les documents réunis dans notre édition des *Fables de
       Florian*: ce sont ainsi près de quatre cents apologues des Lumières qu'on
       pourra lire...

LISTE DES FABLES REPRODUITES

INDICATIONS BIBLIOGRAPHIQUES

RECUEILS DE FABLES DU SIECLE DES LUMIERES

La liste des recueils pris en considération est donnée en tête de nos deuxièmes et troisième parties: voir ci-dessus note 217 et note 341. Une liste partielle des recueils dont il n'a pas été traité est donnée à la fin des mêmes parties: voir ci-dessus note 338 et note 521.

On se reportera utilement aussi aux listes données dans *La Fable au Siècle des Lumières* (1991) et *Les Fabulistes de La Fontaine au Romantisme* (1993).

ETUDES SUR LA FABLE AU SIECLE DES LUMIERES

SAILLARD (Gustave), *Essai sur la fable en France au XVIII° siècle* (thèse complémentaire de l'Université de Toulouse), Toulouse, 1912;

RUNTE (Roseann), *La Fontaine's Heritage, his reputation and influence in 18th century France* (thèse de l'Université du Kansas), 1974;

MOALLA (Abderrahman), *Le Genre de la fable en France au XVIII° siècle* (thèse de l'Université de Grenoble), 1980;

HASSAUER (Friederike), *Die Philosophie der Fabletiere. Von der theoritischen zur praktischen Vernunft. Untersuchungen zu Funktions und Strukturwandel in der Fabel der Französischen Aufklärung* (thèse de l'Université de Bochum), München, 1986;

RUNTE (Roseann), «The paradox of the fable in eighteenth century France» (*Neophilologus*, LXI), 1977;

RUNTE (Roseann), «Reconstruction and deconstruction: La Fontaine, Aesop and the eighteenth-century french fabulists» (*Papers on French Seventeenth Century Litterature*, 11), 1979;

BRAY (Bernard), «La succession La Fontaine: la fable sans le fabuliste» (*Le Fablier*, 2), 1990;

PASCAL (Jean-Noël), «Les successeurs de La Fontaine et la poétique de la fable, de La Motte à Florian» (*Fables et fabulistes*), 1992;

PASCAL (Jean-Noël), «La Belle et la Guêpe ou le destin d'une fable anglaise» (*Fables et fabulistes*), 1992.

ETUDES SUR LES FABULISTES DES LUMIERES

Elles sont extrêmement rares dans la période récente; on peut cependant signaler:

MENANT (Sylvain), «L'Univers poétique des *Fables* de Florian» (*Cahiers Roucher-André Chénier*, 8), 1988;

COLLINET (Jean-Pierre), «En marge de Marivaux, de La Fontaine au duc de Nivernais», (*Mélanges Deloffre*), 1990;

MOUREAU (François), «Les *Fables nouvelles* de La Motte (1719) ou comment s'en débarrasser» (*Le Fablier*, 2), 1990;

PASCAL (Jean-Noël), «Ginguené fabuliste» (*Cahiers Roucher-André Chénier*, 13), 1993.

ANTHOLOGIES DES FABULISTES DES LUMIERES

HERISSANT (Louis-Théodore), *Le Fablier français ou élite des meilleures fables qui ont paru depuis La Fontaine*, Paris, 1771;

BERENGER (Laurent-Pierre), *Fablier en vers à l'usage de l'enfance et de la jeunesse*, Lyon et Paris, 1802;

BLANCHARD (Pierre), *Le Fablier du premier âge ou choix de fables à la portée des enfants*, 4° édition, Paris, 1817;

BLANCHARD (Pierre), *Le Fablier du second âge ou choix de fables à la portée des adolescents*, 4° édition, Paris, 1810;

PASCAL (Jean-Noël), *La Fable au Siècle des Lumières*, Saint-Etienne, 1991;

PASCAL (Jean-Noël), *Anthologie des Fabulistes de La Fontaine au Romantisme*, Etoile-sur-Rhône, 1993.

Il existe différentes éditions de La Fontaine, de Florian ou même d'Esope (en Grec) qui comportent des choix de fables pour la période des Lumières; on peut citer:

MORIN, *Esope en trois langues ou concordance de ses fables avec celles de Phèdre, Faerne, Desbillons, La Fontaine et autres célèbres fabulistes français*, 1° édition, Paris, 1803, nouvelle édition, Paris, 1816 (les deux éditions sont très différentes et complémentaires);

TASTU (Mme Amable), *Les Fables de Florian suivies d'un choix de fables de nos meilleurs fabulistes*, Paris, 1842;

MORTIER (Raoul), *Les Fables de La Fontaine* (édition complétée par un choix intitulé «les fabulistes»), Paris, 1928.

ANTHOLOGIES DE FABLES NON LIMITÉES À LA PÉRIODE DES LUMIERES

Elles ont été nombreuses au XIX° siècle; on citera:

LECLERC (Hippolyte), *Fables et historiettes*, Paris, sans date;

MULLER (Victor), *Le Fabuliste de la famille*, Paris, 1867 (le compilateur a joint ses propres productions à son anthologie);

ABRANT (Jean-Alexandre), *Le Panthéon de la fable*, Paris, sans date;

Les Fabulistes français, choix de fables en vers, Lille, 1885.

Tout récemment a paru, à destination des enfants, une anthologie thématique:

CHARPENTREAU (Jacques), *La Cigale, le Renard et les autres, les plus belles fables françaises*, 1991.

ETUDES GÉNÉRALES SUR LA FABLE ET LES FABULISTES

On nous pardonnera de ne pas citer les travaux essentiels sur La Fontaine, en particulier ceux de Jean-Pierre Collinet (1979) et de Patrick Dandrey (1992).

GUILLON (Mgr Nicolas), *La Fontaine et tous les fabulistes ou La Fontaine comparé avec ses modèles et ses imitateurs*, 2 volumes, Paris, 1803;

JAUFFRET (Louis-François), *Lettres sur les fabulistes anciens et modernes*, 3 volumes, Paris, 1827;

SAINT-MARC GIRARDIN, *La Fontaine et les fabulistes*, 2 volumes, Paris, 1867;

LEVRAULT (Léon), *La Fable des origines à nos jours*, Paris, 1905;

JANSSENS (Jacques), *La Fable et les fabulistes*, Bruxelles, 1955;

Fables et fabulistes, variations autour de La Fontaine, textes réunis par M. Bideaux, J.-C. Brunon, M.-M. Fragonard et J.-N.Pascal, Mont-de-Marsan, 1992.

ETUDES SUR LA POÉSIE DU SIECLE DES LUMIERES

La poésie des Lumières est la grande oubliée des manuels, même ambitieux et «complets», sur l'histoire littéraire de la période: les plus riches en enseignements demeurent le volume de l'Histoire de la littérature française publiée sous la direction de Jean Calvet (Henri BERTHAUT, *De Candide à Atala*) et surtout le tome II de l'*Histoire de la littérature française du XVIII° siècle* de Jacques VIER.

On les complètera, pour prendre la mesure de la question, par les travaux fondamentaux de:

POTEZ (Henri), *L'Elégie en France avant le Romantisme*, Paris, 1897;

FINCH (Robert), *The Sixth Sense, Individualism in French Poetry, 1686-1760*, Toronto, 1966;

FINCH (Robert) et JOLIAT (Eugène), *French Individualist Poetry,1686–1760*, Toronto, 1971;

BOUSQUET (Jacques), *Le XVIII° siècle romantique*, Paris, 1972;

GUITTON (Edouard), *Jacques Delille et le poème de la nature en France de 1750 à 1820*, Paris, 1974;

STAVAN (Henry), *Le Lyrisme dans la poésie française de 1760 à 1820*, La Haye et Paris, 1976;

MENANT (Sylvain), *La Chute d'Icare. La Crise de la poésie française, 1700–1750*, Genève, 1981.

CAROCCI (Renata), *Les Héroïdes dans la seconde moitié du XVIII° siècle (1758–1788)*, Fasano et Paris, 1988.

Le point avait été fait, à la date de 1982, par Edouard GUITTON dans l'article liminaire du numéro spécial *Lectures de la poésie du XVIII° siècle* de la revue *Oeuvres et critiques*.

EDITIONS MODERNES DES FABULISTES DU SIECLE DES LUMIERES

Seul Florian, en vertu d'un reste de réputation, a connu des éditions modernes. En 1958, un concours organisé par la Communauté radiophonique des pays de langue française permettait de classer ses *Fables* parmi les «cent chefs-d'oeuvres» de la littérature française. Les éditions Robert Laffont en donnèrent donc une réimpression en 1959.

On trouve désormais les *Fables* de Florian aux éditions Nigel Gauvin, avec la reproduction des illustrations de Bertall (1991), et aux éditions Lacour (1994), avec une présentation, des notes et un important dossier sur les sources par J.-N. Pascal. Une édition de quelques oeuvrettes dramatiques (*Cinq Arlequinades*) du poète languedocien est par ailleurs disponible aux éditions Espaces-34 (1993).